开国皇帝有话对你说系列

姜若木◎编著

天苍苍百年征战，野茫茫三代风流。前赴后继，成就大业。草原苍狼，龙行天下。深刻道理，雏象人生。

威震八方

忽必烈

有话对你说

中国书籍出版社
China Book Press

图书在版编目（CIP）数据

威震八方：忽必烈有话对你说 / 姜若木 编著. —北京：中国书籍出版社，
2013.4（2021.6重印）

ISBN 978-7-5068-3420-9

Ⅰ. ①威… Ⅱ. ①姜… Ⅲ. ①忽必烈（1215～1294）—人物研究 Ⅳ. ①K827=47

中国版本图书馆CIP数据核字（2013）第065653号

威震八方：忽必烈有话对你说

姜若木　编著

责任编辑	赵安民	
责任印制	孙马飞　马　芝	
封面设计	高　杨	
出版发行	中国书籍出版社	
地　　址	北京市丰台区三路居路97号（邮编：100073）	
电　　话	（010）52257143（总编室）　　（010）52257153（发行部）	
电子邮箱	chinabp@vip.sina.com	
经　　销	全国新华书店	
印　　刷	北京洲际印刷有限责任公司	
开　　本	710毫米×1000毫米　1/16	
印　　张	16	
字　　数	200千字	
版　　次	2013年6月第1版　　2021年6月第2次印刷	
书　　号	ISBN 978-7-5068-3420-9	
定　　价	49.80元	

前言

在世界历史上，曾经有一个民族征服了欧亚大陆的大部分地区，他们的铁骑在世界五分之一的土地上扬起了征尘，这就是成吉思汗统治之下的蒙古族。

蒙古铁骑横行于世，成吉思汗攻无不克，却一直奈何不了蜗居于江南的南宋政权，直到成吉思汗的孙子，历史上威震八方的元世祖忽必烈，才敲开了南宋的大门，最终再一次统一了中华国土。

忽必烈是历史上第一位入主中原的少数民族皇帝，他凭借着自己的英勇，和谋略善断，最终成长为和他的祖父成吉思汗一样威震八方的勇士。

忽必烈胸怀大志，"思大有为于天下"。为了自己的理想，他积极地学习先进的汉族文化，敢于开拓创新变革祖制。在他的一生中，文治和武功并举，他不断地发动战争，征服了大理、南宋等政权，并且向外扩张，平定了少数民族的叛乱，建立起一个统一的空前辽阔的大帝国。在利益方面，他改革制度、更新政体、创制蒙古文字，宽容宗教，使得社会经济文化得到了一定的发展，创建了一个前所未有的大元王朝。忽必烈要求同为成吉思汗子孙的其他汗国大汗要在名义上服从自己的统治，并且在当时他也确实在原则上是突厥斯坦和蒙属俄罗斯的宗主，就好像马可·波罗所说的一样，忽必烈是"从亚当时代

前
言

威震八方

忽必烈有话对你说

至今，世界上未有过的统治着人民土地和财富的最强大的君主"。

忽必烈的一生并不是一帆风顺的，他也是经过了苦痛煎熬才能够成为一代伟人的。成吉思汗死后，大汗的宝座在两个家族之间争抢，忽必烈在这种政治斗争中学习。自己的哥哥继位为大汗，忽必烈只能尽心辅佐，并小心翼翼地防备被哥哥猜忌。在一生的征战中，忽必烈身先士卒，也屡经危难。但是忽必烈最终成功了，他以自己的实力和智慧，成就了自己，成就了一个王朝。

历史不断向前，忽必烈的声音也渐渐远去，但是历史不会磨灭，历史上伟人的成功之路不会被人遗忘。我们编写本书，就是要通过对忽必烈的一生中主要事件的记述，提取其中的智慧光芒，给后人以借鉴和启迪。希望通过忽必烈的声音，告诉我们现今生活中的读者，人生应该如何奋斗才能够走向成功。希望广大读者，通过对本书的阅读能够有所收获。

目 录

想要获得成功不可能是一蹴而就的事情，而是需要一个漫长的过程，可以说，成功之路曲折而艰辛。古今中外，成功人士的成功之路可能不尽相同，但是他们走向成功的精髓却是相通的，是值得我们借鉴的。忽必烈作为天骄家族中的佼佼者，他的成功之路，更是值得我们学习和借鉴。

第一章

忽必烈对你说成功之路

目 录

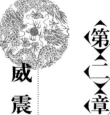

威震八方

忽必烈有话对你说

《第二章》

……忽必烈对你说形势和机遇

一个人能够获得成功，离不开自己的努力，但是不能否认，社会形势和机遇对于成功也有着巨大的作用。正所谓时势造英雄，只有顺应时代发展的大形势，并且冷静地观察形势，认准时机，在时机来临时，抓住机遇，才能够获得更大的成功。

《第三章》

……忽必烈对你说管理

管理是所有的领导者需要面对的问题。管理的优劣在很大程度上决定着一个团队在竞争中的成败，所以，如何进行有效、有力的管理，成为许多管理者都深入研究的问题。时至今日，管理已经上升为一门艺术，学习古代成功帝王的管理之术，对我们今后发展会起到很大的作用。

古今中外，成功的领导都懂得借助人才的力量帮助自己走向成功。用人之道也就成为成功人士所熟练掌握并运用自如的成功之术。当今社会竞争日益激烈，想要不依靠人才的力量获得成功已经变得不切实际，这时候，就更要注意学习和领悟用人之道。

谋略之说起源于战争的攻守和政治的争斗。从古至今，一刻也没有脱离过人们的生活，千百年来，谋略之术不仅没有褪色，相反，随着人类智慧的不断提升，谋略之术变得更加的博大精深。在我们人生道路上，适当地运用谋略往往能够取得事半功倍的效果。

目
录

威震八方

忽必烈有话对你说

《第六章》

忽必烈对你说修身齐家之道

我国儒家思想中，提倡修身齐家之道，并以此为治国平天下的基础，正所谓："身修而家齐，家齐而国治，国治而天下平。"儒家思想历经千年，但是历久弥新，修身齐家之道在我们当今社会中，并不过时，其仍然是我们走向成功不可或缺的基础。忽必烈作为历史上少有的独具开创性精神的皇帝，其修身齐家之道，值得我们学习。

第一章

忽必烈对你说 成功之路

想要获得成功不可能是一蹴而就的事情，而是需要一个漫长的过程，可以说，成功之路曲折而艰辛。古今中外，成功人士的成功之路可能不尽相同，但是他们走向成功的精髓却是相通的，是值得我们借鉴的。忽必烈作为天骄家族中的佼佼者，他的成功之路，更是值得我们学习和借鉴。

认识自己，担负使命

一个人想要获得成功，首先要做的就是认识自己，认识自己的使命。每个人出生到这个世界上，就是要承担自己的责任和使命，而这份责任和使命会一直激励着我们不断地努力，一直走向成功。所以，在我们想要获得成功之前，首先要认识自己和自己的使命。而忽必烈之所以成功，就是他清楚地认识自己的使命。

在元太祖十年（1215年）八月的某一天，漠北草原上的一个蒙古包里，几位蒙古族妇女神色匆匆地忙碌着，一个贵族产妇躺在毡毯上，旁边的接生婆正在做着接生的准备工作，等候孩子的出世。没过多久，空旷的草原上就传来一个婴孩响亮的啼哭声，众人纷纷前去观看这个孩子，在得知这孩子是个男孩后，蒙古包外的男人们都高兴得手舞足蹈起来，而这个孩子就是后来叱咤风云的元世祖忽必烈。

忽必烈是在蒙古黄金家族出生的。

所谓的"黄金家族"就是指一代天骄成吉思汗所出身的那个家族。

据说，蒙古民族共同的祖先是孛儿帖赤那（"苍色的狼"的意思），他是受天命而生的，他的妻子豁埃马阑勒（意思是"惨白色的鹿"）也是受天命而生，后来为他生了一个儿子，取名为巴塔赤罕。

巴塔赤罕十传至朵奔篾儿干。朵奔篾儿干娶了美丽漂亮的阿阑豁阿（《元史》译作"阿兰果火"）为妻，两人生活十分和谐美满。但好景不长，朵奔篾儿干在两个儿子出生以后就死去了。乞颜孛儿只斤氏族就是"黄金家族"。

1162年，黄金家族的也速该与妻诃额仑（即月伦）生下了成吉思汗。

在那个时侯，蒙古高原上的人们分成了许多部落，为了争夺人口、牲畜和财产，各个部落之间都在不断地进行战争。

世界翻转，诸国攻伐，连进被窝睡觉的工夫也没有，互相争夺、杀伐。这个时期的社会一片混乱。

当成吉思汗长大以后，就开始对蒙古各部落的统一进行战争，他不想看到这种混乱的局面继续存在于蒙古高原。公元1202年，以札答阑部首领札木合为首的十一部联盟溃败在成吉思汗的手上，接着，不断地有好消息传出，塔塔儿部被灭，又降服了弘吉刺等部。公元1203年，克烈部也被消灭掉了，听到这些消息后，漠南汪古部闻风而降。公元1204年，成吉思汗又出兵灭亡了乃蛮太阳汗部。紧接着，他又兼对蔑里乞残部和乃蛮不欲鲁汗部进行了兼并，最终完成了蒙古高原的统一。

公元1206年，蒙古各部落被统一以后，成吉思汗不失时机地召开"忽里台"。忽里台是大聚会的意思，也可以称为"忽邻勒塔"、"忽里勒台"、"库列尔台"等，这种形式的聚会最初是部落和各部联盟用来议事的会议，在成吉思汗统一蒙古以后，它就被改成了一种决议国家事务和推选大汗的会议。成吉思汗就是在这次的忽里台上，被蒙古贵族推举为全蒙古的大汗的，大蒙古国正式建立，同时也标志着蒙古民族共同体正式形成。

成吉思汗统一了蒙古以后，就开始对外发动一系列的战争，他并没有把主要精力用于经济建设上。

在对外战争方面，成吉思汗矛头第一个所指的就是中原地区的金朝。

第一章 忽必烈对你说成功之路

原来，成吉思汗的祖先俺巴孩（也译作"咸补海"）曾担任蒙古部首领的时候，几个塔塔人对他进行了偷袭，并将他捆绑起来扭送到了金朝，最后被金朝皇帝用残酷的刑罚钉死在木驴上了。蒙古与金朝的冤仇，就是从那个时候开始结下的。后来，蒙古人经常遭到金人士兵的掳掠，并以奴隶的身份被卖出去。在金世宗在位的时候，蒙古和金朝的仇恨进一步升级，由于金世宗害怕蒙古会逐渐强大起来，最终会对自己构成威胁，于是便下令"每三岁遣兵向北剿杀，谓之灭了"。

在金世宗、金章宗统治金朝的那段时期，国力十分强大。此时蒙古尚未统一，力量既分散也弱小，所以，即使他们对金朝有强烈的仇恨，也不敢轻举妄动。

金章宗完颜璟就在成吉思汗统一蒙古、建立大蒙古国不久后就离开了人世。金章宗有很多嫔妃，但众多嫔妃却没有给他留下一个儿子，所以他只好留下遗命，让其叔完颜永济（原名完颜允济）继承皇位，称"卫绍王"。

完颜永济是个昏庸人物，优柔寡断、懦弱无能、遇事很少有自己的主见。在公元1206年，成吉思汗曾经与他有过一次短暂的交往。那个时候，蒙古还是向金称臣的。一天，成吉思汗将金银、毛皮等贵重贡品送往金朝，而完颜永济就是金朝边境接受贡品的官员。看着完颜永济一副装腔作势的样子，成吉思汗心里就觉得一阵恶心，无论如何也不愿意按规矩向他行礼。完颜永济恼羞成怒，他扬言回朝后就要出兵攻打蒙古，最后在朝中大臣竭力反对下，才不得不作罢。

卫绍王于1209年即位，按照惯例，金朝派遣使者下诏书到蒙古，告诉蒙古人卫绍王即位的消息。

金朝使者在到达蒙古后，按照以前的规矩，要求成吉思汗拜接金朝诏书并向中原皇帝祝贺。

这个时候，成吉思汗已经有了进取中原、报仇雪恨的念头。但由于对金朝的实力还不了解，所以他现在还未敢轻举妄动，听了金朝使者的话，成吉思汗既不跪也不拜，只是冷冷地问了一句："中原的皇帝又换做谁了？"

"卫绍王完颜永济。"金使回答到。

"哈哈哈哈！"成吉思汗仿佛听到了什么不可思议的事，仰天大笑。接着，他向南方吐了一口唾沫，并轻蔑地说："我原来以为中原皇帝都是天上人做的，像完颜永济这样平庸懦弱的人居然也做了中原皇帝，叫我怎么向他跪拜呢？"

金使听了成吉思汗的话后，十分生气，并指责他说："这是臣子应该说的话吗？"

成吉思汗面色阴沉："臣子，谁是你们的臣子？"说罢，也不理会金朝使者。骑上战马就扬长而去了。

当金朝使者回去将此事禀报给卫绍王后，卫绍王十分生气，他给边境官吏下达命令，当成吉思汗再来上贡之时，就将他杀死。

本来这两个人之间的关系就不好，当成吉思汗听说完颜永济当了金朝皇帝后，又觉得生气。现在听到完颜永济居然要杀他的消息，心里就越发气愤。因为成吉思汗知道完颜永济是个懦弱无能的人，所以，他认为是时候向金朝进行报复打击了，于是便下定决心与金朝闹翻，并先发制人，派兵攻打金朝。

在元太祖六年（1211年）的时候，在克鲁伦河河畔，成吉思汗聚众誓师。按照蒙古族古老的传统习惯，他解下腰带挂在脖子上，然后开始向苍天祈祷："长生天啊！我的祖先俺巴孩等人被金朝皇帝杀害了，我

第一章 忽必烈对你说成功之路

的民族和财物也被金人肆意掳掠，请您助我一臂之力，让我去复仇，并让已经死去的族人和各位神仙来帮助我取得胜利。"祈祷完毕后，成吉思汗就亲自率领大军，气势汹汹地开始向中原杀去。

在发动攻金战争以后，成吉思汗一路上过关斩将，连连破取金兵的城池，昌州（今内蒙古太仆寺旗九连城）、桓州（今内蒙古正蓝旗东）、抚州（今河北张北）等地先后被攻陷，在野狐岭（今河北万全西北）一役中，将金朝30万大军击溃，金兵纷纷丢盔弃甲，一直逃到了浍河堡（今河北怀安东），这时候金兵的大半主力都被歼灭，接着成吉思汗又攻到了怀来（今河北怀来），在大败金朝完颜纲的精锐部队后，迅速向金朝的首都中都（今北京）逼近。

蒙古军队的进攻势如破竹，此时，卫绍王就像热锅上的蚂蚁，完全不知所措。崇庆二年（1213年），卫绍王为了防止蒙古军队的进攻，他急忙起用胡沙虎为右副元帅，率领武卫军5000人驻守在中都城北。

说到胡沙虎这个人，他实际上就是一个政治流氓，为人专横跋扈，不奉法令，坏事做尽。而且在大敌当前的形势下，他仍然一味地打猎游玩，到处寻欢作乐，丝毫不做战斗准备。

当卫绍王听说胡沙虎整天寻欢作乐，不恤军事，十分着急，于是就派人到军中告诫胡沙虎，让他停止游猎，准备战斗。

当卫绍王的使臣来到胡沙虎军中的时候，胡沙虎正在饲养鹞鹰，逗趣取乐，于是，使臣便对胡沙虎说："皇帝有旨，让你赶快操练军队，准备战斗，不要再继续玩乐。"此时的胡沙虎正在兴头上，听到卫绍王的使臣这么一说，顿时大怒，说："你是什么人？居然敢这样跟我讲话！"说罢，随手抄起一个花盆，就对使臣丢了过去。这个使臣也活该倒霉，花盆不偏不倚正好砸在他的脑袋上，顿时鲜血直流，瘫倒在地。

没一会就一命呜呼了。

使者死了以后，胡沙虎知道自己大祸临头。干脆一不做，二不休，率领军队直接攻入了中都，将卫绍王也给杀掉了。

胡沙虎在杀死卫绍王以后，并没有胆量自己出来当皇帝，为了掩人耳目，他只自称为监国都元帅。其实这个时候，他是非常想自立为帝的，而且也在为此事做准备。胡沙虎的诡计被丞相徒单镒等人看穿了，他们害怕胡沙虎篡取了皇位，于是就建议立金世宗的孙子完颜珣为皇帝。面对这种情况，胡沙虎心里很不高兴，但是他也没有办法，无奈之下只好表示同意立完颜珣为帝。

就这样，在蒙古军队兵临城下的危急关头，完颜珣登上了帝位，称"金宣宗"。

金宣宗在即位之后，蒙古军队的攻势依然咄咄逼人，金宣宗十分害怕，于是急忙派人向成吉思汗提出了议和的请求。

成吉思汗此时并没有被连连获取的胜利冲昏头脑，他知道金中都城防坚固，无法在短时间内将其攻陷，他的想法是歇息一段时间后再对其发起进攻。而这个时候，恰好金朝派人前来求和，于是成吉思汗假装沉思了一会，对金朝使者说："要想议和也不是不行，但你们金朝必须献纳童男童女各500人，绣衣3000件，御马3000匹，大批金银珠玉及公主等。否则的话，我便会马上对中都发起进攻。"

金朝使者连连点头称是，并赶忙回去向金宣宗禀报。

在得知这一消息后，金宣宗大喜过望，答应了成吉思汗的全部议和条件，同时派人把完颜永济的女儿岐国公主送给成吉思汗，以取得其欢心。

岐国公主长得如花似玉，成吉思汗见到她后，非常高兴，立即抱着

岐国公主，载着满车的战利品，离开中都，向北而去。

在蒙古军队撤退以后，金宣宗还是觉得很不放心，他害怕蒙古军队会再次南下包围中都，于是在贞祐二年（1214年）把都城迁到了汴京（今河南开封）。

而当成吉思汗听到金宣宗抛弃中都南逃汴京这个消息后，以为金朝没有诚意议和，于是大怒，再次挥兵南下，对金朝发起攻击。

成吉思汗的军队一如从前，所向披靡，很快就攻到了中都城下。元太祖十年（1215年）五月，在粮尽援绝的情况下，金中都元帅完颜承晖服毒自杀，中都专管兵事的将军弃城南逃，中都轻而易举地就被成吉思汗占领了。

在占领金中都以后，成吉思汗知道金朝经过了多年的经营，一时之间是很难将其灭亡的，于是就设置达鲁花赤等官在中都等地镇守，派遣三木合拔都等进攻河南，自己则率领部分军队退回漠北。

忽必烈就是在这个时候出生的。

作为成吉思汗的后裔，忽必烈的人生在其一出生就注定要担当起比普通人更加沉重的使命，他的血脉中，涌动的是成吉思汗家族的血液和野心，在那种混乱的年代，认识到自己使命的忽必烈最终创造了前所未有的辉煌。

在现如今也是一样，要认识自己，找到自己的位置。正如世界上没有两片完全相同的树叶，人也一样，每个人都是上帝的宠儿。正确认识自己，既看到自己的长处，也认识到自己的不足，这样才能自信地去迎接机遇和挑战，创造更多的成功和欢乐。

有一个自以为很优秀的年轻人，毕业之后找工作屡屡失败，经历了多次的失败后，他觉得自己怀才不遇，没有伯乐来赏识他这匹"千里马"。于是他对世界感到非常失望，抱着这种极度沮丧的心情，他来到大海边，打算在这里向世界告别。

然而当他跳下大海不久，一位渔夫正好经过这里，好心的渔夫从大海中救起了他。渔夫问他为什么这么年轻就要结束自己的生命，他告诉渔夫说：长久以来，自己一直无法得到别人和社会的认可，在这个世界上，他无法找到自己的位置，对于他来说，生命根本没有意义可言。渔夫听了他的话笑了，随手从脚下的沙滩上捡起一粒沙子，让年轻人看了看，然后就随便地扔在了地上，对年轻人说："请你把我刚才扔在地上的那粒沙子捡起来。"

"这怎么可能呢？"年轻人说。此时渔夫沉默了一会，然后从自己的口袋里掏出一颗珍珠随便地扔在了地上，这颗珍珠是那样的晶莹剔透，接着他就对年轻人说道："你能不能把这颗珍珠捡起来呢？"

"当然可以。"年轻人显得有些疑惑。

"是啊，因为珍珠太与众不同了，所以将它捡起来是很容易的。"渔夫接着又说道，"但是你有没有想过，现在的你到底是一颗珍珠，还是一粒沙子？在生活中，既然你表现得与普通人并没有多大的区别，你又凭什么苛求别人把你当成一颗珍珠呢？"年轻人低头沉思，一时无语。

看完这个故事以后，不禁让人又联想到一个事例，一个人在买鞋的时候，是根据脚的大小选择鞋子还是根据鞋子的大小调整自己脚的尺寸？其实这个答案大家都知道，当然是要根据脚的大小来选择鞋子。所以，在生活中不要抱怨得不到别人的欣赏，你所要做的事就是了解自己、给自己一个准确的定位，这对一个人来说是十分重要的，一个能准确定位自己的人所创造出来的成绩和一个不能准确定位自己的人所创造

出来的成绩会有天壤之别，一个人只有能准确定位自己，才能将自己打造成一颗耀眼的珍珠！

不管你是什么样的性格，从事什么样的工作，给自己一个准确的定位这点是最应该的。为了更好地做好自己的工作，就必须给自己定位，发挥自己的优势、长处，改进自己的弱点和不足，扬长避短。知道自己有什么事能做什么事不能做。真正聪明的人都能给自己准确定位的，因此他们才能一步步走向成功。

马克·吐温作为职业作家和演说家，取得了极大的成功，可谓名扬四海。但马克·吐温也有一段鲜为人知的经商史。马克·吐温曾经试图成为一名商人，但在经商的道路上他却栽了很多跟头。

马克·吐温投资开发打字机，最后赔掉了5万美元。之后他看见出版商因为发行他的作品赚了大钱，心里很不服气，也想发这笔财，于是他开办了一家出版公司。然而，他的这一举措又一次以失败告终，至此，马克·吐温也陷入了债务危机。

经过两次失败的打击，马克·吐温认识到自己在经商方面毫无才能，也不可能取得成功，于是他放弃了经商的想法，开始在全国巡回演说。这次，风趣幽默、才思敏捷的马克·吐温完全没有了商场中的狼狈，重新找回了惜别已久的成就感。最终，马克·吐温靠写作与演讲得来的收入还清了所有债务。

马克·吐温之所以成功，是因为他看到了自己的不足，同时也找到了自己的优势，从而让外部环境与内部环境最大限度地完美匹配，进而实现了自己的人生价值。所以，准确定位自己，找到自己的优势很重要，一个人发挥10%的优势和发挥90%的优势所创造出来的成绩是不一样的。一个人唯有懂得利用自己的优势才能让自己的人生增值，相反，

内蒙古上都镇
忽必烈广场

一个人，如果没有找到自己的优势，而让自己的短处占了上风，那么，这个人的人生不仅不会增值，还会贬值。

尼采曾经说过："聪明的人只要能认识自己，便什么也不会失去。"

成功的道路千万条，而属于你的只有一条；三百六十行，行行出状元，你该选择哪一行？这里涉及一个定位问题，简单地说，就是找准自己的位置。许多人埋头苦干，却不知所为何来，到头来发现追求成功的阶梯搭错了边，却为时已晚。因此，我们一定要找到自己真正的目标，并拟定为目标奋斗的过程，激发自己不断向前的力量。自信人生二百年，会当水击三千里。给自己科学合理地定位，找准自己的位置，担负自己的使命，方能在人生道路上乘风破浪，直挂云帆。

胸怀大志，成就未来

一个人想要获得成功，就要树立远大的理想，远大的理想能够提供

人生的前进方向和坚持动力。正所谓"有志者，事竟成"，只有有了远大的理想和坚定的志向，我们才能在成功的道路上越走越远，最终成就自己的未来。忽必烈就是这样一位从小有着远大志向的人。

有关忽必烈的诞生，因没有经过后世造神运动的冲刷，因此更多地保留了人间的平凡情感。忽必烈是唆鲁禾帖妮的次子，当他出生后，其祖父成吉思汗注视着他，高兴地说："我们的孩子都是火红色的，这个孩儿却生得黑黝黝的，显然像他的舅父们。告诉唆鲁禾帖妮，要把他交给一个好乳母去喂养。"

唆鲁禾帖妮是突厥克烈部人，显然，在忽必烈的血液里有一半流着的是突厥人的血。

因为成吉思汗如此说，忽必烈刚出生就被交给了乃蛮族人未哥的母亲喂养，她是托雷的另一个地位稍低的妻子，这时她已怀有身孕。两个月后未哥出生。为了精心、专注地照料忽必烈，她将自己的儿子交给了别人抚养，而她自己则甘愿用自己的乳汁喂养忽必烈，直到忽必烈长大为止。

未哥的母亲尽心竭力地看护他。对乳母的抚育之恩，忽必烈倾注了许许多多的尊敬与感激，许多史籍都告诉我们，忽必烈在乳母去世后，经常怀念她。同时，忽必烈还是个孝子，这其中肯定也包括对乳母深厚的爱。

孩提时代，忽必烈非常讨人喜爱。这一点可从成吉思汗为其娶妻为证。最起码可以说，成吉思汗很爱这个颖慧的孩子。以致四个半世纪以后，蒙古史学家萨囊终于做了一个十分大胆的预言：成吉思汗在临终前曾说："留心听少年忽必烈所说的话。他有一天要继承我，你们对他要和对我生前一样！"

暂且抛开这些令人汗颜的历史预言，有一点可以确证，那就是从1215年至1242年间，忽必烈在母亲与乳母身边，在托雷汗的兀鲁思里，过着极为平淡的生活，以致令众多的蒙古编年史家十分难堪地撷采不出一件勉强可以载入史册的事迹。而这段时间，正是蒙古帝国最辉煌灿烂的英雄辈出的时代。

但有一点更无疑，这位被人称颂的"智者"，他自己也毫不胆怯自称智者的年轻人，正是在这漫长的20多年中积聚了自己的大多数智慧与权谋，培植了自己十分发达的政治头脑。

其生活的特殊氛围，使得他有可以奢侈乱花的空暇去洞悉思考蒙古帝国的弊病，忧虑征服者的命运，以思考个人在历史中的位置。

蒙古大军风卷残云般的两次西征均以成吉思汗和窝阔台的逝世而停息，或者暂时搁浅。

三次汗位的虚悬，三次黄金家族的内讧般争论，已将成吉思汗含辛茹苦、浴血奋战而来的家族团结及帝国统一，推向分裂的边沿，并嘲讽般将成吉思汗所造就的秩序再次拉向重新排列组合后的混乱。亲身目睹经历这三次事变的忽必烈已清晰地预见到，如再不出现强权，去维系这庞大的然而也是脆弱的帝国，那么分裂便不可避免，尽管这也许只是家族内营盘的分裂。但强权的巨人在哪里呢？蒙哥无疑是一位强人，但窝阔台、察合台两系后王正在抗命，着力经营自己的兀鲁思，离心的倾向已十分明显。这个无奈的问题，是忽必烈苦恼、忧虑的另一原因。

直到忽必烈而立之前，他还没有统率过军队去亲历父祖们习以为常而且极少失败的征服战争。对蒙古本土的西部，他是陌生的。即如其他的征服地，如朝鲜半岛、波斯、河中等地他也不熟悉。在俘房中、人质中，他唯一有些印象的就是全国的僧人、医师和占卜星相家，还有一些

受汉化较深的西夏人、畏兀儿人。好奇而又极易接受新生事物的忽必烈与这些家族仆人的闲聊，使他已隐约感到那片神秘富饶的国土，有他的事业所在，因为他不满足于仅做个蒙古草原的藩王，守着自己分封的一小片兀鲁思，度过一生。他心里同样流淌着征服者强劲的热血，渴望建立像祖、父、兄们的征服伟业，渲泄自己内心野蛮性情也是这个游牧人的天性之一。但是，大致的封地方向已经确定，如何确立自己的方向，这是忽必烈思考的第三个问题。

天下是蒙古人的狩猎物。一个不甘寂寞、平凡，少有凌云之志的后王，在帝国长长的狩猎单上寻找着自己的猎物。

他的眼睛已开始盯向南方，因为这是黄金家族成员中的一个空档。

蒙古贵族，包括忽必烈，最初接触汉文化是从俘虏那里开始的。蒙古军进入中原之初，实行残暴的屠城政策，但对他们可以直接服务的各类工匠、占卜星相家、宗教神职人员、医生及懂蒙语的通译等具有特殊技能的人员则采取掳之为用的政策。每当他们征服一城一地，蒙古人往往将这些具有特殊技能的人员挑选出来，掳往蒙古本土，为他们营造城池、或为他们制造弓矢武器，或为他们医病救人，或为他们占卜命运，敬天祝寿所用。为适应统治不同民族的需要，蒙古统治者对各种宗教也采取兼容并蓄、一律保护的政策。

忽必烈从小就不和别的孩子一样，他除了像黄金家族的孩子勇敢坚强，善骑善射之外，还有着那些小王子不具备的品质。比如说他从不满足于在战场上拼命厮杀，以求得封地为王。他不大说话，眼睛却对一切事情疑惑地看着，不管事情有无定论，他总是自己动着脑筋，久久地思索着。一次，母亲问他："孩子，你老想些什么？"

"我思大有为于天下！"

这句话使唆鲁禾帖妮大为惊奇。

有一次，大家正在谈论着大汗的旷世武功，忽必烈在一旁却一声不吭，只是默默地想着事情。

父亲问他："忽必烈，你不说一句话，想些什么呢？"

"我在想，爷爷的确是无比伟大的，可是他杀人太多了。能不能不杀这许多人而让被占领地方的人民真心拥戴呢？"

"不能这样评论大汗！"托雷大声地训斥他。

"我是这样想：被占领地方的人民一定是渴望长生天派一位救星来，而不是一个杀人不眨眼的灾星！"

"你……"托雷跳起来，抓过挂在墙上的佩刀，可是也仅仅威吓一下罢了。"你这样说话，要是让爷爷知道了，他会把你赶出家门的。"

晚上，托雷却和唆鲁禾帖妮说："有时我也有忽必烈的想法，为什么不对征服地的人民好一些，让他们感恩戴德呢？"

"王爷，你的这些心事也得像忽必烈的一样，烂在心里算了！"妻子说。

"当然，我不会说出去。忽必烈那孩子将来会有大出息的，你看着吧！"

其实，作为母亲，唆鲁禾帖妮早就看出忽必烈想事和行事大有异于别的孩子，所以她常常和他讨论些事情。一次唆鲁禾帖妮深情地望着儿子，指着南方说："那里有个南宋国，知道吗？"

忽必烈点点头。"我知道。我们的铁骑早就打到中原，另外，我们还掠来他们许多人。据到过那里的将士说：那些南宋人都软弱无能，胆小如鼠，好逸恶劳，一无是处。最好是把他们杀干净，留出大片土地让它长草，好让我们的人去放牧！"

"你相信吗？"

"我没有见过有学问的中原人，蒙哥到过那里，他又不详细和我说。"

那时，蒙古还没有正式和南宋开战。他的主要敌人是大金。大金国已经灭了大半个宋国。蒙古又占领了金国黄河以北的几乎所有的土地。他们所到之地，往往杀绝、烧光，大兵过处，血流成河、赤地千里。可是他们稀罕有一技之长的工匠，只要是工匠，就给他们留一条性命，然后把他们送回蒙古去……忽必烈见到的南宋汉人，大概就是他们了。他们除了低头干活，的确没有表现出什么特异之处。

"孩子，"母亲语重心长地说，"你要是真想大有为于天下，那就得请那里的人做你的老师！蒙古人相信长生天，可有人说，长生天把武力给了咱们蒙古人，把智慧给了别的人，我们可以打败别的人，但最后会被别的人所打败！汉人就是世界上最有智慧的人！"

忽必烈惊恐地看着母亲。

"你不要害怕，你只要甘心情愿地拜有智慧的人做老师，你就会永立不败之地，你就像雄鹰有了坚强的翅膀，能够振翅凌空飞翔！"

忽必烈听了母亲的话，他开始寻找老师了。

他的第一个老师是和尚海云大法师。

海云法师还是成吉思汗发现的，他把人命当草芥，却很尊重有德行的道士、和尚。当他听大将木华黎报告说在进军宁远中俘获了一位有名的和尚时，他虽军务繁忙还立即派快马去告诉木华黎，要他保护那和尚。木华黎把海云法师安排在燕京的庆寿寺里。

忽必烈以王孙的身份派人去召海云法师了。

海云在来和林的路上，在云中地方遇见了青年和尚子聪。子聪虽然年少，但饱读经书，以其博学多才闻名。他听海云师父要到漠北论道，立刻恭身下拜，说："大师此去，是为搭救天下苍生，真是功高日月！"

海云忙问他为什么这样说？

子聪笑笑，"蒙古铁骑横行中原，势不可挡。大军到处，生灵涂炭。现在，大金和南宋已经闻风丧胆、败局已定了，于是大师想以佛法点化那些蒙古王爷和将军。并教他们治军和治国之道，希望大师马到成功！"

海云佛师见子聪一语道破天机，大笑不止，说："子聪小师父果然聪慧过人，可是我要见的不是蒙古大汗，而是当今可罕的侄子忽必烈……"

"忽必烈那是一条潜龙，将来的天下很有可能就是他的。大师的眼力和道行高深莫测，非小僧所能及！"

"既然子聪小师父什么都明白了，那你还藏在这里干什么，等待忽必烈王爷三顾茅庐吗？不如跟我一同到漠北去吧！"

这样海云和子聪就来到了和林。忽必烈热情有礼地接待了他们，只略一交谈，就觉得云开日现，得见大道。于是重新顶礼膜拜，谨执弟子之礼。从此，忽必烈几乎足不出户，整日和他们在一起，谈经论道，精研治国安民的大道理。时常深夜不歇……

可见，忽必烈一早就立下远大志向，为他一统中原打下根基。现如今的社会，我们要想有一个不平凡的未来，就应像忽必烈一样，从小就立下远大的志向。

古往今来，凡是有大作为的人无不是胸怀大志，有着远大的梦想。孔子曾说的"三军可夺帅也，匹夫不可夺志也"、曹操高歌的"老骥伏

枥，志在千里"、王勃的"穷且益坚，不坠青云之志"等等脍炙人口的名言警句，无不提醒我们，远大的志向是如此的重要。

"有志者、事竟成，破釜沉舟，百二秦关终属楚；苦心人、天不负，卧薪尝胆，三千越甲可吞吴。"这是蒲松龄先生曾经说过的一句励志的名言，古人常说："有志不在年高，无志空活百岁"；"三军可以夺帅，匹夫不可夺志也。"那些名言警句无论历经多少时间的磨砺，它们都会散发出灿烂的光芒，而这也说明了志气对我们而言有多重要。少年时的周总理就曾立下过"为中华崛起而读书"的大志，他穷尽一生为党和人民做出了不可估量的贡献；诗人屈原是一个爱国主义者，他在被放逐途中仍不失大志，写下了"路漫漫其修远兮，吾将上下而求索"的壮语。

生存对于世间万物来说，都是一件艰难的事情。为了繁衍后代，大马哈鱼常常需要突破一切障碍逆水而上；为了避寒，燕子每年都要穿过大海飞行千里。为了生存，动物都能做到这样，对于人们尤其是

西部骑象辇的忽必烈雕像

青少年而言，就更应该有这样一种自立精神，屡败屡战、永不言败、顽强到底。

有这样一个耿弇故事，耿弇是东汉时期的一个读书人。他在很小的时候就开始认真学习兵书，演练武艺，他立志将来要为国家效力。在战场上，耿弇表现十分出色，他不但英勇善战，而且足智多谋，屡建战功，很快就被提升为大将军。

有一天，耿弇向皇帝提出了要带兵北上，平定割据势力的要求。皇帝在听到这个要求后，虽然十分高兴，但同时又觉得割据势力不是那么好平定的。"大王，只要我们立定志向，坚持不懈，就一定可以成功的！"耿弇坚定地说。

于是皇帝就答应了他的要求。耿弇在平定割据势力的过程中，运用了各种非常精妙的战术，连连取胜，一大部分割据势力很快就被平定下来了。紧接着，他率领的部队向军阀张步所盘踞的地盘开始推进。交战地点在临淄，他们很快就摆开了阵势，仅仅只是一场短兵相接的战斗，双方却都杀得眼红。就在这时，耿弇的大腿被一支突然飞过来的箭射中了，他毫不犹豫地拔出佩剑砍断箭杆，然后继续作战，直到把敌人打得落荒而逃后，他才想起来还有一枚箭头插在自己的腿上。

皇帝对耿弇称赞不已："以前我还担心将军提出的计划难以实现，但你终究不负皇恩，将此事漂亮地完成了，这可真是'有志者事竟成'啊！"

"有志者事竟成"这句话就是汉光武帝所讲的，后来因常被人们引用而成了一个成语。"志"就是志气；"竟"是终于。所以这个成语的意思就是：人只要有志气、有决心，不管遇什么样的的困难和挫折，只要坚持不懈就一定能够达到目标。

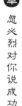

一个没有志向的人，就如同一艘没有舵的船，在茫茫大海里，将无法找到自己的方向。相反，如果一个人从小就立下志向，尽管在过程中会遇到各种各样的困难，但他都会坚持不懈地朝着目标前进，结果就是他必定会获得成功。所以，如果想要成就大事，取得成功，除了要有超群的才学，非凡的勇气之外，还必须要有一颗大志之心。

还有一个故事，在东晋的时候，那时还是一个动荡不安的年代，有一个小有名气的诗人，他从小时候就喜欢读书，没有一点求官的意向，虽然家里很穷，经常没有饭吃，但他依然没有放弃读书、做诗，而且还自得其乐。最后，他靠着自己所创作的诗歌和崇尚自由的风骨，获得了后人的敬仰。这个人就是创作出"采菊东篱下"经典之作的陶渊明。

在贫困交加的情况下，陶渊明最终放弃了仕途。虽然他选择了缺衣少食的贫困生活，但却获得了心灵的自由和人格的尊严，并且在这种环境下开创了一代田园文风，他的那种不为五斗米折腰的高风亮节，被所有中国后代文人所景仰。

辛弃疾《南乡子》里有这样一句话："天下英雄谁敌手？曹、刘，生子当如孙仲谋。"孙仲谋就是孙权，不到二十岁就继承父兄基业称雄江东，但他并不满足占有东南半壁江山，尽管他对阵的是拥有"卧龙"诸葛孔明的刘备，麾下猛将如云、谋士如雨的曹操，但他丝毫都不在乎，因为他始终牢记"须知少日拿云志，曾许人间第一流"。终使一代枭雄曹操也不能不赞叹道："生子当如孙仲谋"！

不同的人有不同的志气，崇拜志向远大者，如忽必烈；喜好田园志在平淡者，如陶渊明；志在报效祖国者，如陆游；志在拯救人民者，如孙中山；志在金钱者，如巴尔扎克笔下的葛郎台老头……不管他们的目标有何不同，但都有一个共同点：志气是他们人生大厦的支柱。我们生活在一个崭新的时代，但是远大志向的重要性却丝毫没有减弱，相反，只要我们认识到志向的重要性，树立雄心壮志，将自己投入到社会的洪流中，才能够获得成功，成就自己的一生。

博采众长，助己成功

一个人的力量是有限的，一个人的见识是有尽头的，想要在成功之路上走的更远，就要借助他人的力量，博采百家，将众人的能力为自己所用，集合多人的智慧，扩充自己的力量，只有这样，才能够获得更大的成功，才能够在成功之路上，走的更远。忽必烈是蒙古人，对汉文化了解甚少，于是就集百家之长，助自己一统大业。

宪宗元年（1251年）六月，蒙哥登上蒙古国汗位。接着，幸运之神又随之降临，忽必烈奉汗兄之命担起了总领漠南的重任。

总领漠南期间，忽必烈在广集四方文学之士的基础上，形成了一个由谋臣侍从组成的"金莲川幕府"。这个"金莲川幕府"，对忽必烈总领漠南乃至以后打造元帝国的人生历程，都产生了重大的推动作用。

"金莲川幕府"，其名源自于忽必烈奉命总领漠南军国庶务后的驻牧开府地点。该驻牧地在原金桓州附近的金莲川。

此地因夏季盛开美丽的金莲花，因此改名金莲川。这批藩邸谋臣侍从随而被称为"金莲川幕府"。

幕府侍臣由很多奇人谋士组成。这些人都是中州精英和贤能智士。他们大部分是较长时间留在漠北或漠南金莲川藩邸，一小部分汉地名士

或因年迈旋召旋归，并不久留。

他们地域种族各异，技能职业有别，学术派别林立，志趣主张也大多不同。

他们大体可分为邢州术数家群、理学家群、金源文学群、经邦理财群、宗教僧侣群及王府宿卫群等若干群体。他们分别从自己的学术志趣出发，阐扬各自的政治思想，希望为忽必烈所采用，竭力在总领漠南的施政中留下一些属于己方主张的印痕。

邢州术数家群。这一群体的领袖是刘秉忠，成员主要有王恂、张文谦、张易、马亨等。

刘秉忠是邢州邢台人，于1242年随禅宗海云法师北上拜见忽必烈，留守于漠北。

刘秉忠学贯于儒、佛、道三教，尤其是"通晓音律，精算数，善推步，仰观占候，六壬遁甲，《易经》象数，《皇极邵氏》之书，无所不知"。

刘秉忠不仅"学术通神明，机算若龟策"，而且娴熟治国之道。如前述，到漠北之初，刘秉忠曾经屡次上书献策，"皆尊王庇民之事"。但忽必烈最欣赏的是其"阴阳术数之精，占事知来，若合符契"，而且有所谓"唯朕知之，他人不得与闻"的神秘约定。

据说，刘秉忠与忽必烈"情好日密，话必夜阑，如鱼得水，如虎在山"，这也是其他藩府旧臣无法比拟的。

王恂是中山安喜（今河北定县）人，曾经拜学刘秉忠于邢州紫金山。以算术而闻名，在藩府担任太子伴读。

张文谦是邢州沙河（今河北沙河县）人，与刘秉忠自幼是同窗好友，"年相若，志相得"，早年受刘秉忠的影响，"洞究术数"。

此后，又与许衡等交结，潜心义理之学。他被忽必烈"擢置侍从之列"，司教令笺奏，日见信任。

邢州术数家群的成员，多数是刘秉忠的同乡、同窗或门人，并且是由刘秉忠荐举进入藩邸幕府圈的。学术上也以阴阳术数为主。因为刘秉忠的缘故，邢州术数家群在藩邸幕府中称得上是最早投靠忽必烈、最受忽必烈信任的。

理学家群。这一群体主要由窦默、姚枢、许衡三位北方著名理学家组成。

窦默是广平肥乡（今河北肥乡县）人，最初以行医为职业，后来又专心学习伊洛性理之书，一度隐化大名，与姚枢、许衡朝暮讲习，1249年应召于漠北，首以三纲五常为言。忽必烈对此说有所感悟，亦称："人道之端，无大于此。失此，则不名为人，且无以立于世矣。"窦默又说："帝王之道，在诚意正心，心既正，则朝廷远近莫敢不一于正。"

忽必烈对此颇感兴趣，一日三次召见与之交谈，奏对皆称旨，自此，对窦默敬待礼加，不令暂离左右。窦默是理学家群中最早进入忽必烈藩邸的。曾奉命教授太子的真金、姚枢、许衡皆由他举荐。

姚枢是营州柳城（今辽宁朝阳）人，曾从赵复处得程、朱二子性理之书，潜心研读，后成北方理学领袖之一，于1250年北伐忽必烈，上治国平天下及救时弊之八目三十条，"本末兼该，细大不遗"。姚枢所言讲究现实，也比较注重这位蒙古宗王的认同接受程度。忽必烈惊奇于他的知识渊博，有什么事情都要去咨询他，视姚为藩邸的主要谋臣。

忽必烈虽然对空言性理的理学不太感兴趣，但窦默、姚枢二人"诚结主知"，一直受到格外的眷顾和信赖。

威震八方

忽必烈有话对你说

至于许衡，因其被举荐的时间较晚，起初仅奉王府令旨教授京兆，又兼性情古怪，所言迂腐空洞，藩邸时期的忽必烈并不喜欢他。尽管许衡在理学家群中学术造诣是最高的。

金源文学群。这一群体大多数是前金朝辞赋进士出身，率以诗赋文章相标榜。王鹗是这一群体的领袖，成员主要有徐世隆、李冶、刘肃、宋子贞、李昶等。

王鹗是开州东明（今山东东明县）人，金正大状元。1244年召赴漠北藩邸，忽必烈对他格外优待，每一次晋见，都赐予他座椅，从不直呼他姓名，而是恭敬地叫他状元。他曾给忽必烈进讲修身齐家治国平天下之道，常常到深夜。忽必烈颇为所论而感动，说："我现在虽然没有立即施行，但怎能知道以后就不能施行呢？"

王鹗向忽必烈所举荐的多是金朝的辞赋文士。忽必烈还命令近侍阔阔、廉希宪、柴祯等五人以王鹗为师，学习汉文化。

徐世隆是陈州西华（今河南西华县）人，金正大进士。他"古文纯正明白"，"诗歌则坦夷浏亮"，"四六则骈俪亲切"。1252年徐世隆北上，见忽必烈于日月山帐殿，以孟子"不嗜杀人者能一之"说，劝忽必烈不要去征伐云南。

李冶是真定栾城（今河北栾城县）人，金正末进士。他收藏图书极多，人曰：聚书环堵。以做文章为乐，"经为通儒，文为名家"。1257年，随使者北谒，也是忽必烈问以治道的汉文士之一。

其他属于此群体的刘肃、宋子贞、李昶等，也都是喜好文学诗赋的进士出身者。

以上王鹗、徐世隆、李冶三人进讲治道时，言必称孔孟纲常就很能说明问题。

不过，他们在崇尚标榜诗赋文章的同时，兼学兼通的多是传统的孔孟儒术，而非程朱的新理学。

经邦理财群。这个群体的人员，通常以治国经邦为直接任务，或喜好谋划经略，或善于理财会计。郝经、赵璧是其代表人物。

郝经是泽州陵川（今山西陵川县）人，金朝亡后，侨居保定，充世侯张柔家塾教授。郝经虽然"上溯洙泗，下迨伊洛诸书，经史子集，靡不洞究"，但又强调"不学无用学，不读非圣书"，"不为利益拘"，"不作章句儒"，立志"务为有用之学"，"以复兴斯文，道济天下为己任"。所以他平时不去理会朝政，常在家中治学。

应召赴藩邸后，郝经充任重要谋臣，上下五千年，旁征博引，援据古义，为忽必烈呈献许多救治时弊的良策。忽必烈极喜其所言，凝听忘倦，在日后的施政中多有采用。

赵璧为云中怀仁（今山西怀仁县）人。1242年被忽必烈召至漠北驻地，是忽必烈最为亲近的汉人侍从之一。

忽必烈让自己的王妃亲自为他缝制衣裳，派他驰驿出使八方，前去招聘名士王鹗、姚枢等人。还命其学习蒙古语，在马背上替忽必烈译讲《大学衍义》。

忽必烈称赵璧为秀才，那是因其颇善于草拟表章文檄，且教授蒙古生徒儒书。

然而，他"刻意吏学，以经济为己任"，后又"经画馈运"，"手校簿书"，忽必烈任命其为中书平章的制书中亦有"素闲朝政，久辅圣躬，柱石庙堂，经纶邦国"之语，故其更像是一位经邦理政的机敏儒吏。

除此以外，"能理财赋""调军食"的李德辉；"博学有经济

器"的张德辉；文武才兼备、"有经济略"的商挺；被忽必烈命为抚州长、"城邑规制，为之一新"的赵炳；担任邢州安抚司和陕西宣抚司幕官的赵良弼；"尽通诸国语"、后任治国用司副使的张惠；出身察必皇后斡耳朵媵人，又与李德辉"偕侍潜邸"的阿合马等，也基本属于这一群体。

宗教僧侣群。这一群体的代表人物主要是吐蕃萨加派僧师八思巴、禅宗僧人海云、太一道教大师萧公弼等。

此群体人数不甚多，但对忽必烈的个人宗教信仰，以及日后元王朝的宗教政策和治理吐蕃，影响却颇大。

王府宿卫群。顾名思义，这一群体是由忽必烈王府怯薛宿卫士组成。如廉希宪、董文用、董文忠、贺仁杰、阿里海牙、许国桢、谢仲温、姚天福、高天锡、谒只里、昔班、阔阔等。

这些人都来自蒙古、色目、汉人等不同种族，平时皆负责王府的生活服侍和护卫工作。

除廉希宪以外，王府宿卫大多没有什么突出的政见主张，也很少参与藩邸的治道问答。但他们始终是忽必烈最信赖的藩邸人员。

以上六个群体，只是就其基本特征而进行的粗略划分。实际上，六群体部分人员在志趣流派方面常会有一定程度的交叉或复合。然而，六种类型或群体的划分，使我们对"金莲川幕府"内部构成及其与忽必烈的关系一目了然。尽管这种划分只是相对或粗略的，有其一定的局限性。

忽必烈对"金莲川幕府"及其他应召人员的态度也是比较理智的。这些侍从和应召人员形形色色、五花八门，所持主张及所怀目的也各不相同：或希望获取赏赐，或希望免除本派别门人的劳役赋税，或希望改善民众的生活并恢复中国的统一与秩序，或主张以华化夷，促使蒙古人逐渐汉化。

此时的忽必烈，对这些人大致是礼贤下士，虚己而问，兼容并蓄，没有明显地抑此褒彼，以多听多问为主，择其有用有益之处而从之。即使是对个别不友好、不合作的人，也不发怒、不失礼。

"金莲川幕府"的形成，是忽必烈主动吸收汉法制度，与中原士大夫实行政治联合的一个良好的开端。它加强了忽必烈为代表的蒙古贵族与汉族士大夫之间的彼此沟通和认同，对忽必烈履行其总领漠南的使命，也发挥了极其深刻而积极的影响。

由于这些士大夫中有相当一部分来自汉世侯幕僚属吏，"金莲川幕府"的形成，又在一定程度上密切了忽必烈和汉地世侯之间的联系。

从长远来看，它又为元帝国的建立提供了必要的政策方略、社会支持以及官员准备。

中统至元间，这些幕府侍从"布列台阁，分任岳牧"，成为忽必烈政权的最主要班底。他们有关汉地统治方式的一系列理论，也为忽必烈君临整个华夏描绘了一幅行之有效的政治蓝图。

忽必烈在自己的发展过程中，集合了众多人的智慧，无论是术数，还是理学，不论是文学还是经邦理财，也不论是宗教僧侣还是王府宿卫，全部的人才的智慧，都统统拿来，为自己所用，博采百家之长，增加自己的实力。他这种不计较地域种族，不计较技能职业，不计较学术派别，不计较志趣主张，只要对自己发展有利，就要吸收借鉴的态度，正是博采百家之长，充实自己的争取道路。

正所谓他山之石可以攻玉，一个人的力量毕竟有限，一个人的坚实也不能够长远。只有集合多人的力量，博采百家之长，并形成自己的实

力，才能够让自己取得更大的成就。

取百家之长，首先要做的就是博，不能拘泥于自己的一个小圈子闭门造车。只有开阔自己的视野，将自己真正地放到百家之中，体会到不同思想、做法的差异，了解到各家的优劣，才能够做到取百家之长。

我国古代著名作家蒲松龄以一部《聊斋志异》留名千古，其实这本著作就是一本博采百家之长的作品。《聊斋志异》中的故事描述，笔法简约精确，寓意深刻而又不着斧凿之迹，其笔法凝练，是脱胎于诸子百家的文章。而其故事不仅来自于左史、龙门的文章，更是去百家之说。传说当时蒲松龄身处困境，落魄不得志，只能在乡下寓居于茅屋陋室，以村中塾师为业，勉强混一个自给自足。但是他最奇怪的地方，就是他自己在通衢大路旁边，搭起一座茅草棚，每天都会将自己辛苦省下的一点点钱买来廉价茶叶或者烟草，免费地款待过往的行人，无论是贩夫走卒，还是行脚客商全都能在这里歇脚纳凉、饮茶解乏。在他们休息的时候，蒲松龄就和他们畅谈奇闻异事，并对他们的故事都详加记录，作为自己的创作的素材。到了晚上，自己再加以整理，用自己的文化素养加以润色，把自己的思想加入其中，最终写成了一部流传千古的著作。

取百家之长不仅要取来，更要加以吸收，融会贯通，形成自己的东西。单纯的拿来并没有效果，只有真正领悟，成为自己的能力，才能算是取到了百家之长，否则所谓的博采百家，只是空洞的形式，并不能起到任何效果。

唐代书法大家颜真卿在中国书法史上有着重要的地位，颜真卿是在书法史上唯一能和王羲之抗衡的书法大家，他们二人先后辉映，成就了书法史上的两座高峰。颜真卿的书法作品，以楷书为多而兼有行草。他的书法风格，兼有前人的百家之长，更有自己的独到见地和风格，以自己博采百家，成一人之风的书法气质，成就了自己书法大家的地位。

取百家之长同样不是像鲁迅先生批判的那样的拿来主义，取百家之长，是要根据自己的实际需要和现实特点，有选择地拿，将自己拿到的东西切实利用起来，为自己所用，这样才能真正做到取百家之长充实自己，这样才能够获得成功。

做独一无二的自己

在我们的生活中，每个人都有自己的位置和作用，要想在自己的位置上得到成功，就要不断地提升自己，让自己变得不可替代、不可或缺。只有这样，才能够在激烈的竞争中，稳固自己的地位，才能最终实现出自己的价值和成就，在成功的道路上，绽放出自己的光彩。忽必烈就是这样一位无可替代的人。

1251年，蒙哥即位之后，派遣三弟旭烈兀率兵进行第三次西征，派遣二弟忽必烈主管漠南汉地军国庶事并率军征伐云南，自己则留守蒙古本土和林。

旭烈兀西征灭掉盘据波斯北部诸山寨的"木刺夷国"（伊斯兰教亦思马因派势力），攻陷报达（今伊拉克巴格达），灭掉黑衣大食（阿拉伯帝国阿拔斯王朝），又分兵三路侵入叙利亚，取得了重要战绩。

忽必烈治理汉地获得成功，率兵攻伐云南，凯旋而归，声望日隆。

唯独留守蒙古本土的蒙哥汗没有什么功绩，声望越来越不如两个弟弟。

第一章 忽必烈对你说成功之路

旭烈兀远离蒙古本土，虽然声望日增，但不会构成对自己的威胁。可忽必烈就不同了，他居于漠南，紧连蒙古本土，文治武功，赢得众人喝彩。蒙哥知道，忽必烈的势力继续发展下去，自己的权位不堪设想。因此，他派出阿兰答儿等人以检查为名，打击削弱忽必烈的势力，同时，也在想方设法提高自己的威望，以求和忽必烈争个高低。

蒙哥也曾率军与拔都进行第二次西征，败钦察，破斡罗思，攻克乌拉基米尔城，打败薛儿客速人和阿速人，确实风光了一阵子，也被蒙古人看成是一位英雄。蒙哥深知自己不凡，在忽必烈声望日高的形势下，为了提高自己的威望，压倒忽必烈，便想重操旧业，亲自率军去征伐南宋，以显示一下自己的才能。

1256年，在一次诸王贵族会议上，蒙哥决定亲征南宋，他对诸王说："我们的父兄们，过去的君主们，每一个都建立了功业，攻占过某个地区，在人们中间提高了自己的名声。我也要亲自出征，去攻打南家思（指南宋）。"于是，他命幼弟阿里不哥留守和林，以自己的儿子玉龙答失和大臣阿兰答儿等人为辅佐。1257年，蒙哥离开和林，渡漠而南，经河西以达六盘山。蒙哥与诸将集议，决定兵分三路大举攻宋。他亲自率领4万大军，号称10万，为西路，主攻四川。命左手诸王塔察儿（铁木哥斡赤斤孙）与张柔等率东路大军进攻襄（今湖北襄樊）、鄂（今湖北武昌）等地，从东面配合。又命进入云南、交趾（今越南）的大将兀良合台引兵北上，攻打潭州（今湖南长沙）等地，以形成南北夹击之势。蒙哥计划三路大军会师长沙以后，再进围南宋首都临安（今浙江杭州），一举灭亡南宋。

蒙哥给众人分别安排了任务，就是没有给忽必烈分配工作，原因是他脚患疾病，需要"照顾"。忽必烈心里明白，这哪里是什么照顾，而是蒙哥害怕自己声望高涨，解除了自己的兵权。忽必烈虽然明白这一切，但又毫无办法，只好闲居家中，表面上看过着悠闲自得的生活，实际上他的心里也在翻江倒海地折腾着。

蒙哥这次南征，从表面上看，似乎也很严密周到，好像是一个切实可行的全面灭亡南宋的计划。但从战略角度看，无论是在军员和物资的准备、将帅的选任、攻宋的借口及舆论的制造，还是在主攻方向的选择及三路大军的整体配合等方面，都存在一定的问题。当时的有识之士都看到了这一点。比如，老将刘敏虽然身患疾病，但仍坚持求见，准备谏阻伐宋。蒙哥见刘敏带病求见，说："卿有疾，不召而来，将有言乎？"刘敏说道："臣闻天子出巡，义当扈从，敢辞疾乎！但中原土旷民贫，劳师远伐，恐非计也。"蒙哥听了，很不高兴，仍然坚持大举伐宋。

蒙哥三路大军出发以后，郝经曾对忽必烈说："古之一统天下者，以德不以力。彼（指南宋）今未有败亡之衅，我乃空国而出，诸侯窥伺于内，小民凋弊于外。经见其危，未见其利也。"。

后来，蒙哥在蜀地征战时，郝经又向忽必烈进呈《东师议》一文，指出："夫取天下，有可以力并，有可以术图。"力并者应该出奇制胜，术图者则不可急。蒙古军早期能够所向克捷，主要是利用骑兵，用奇取胜。用奇必须是出其不意，攻其不备。蒙哥汗亲征四川，六师雷动，实是舍奇而用正。四川地区"限以大山深谷，扼以重险荐阻，迂以危途缭径，我之乘险以用奇则难，彼之因险以制奇则易"。况且主客双方力量悬殊，我方的战略企图完全暴露。敌方坚壁清野以待之，我"无掳掠以为资，无俘获以备役"。这就形成了"以有限之力，冒无限之险，虽有奇谋秘略，无所用之。"用奇不行，用术之时机尚未成熟，蒙

哥汗忽然无故大举。进而不退，主动完全丧失，兵势滞遏难前。其结果必然是再竭三衰，"所谓强弩之末，不能射鲁缟者也"。

后来战事的发展，确如这些有识之士所预料的那样，很快就陷入被动局面。

首先是东路军进展不利。塔察儿率领东路军按计划进攻襄、鄂，初战顺利，很快进至鄂州沿江之地，但受到宋军阻击，难以前进，只好无功而返。

蒙哥听说东路军失利，十分恼火，对塔察儿严旨切责，并派人通知他们说："你们回来时，我要下令狠狠地惩罚你们。"一位宗王也派人转告塔察儿说："忽必烈合罕曾夺取了许多城堡。而你们却带着破烂屁股回来，也就是说，你们只忙于吃喝，不好好打仗。"塔察儿受尽辱骂，心中十分不满。

这时，被剥夺了军权的忽必烈，正以养病为名，在藩府安闲度日。近侍康里部人燕真（不忽木之父）提醒忽必烈说："主上对大王素怀猜疑，现在主上远涉危难之地，亲历戎行，而殿下却闲居在家，这样子能行吗？"忽必烈原以为争取领兵权会更加遭到疑忌，如今听燕真这么一说，方知自己不要求从征伐宋，将来也会成为一条罪过，遂硬着头皮派遣使者到蒙哥处，请求允许他从征。

蒙哥本来不想让忽必烈参加这次军事行动，怎奈塔察儿不为自己争气，进军失利，很可能影响这次军事战绩。他知道，如果出征无功，将会更加影响他的威望，不如起用忽必烈，帮助自己扭转战局，如果取得军事胜利，仍然是自己的功劳。于是，蒙哥非常高兴地答应了忽必烈的请求，让他代替塔察儿总率东路诸军，依照预定的计划进取鄂州。

忽必烈重掌军权，非常高兴，决心好好表现一番。元宪宗八年

（1258年）十一月，忽必烈在开平誓师祭旗，随后挥师南下，第二年二月，会诸王于邢州。五月，至濮州，听说名士宋子贞在其地，立即召见，问以方略。宋子贞毫不客气，回答说："本朝威武有余，仁德未洽。宋人所以拒命者，特畏死尔，若投降者不杀，胁从者勿治，则宋之郡邑可传檄而定也。"忽必烈听了，觉得很有道理，表示愿意按其所说去做。忽必烈又听说儒士李昶也在濮州，马上派人去请，问以"治国用兵之要"。李昶谈"论治国，则以用贤、立法、赏罚、君道、务本、清源为对；论用兵，则以伐罪、救民、不嗜杀为对。"忽必烈听了，深以为然。倍加赞赏。随后，继续行军。七月，到达汝南，申明军令，戒诸将勿妄杀，并使杨惟中、郝经等宣抚江淮，接着命令木华黎之孙大将霸都鲁自蔡州先行进发。八月，忽必烈渡过淮河，入大胜关，进至黄陂，抵达鄂州江北，饮马长江，准备进围鄂州。

忽必烈率领东路大军进展神速，引起宋人极大惊恐。

在我们的生活中，想要体现出我们的价值，想要在自己的道路上获得成功，就要让自己做到最好，没有人能够替代自己的地位，使自己变得不可或缺。忽必烈在治理汉地的时候，取得了很大的成绩，这就引起了蒙哥的猜忌，为了保全自己，忽必烈只能交出一切权力，以"脚疾"为借口，选择退居幕后。

在没有权力的日子里，忽必烈没办法展现自己的才华，更不要说让自己和蒙哥以及其他蒙古贵族们进行竞争，如果忽必烈不能改变这种情况，那么就不会有后来的大元王朝。

最终，忽必烈再次获得权力并不是忽必烈自己讨要来的，而是猜忌他的大汗蒙古自己送到他手中的，结果并不出人意料，因为在当时的蒙古阵营中，对于攻伐大宋来说，忽必烈是不可替代的，没有人能够替代

忽必烈完成攻占南宋的使命。这就是忽必烈交给我们的成功之路——无论在什么位置，都要做到最后，让自己变得重要，甚至让自己变得不可或缺，这样，无论发生什么问题，最终都能够再次获得崛起的机会。

有这样一则故事：乔治·马歇尔是美国五星上将，他虽然被人称为是"最伟大将领中的伟大将领"，并载于史册，但实际上他的一生中大部分时间都处于副手位置，尽管如此，他依然在美国人心中一直保持着非常深刻的印象。而造成这一结果的原因就是，马歇尔以其卓越的才干使自己成为了一个其他人无法替代和超越的人。马歇尔对待工作认真、谨慎，同时他还具有优秀的观察、组织和协调能力以及诚恳、无私的高尚品质，而正是这一切都造就了它在每一个副职岗位上的辉煌成绩。

陆军部长史汀生对马歇尔出众的才华表示了极度的信任和赞赏，所以就选择了马歇尔作为他最重要的帮手。罗斯福总统在1941年3月，要求史汀生派一些高级军官去欧洲视察，他第一个想到的便是："我不愿马歇尔这个时候离开，他在这里太重要了。"有时侯，马歇尔仅仅只是去观看了一场演习，他都会在日记中写道："我觉得他去得太久了。"1942年1月，当丘吉尔提出让马歇尔陪他去美国南方旅行的要求时，史汀生觉得十分不满："丘吉尔去休息我并不反对，但是，他要马歇尔将军陪他一起去南方……这是让我感到最不安的地方，马歇尔有做不完的工作，而且也不应该让他离开工作……总之，马歇尔是很忙的。我认为，总统做出这个决定太轻率了。"1943年5月，丘吉尔再次要求马歇尔陪他到非洲旅行，这个时候的史汀生已经变得十分愤慨，他说："马歇尔肯定是全美国最强的人；这场战争的命运就寄托在他身上……而这次远行仅仅只是为了满足丘吉尔的愿望，我认为这样做太过分了。"甚至，连罗斯福总统都忍不住说道："是啊，如果把你

（指马歇尔）调离华盛顿，我想我无法睡一个安稳觉的。"

我们可以通过这些事实发现，马歇尔靠着他出色的业务才干赢得的不仅仅是上级的信赖，几乎在所有美国人的眼中，马歇尔都被认为是一个伟人，他的上级任何时候都会感觉到离不开他，迫切地需要他。马歇尔就成功地做到了不可或缺。

一个人的成长，不仅仅是生理机能的成熟与改变，更应该是不断实现自我价值的过程。在实现自我的过程中，我们是平平淡淡的混日子还是让自己做到最优秀、做到最好？不言而喻，想要获得成功，就要让自己变得不可或缺。

不可或缺的人才能够有更多的机会，因为正所谓物以稀为贵，人以杰出为尊。只有让自己变得不可或缺，才能够让自己得到更多人的支持，才能够让自己获得更多成功的机会。在篮球界中，乔丹已经成为了一个不朽的传奇，他多次带领自己的队伍走向胜利，并且总在最关键的时刻，获得最关键的得分。但是经过统计之后，有人发现，乔丹的球技确实厉害，但是很重要的一点是，在球场上，所有的队员都会选择在适当的时机，将球传给乔丹，让乔丹获得接下来的得分。这就是因为乔丹在篮球的世界，在自己的队伍中，做到了不可或缺，也因此获得了更多的机会，让自己走上了篮球的神坛，成为众多球迷关注的焦点。

这就是正常的逻辑思维，将优秀的人放在更重要的位置上。我们在成功的道路上就要让自己努力做那个优秀的人。做一个不可或缺的人其实十分简单，不一定都要超越常人，只要你意志坚定持续不断地努力，就像日出日落一样，简单普通却能够在简单中改变命运。

一位普通的司机师傅，在自己的职业生涯中，没有发生过交通事故，他就是不可或缺的；一位机械师，将自己的机器保养好，让机器在运行中不发生任何故障，他就是不可或缺的；一个办公室人员，将资料整理得条理清晰，无可挑剔，他就是不可或缺的……

所以，不要计较自己的职业，也不要计较自己的地位，只要在自己的位置，专注地、努力地坚持下去，将自己的事情做到最好，做到完美，让自己变得不可或缺，这本身，就是一种成功。

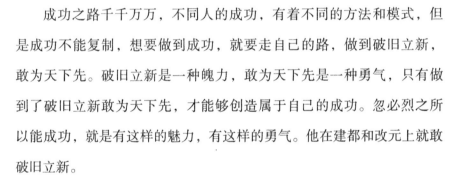

敢为天下先，争创第一人

成功之路千千万万，不同人的成功，有着不同的方法和模式，但是成功不能复制，想要做到成功，就要走自己的路，做到破旧立新，敢为天下先。破旧立新是一种魄力，敢为天下先是一种勇气，只有做到了破旧立新敢为天下先，才能够创造属于自己的成功。忽必烈之所以能成功，就是有这样的魅力，有这样的勇气。他在建都和改元上就敢破旧立新。

忽必烈对外扩张取得了一定的成就，这时候建立都城和改元就成为一个现实而急迫的问题出现在他面前了。

忽必烈先解决的是建都的问题，为了便于统治南方，他需要建立一个靠近南方的都城，于是选择在大都建立新的都城。

大都城从至元四年正月开工，经过七年的努力，主要宫殿和街道基本竣工了。外城方圆六十里，建城门十一座。皇城建在城南部略偏西，方约二十里。宫城在皇城东部，周回九里三十步。各个城门之间开辟出横平竖直的街道，东西大街及南北大街各九条。大街宽二十四步，小街宽十二步。另外开出三百八十四条火巷，二十九条胡同。通衢交错，列巷纷纭。大可以并百蹄，小可以方八轮。比起和林和开平来，真不知要大多少倍。

刘秉忠把一张城区图挂在墙上，忽必烈把诸王和群臣召集到大安殿观看。

也松哥说："好是好，只是我们在草原住惯了，让城墙圈起来，总觉得不太舒服。"刘秉忠解释说："为了照顾大汗和诸位王爷长期生长在草原大漠养成的习惯，又在城郊开辟了一些牧场，还在城内建了几处苑囿花园，留出许多街心绿地，多栽榆柳，多种花草，甚至放养驯鹿及鸟兽。虽然没有把蒙古包搬到城内，却在宫殿建筑上仿造草原的宫帐形式，宫内的正殿大明殿，远远看去，就是一座不动的金顶大帐。"也松哥说："这么办还差不多！"木哥也说："有意思！"

刘秉忠接着说："大殿中央坐北朝南设一七宝云龙御榻，白盖金缕褥，并设大汗和汗大妃座位。这也同历代皇室不同。"姚枢说："对，历代皇室是不准许皇后参政的。"忽必烈说："汉人的规矩也该改一改，皇后的意见如果是对的，说说有什么不可以？"

刘秉忠说："我也是这么想的。上师八思巴则在大汗和汗大妃的座旁专设一个座位。""对，这样更能表示对上师的尊重。"

"与历代朝堂上文左武右站班不同，在大殿左右列诸王及侍卫总管的座床。""嗯，还是大家都坐着说话方便些。"

"大殿的前方有一个巨大的酒器，里面盛满了酒。桌上摆放各种乐器。"

察必说："要把大汗自制的兴隆笙也摆上。"忽必烈说："还有，在大殿丹墀前边，要栽种我从漠北引来的一种莎草。"大汗是说誓俭

草吗？"忽必烈说："对，要让我的子子孙孙永不忘记草原创业的艰难。"刘秉忠说："是，大汗真是用心良苦啊！"

忽必烈问大家："你们看大都建得怎么样？"众人都交口称赞建得好。忽必烈说："既然大家都说好，董文忠，备好我的象车，我同汗大妃马上搬到大都城去住。"

刘秉忠说："不过，有一件要紧的事情还要先办。连日来，群臣纷纷上书，'既成于大业，宜早定于鸿名'，不少臣子认为——在大汗即将完成统一大业，继承中华正统的情况下，应该先定国号。"忽必烈问："你是说改元么？"刘秉忠说："不，臣是说定国号，蒙古的国号。"

忽必烈未置可否。也松哥严厉地问："'大蒙古国'不就是现成的国号么？"

刘秉忠说："不，用族名为国号不合适了。""什么？"也松哥等几个蒙古亲王也都同时开口了。

塔察儿亲王说："刘秉忠，连太祖成吉思汗都沿用蒙古旧称，你竟然敢改了？大汗，刘秉忠论罪当死！"阿里不哥说："刘秉忠，你是不是活腻了？啊？"不少人也都七嘴八舌地嚷嚷起来："大汗，请立即处死刘秉忠！"

殿里气氛立刻紧张起来。察必汗大妃说："大汗，就是要处死刘太傅，也要让他把话说完嘛！"忽必烈只吐出一个字："讲！"

刘秉忠从容道："以族名为国名，是草原的传统。然而将来我们要以四海为家，国名自然应该适应天下大统一的形势！改改有何不可？"

他的话又招来蒙古王爷们一片怒斥之声。

姚枢走前一步说："大汗，孔子曾说'名不正则言不顺，言不顺则事不成！'国名问题的确不是一件小事。我们的国家目前不仅包括草原各部和中原汉地，西北的畏兀儿、哈剌鲁，西南的大理、吐蕃也在我朝管辖之下，不久的将来，南方宋朝统治的地区也会纳入我朝的统治下。我们是南北一家、四海一统的国家了，我们才是历代中国的正统。如果再叫'蒙古'国名，就名不副实了。刘太傅的建议极为重要，请大汗明察！"

也松哥又叫道："大汗，刘秉忠和姚枢都是汉人，他们是不是身在蒙古而心在南宋啊？"

刘秉忠大声接过去道："何止南宋，我是心在华夏！大汗要一统华夏，就应该继承中原王朝的正统，也就是继承唐尧、虞舜、夏禹、商汤、周武、秦、汉、魏、隋、唐的正统、正朔，这才能叫做'绍百王而纪统'；前者，鲜卑族拓拔氏入主中原，并不叫鲜卑国而叫北魏；契丹族入主中原，改国号为辽；女真人入主中原，定国号为金。从太祖成吉思汗到大汗，其武功文治是任何一个古代王朝无法比拟的，我们的事业乃历古所无，为什么不应该再创一个自己的国号，而仅仅只配以族名为国名？"他扫视了一圈，人们都不再叫嚷了。这时，耶律铸、廉希宪、阿合马、安童等人也都表示："刘太傅言之有理！"

忽必烈问："那，你们看我们应该改为什么国名呢？"刘秉忠奏道："臣以为，我朝应建国号为'大元'，盖取《易经》'大哉乾元'之意：'元'者，大也。大不足以尽之，而谓之元者，大之至也。"

姚枢说："大元王朝，好！建国号为大元，志在华夏大统一。"忽必烈高兴地说："'大元'，'大元'，好一个大元！开天辟地第一个最大的王朝不就是我们吗？我看就叫大元帝国了！"

刘秉忠说："改了国号之后，大汗也要改称皇帝，朝堂之上也不能再像草原时期蒙古包里那样随随便便、济济一堂了，朝廷也要制定严格的礼仪。"忽必烈高兴地说："嗯，我们是应该走出蒙古包了！那就请

我们的状元公许衡先生代朝廷起草一份建国号诏吧！"

许衡按照中原朝廷的礼仪出班跪下道："臣遵旨！"

刘秉忠说："大汗，请从即日起，改'我'为'朕'。"忽必烈笑了："好好好，我从今天就不是'我'了，是'朕'！"汉臣齐呼："皇帝陛下万岁！万万岁！"其余的人也同声称颂："皇帝陛下万岁！万万岁！"

忽必烈在建都和改元的问题上都突破了蒙古旧的风俗和体制，他首次建立了都城，让蒙古人在城市生活，在此之前，虽然也有所谓的首都，却并没有城市，而是将众多的蒙古包聚集在草原上，形成一种游牧的聚散地。在国名的问题上，忽必烈更是顶着很大的压力。在蒙古旧贵族的眼中，成吉思汗的旧制是神圣而不可侵犯的，改变蒙古长期以来的以族名为国家名的传统无疑是冒天下之大不韪的。忽必烈顶住压力，破旧立新，在蒙古人中做了第一个吃螃蟹的人，这种魄力和气度，是一个人走向成功所需要具备的。

敢是一种对目标追求的孜孜不倦，是一种目光深远，对信念理想的锲而不舍的表现，早在中国古代，夸父敢徒步追逐太阳，秦王就敢骑马一统天下；而在距今天很近的年代，共产党敢用步枪斗大炮，中国敢敞开国门向世界开放。浪花淘尽英雄，时光在流逝，社会在发展，人类在进步。英雄已逝，但他们所开创的事业是永垂不朽的，他们敢为天下先的气概永远回荡在天地间，激励着后来人勇敢地迎受未来的挑战。

一种制度或者思想文化的定型并不容易，但是在其定型之后，经过时代的变革，在束缚发展的时候，想要破除，则要比定型更加困难，这就需要有一种破旧立新的魄力和勇气。

如果想要在人生的旅途上留下一道不可磨灭的印记，就应该具有敢于拼搏、敢于竞争第一的精神。在我们的生活中，尤其是现代人，在自己成长的道路上不能甘于落后，而是要敢于脱颖而出；在人生旅途中，要有敢于冒尖，勇于争当第一，当仁不让的精神。

像这样的故事不胜枚举，叶石生就是这样一个敢于冒尖，勇于当第一的人。叶石生是一个来自寿宁山区的农村汉子，但他后来竟被誉为"上海茶王"。他的一生中经历了很多事情，他种过茶，办过厂。在茶道方面可谓是十分精通，但在他来到大上海之后，竟然就像一粒沙子进入了沙漠一样，毫无特色可言。在那批茶叶被拒收的当天，他在上海找的店铺不下50家，竟没有一家愿意收购他的茶叶，迫不得已的情况下，他只能自己花9000元钱，租下一间不到45平方米商铺，既当店面，又当住家，每天起早贪黑，推销茶叶。1994年春，他开了一家名为"集茗轩茶庄"的店面，当时的他有着自己的一个小小的"野心"：不仅要把积压的茶叶卖出去，还要把寿宁的茶叶、闽东的茶叶推销出去，更要让自己的品牌响彻上海！

叶石生曾经在生意场上有过受骗的经历，所以他特别重信用，求质量，这也就使得他的茶庄生意越来越红火，并致使他在上海站稳了脚跟。两年之后的某一天，有一个很好的发展机会摆在他面前，他决定"一搏"。

1995年年底，某处农贸市场因多种原因导致摊位空置，同时辖区内各种批发市场已基本齐全，而像样的茶叶批发市场却一家都没有，据权威部门测报，当时上海人均茶叶年消费量将近一千克，因而工商分局有意要对市场进行改造。叶石生在获知这个信息后，对包括市场周边的交通、客流量、消费群体等进行评估、调查后，揽下了改造市场的重任。

叶石生用尽了他所有的关系，最终贷到150万元，并将这150万元全

第一章 烈火烈对你说成功之路

部投入了农贸市场的改造与完善。经过积极筹建，半年后，这个占地面积8000平方米、共有150间营业店面的茶叶市场于1996年4月28日正式开张了。

这个茶叶批发市场一开业，就立刻引起了轰动，几乎全国茶叶主产区的茶商蜂拥而至，所有铺位在不到一个月的时间里就被包租一空。开业仅仅半年，就销售了60万千克茶叶，价值2100万元。目前，全国产茶基地的上千种知名品牌的茶叶都在这个市场上聚集着。

叶石生在回顾自己走过的艰难历程的时候，他十分感慨："商场就如同战场一般，如果不敢冒风险，就一定不会获得成功。我认为上海这个地方是创业者的乐园。在创业的时候就得承担风险。当年，我为了开办茶叶市场而贷款150万元，如果当时投资没能取得成功，那就意味着我将倾家荡产，在这种情况下，我只有一种选择，那就是背水一战，结果茶叶市场一炮走红。"

这个故事告诉我们成功的花环往往只会戴在那些"敢为天下先"的勇者的头上。叶石生，曾经只是个名不见经传的闽东茶农，但他却在闯荡上海滩的过程中获得了成功，他现在已是身价过亿，被誉为"上海茶王"。他创办的茶叶批发市场，是目前上海市最大的茶叶批发市场，整个上海茶叶交易总量的70%都是在这里经营的，所以这里也成为了媒体发布茶叶市场行情价格的依据。

在这个世界上有一种人宁做鸡头不做凤尾，而还有一种人却是宁做凤尾不做鸡头。

诗仙李白就是一个宁做凤尾不做鸡头的人。他浪荡江湖只有一个目的，那就是混入朝廷，不管是给唐明皇当个翻译、还是给杨贵妃当个秘书，他都会觉得自己距离人生目标更近了一步，可以今朝有酒今朝醉了。即使他在朝廷中已经是一个大人物了，但是他想让自己更高人一筹，所以他宁愿在朝廷再谋取另一更高的职位。

所以说，想要获得生存的机会，就只有敢于争先，同样，想要获得成功，没有敢于争先的精神是不行的。

1992年11月15日是一个让人难以忘记的日子，那一天，天空中还在飘着雪花，在河北省境内的一个偏僻的角落的长城地段，香港影视界著名的特技演员柯受良首次跃过了几十米宽的长城。

柯受良飞跃长城的原因是，作为一个特技演员，他在许多世界电影特技技术方面开创了的新领域。那些世人看来难以跨越的高山、峡谷、河流，他都一一跨越了过去，他用勇气和胆量证明了自己。

长城无疑是一个伟大的建筑，在当时，世界上还没有人成功地飞跃长城。当时有个英国人想成为世界上第一个飞跃长城的人，这个消息被柯受良得知后，他就加快了对飞跃长城的准备工作，以便做飞跃长城的第一人。

当他飞跃长城成功后，有人对他进行了采访："柯先生，您现在是一种什么样的感觉？"

柯受良说："长城是我们中国的，飞跃长城的第一人就应该是中国人！"

一个人需要多么大的勇气和胆量，才敢进行50余米的凌空跨越？柯受良跨越长城的风险何其之大？而他得到的不仅仅只是一个"**敢为天下先**"的赞誉，而且是对自我的一次勇敢的挑战。

不同的人对事物有着不同的认识和对价值的不同判断，就是人与人之间的区别，有些人认为柯受良驾驶摩托车跨越长城，只是他心血来潮时的一个游戏，是一场完全没有必要的冒险。他们认为这种方式只体现

了他个人的争强好胜。

柯受良跨越长城的宽度被记载到了吉尼斯世界纪录中，其宽度竟长达58.85米。当吉尼斯世界纪录记载下中国人第一次飞跃长城的时刻，历史也把中国人的胆魄和能力与伟大的长城一起载入史册。这是高层次的精神创造，创造的是一种精神财富，而创造独特精神财富的人将被历史和世人永远地记住。

柯受良"敢为天下先"的勇气，受到了世人的景仰和钦佩，同时，他也创造了永恒的历史。如果仅在思想和理论中具有冒险精神，那只是一种激情幻想。

如果想要闯出一条成功之路，想要创造不凡的人生，那就一定要敢为天下先。尤其是现代人，要想让自己的人生之路更加成功，那么就要从现在做起，做任何事情都要敢于抢先一步，这样，就能为自己打造一个美好的将来，打造一个不平凡的人生。

耐得住寂寞是一种成功的智慧

寂寞是一种心境，是一种处事不惊的状态，把握自己的航船驶向远方的孤岛，只有耐住寂寞的人才经得起风浪。所以，耐得住寂寞是一种智慧，一种精神内涵。一个人，也只有耐得住寂寞，才能够走向成功。

忽必烈怀着远大的梦想，想要成就自己的霸业，但是他在追求自己梦想的时候，却面临着巨大的困难。身为异族的统治者，蒙古铁骑征服的地方，对这位草原上来的英雄并不认同，始终认为他是一个异族人。

而在蒙古的贵族眼中，锐意改革的忽必烈却是不折不扣的叛徒：他背叛了蒙古族千古以来的传统和信仰。他得不到任何人的理解，因此，在忽必烈的内心，感到了无比的孤独和寂寞。甚至连自己的亲弟弟阿里不哥，因为自己的汉化政策，和自己的汗位，也选择了背叛，这无疑对忽必烈的心灵是一次严重的打击，使他更加感到孤独和寂寞。但是无论如何，忽必烈不能任由叛乱持续下去，他必须要平定叛乱。

大漠边沿，忽必烈的行辕。

朔风呼呼地吹着，那风的劲儿是那么大，几根生牛筋皮绳才把帐幕拴牢在地上。帐内不能烤火，尽管有几个火盆，仍然冷得像个冰窖，冻得待不住。要想暖和一下，得到帐外去烤火。即使烤火也不能舒服多少，胸膛烤煳了，背上的雪却结了冰……

忽必烈左右看看，见一堆堆的火像成千上万的星星绕着沙漠的边沿罗列着，围着火堆还有些闪动的人影，似飘忽的鬼魂。在远处，在黑暗的深处，也有星星点点的火光，那是阿里不哥军队的帐幕，他们也在风雪中煎熬着……

不知怎的，忽必烈悲从中来。他觉得有无限的委屈，无法向人倾诉。

他觉得自己做的一切都是为了大蒙古国的利益，为了蒙古人能够统治一个强大的国家，而不仅仅是为了他自己得以成为一个皇帝或大汗。他觉得只有自己才能完成这个伟大任务，别人都不能完成。现在蒙古的侯王中只有四个人可以把手伸向大汗的金印，那就是旭烈兀、别儿哥和阿里不哥。旭烈兀已经头也不回地在西边安家了，他在那里建立了一个虽不巩固但幅员辽阔的大帝国。别儿哥的性格变了，他不像他的哥哥拔都，更不像他们的父亲术赤那样的好斗，他已安心住在自己的钦察草原了，专心地经营自己的王国。只有阿里不哥在和他作殊死搏斗。忽必烈

已经看清楚了，阿里不哥之所以能有力量和他分庭抗礼，是由于有许多贵族的支持。这些贵族为什么不遗余力地支持他，不是他们对阿里不哥有什么好感，也不是他们以为让阿里不哥做大汗是长生天的旨意，而是他们和忽必烈有深仇大恨。这仇恨来自于忽必烈不遵守祖宗成规和坚决地推行汉法，严重地侵犯了他们的利益……

只要有机会，他就苦口婆心地向他们说："黄金家族的子孙们，时代变了，你们认为那美好的一切必须改一改了，你们睁开眼睛看一看世界吧！"

"现在闹得可好，"他自语道，"我顶风冒雪忍受酷寒，露宿在这大沙漠的边沿上。这是为的什么呢？为的和自己的小弟弟作殊死的拼杀！将来历史会怎样记载这件事情呢……"

他压抑地抽泣了几声。

他的侍卫悄悄地走来给他披上一件厚貂皮袍子。"皇上，回去吧……外面天太冷。我已经给火盆添了木炭……"

"我再站一站……"

泪水在他脸上结了一层冰。可是，在白天，在他的臣下面前，他连流泪的权力也没有。在别人看来皇上就像一块钢铁，可是即使是钢铁的人，他也该有柔软的心！

"皇上！"汉人这么称呼他，朝廷内的蒙古人也这么称呼他，可是蒙古贵族则决不这么称呼他。他们认为那是汉人给他的尊号，忽必烈承认这个尊号，就证明了他是大蒙古人的叛徒！他们指给他看：旭烈兀、术赤、察合台和他们的子孙不是都称自己为大汗吗？为什么你不呢？……

他却很明白：他的一切行动不仅在于征服一片在文化上高出于自己

民族多少倍的中华土地，而且也是在改造自己的民族！我能办得到吗？我是不是不自量力呢？

他回到大帐里。尽管他的床就在大火盆的边儿处，他仍不愿回到床上。他靠在一张宽大的座椅上。

"皇上，您不上床休息吗？"侍卫问他。

"你出去烤火吧，我要在这儿歇一歇……"

侍卫轻轻地走出去了。

……他想到一年前。

忽必烈拉拢蒙古诸王成功后，阿里不哥更加势单力孤。他带着瘦弱饥饿的军队往西北奔逃着。在叶尼塞河的上游扎下营盘。他觉得日子过不下去了，又怕忽必烈来打他，就派遣使者向忽必烈表示投降。他在信上说："……我们这些弟兄们有罪，可是我们是出于无知才犯罪的。你是我们的兄长，可以对我们施行惩处。无论你叫我们到什么地方去，我们都会去的。今后决不违背你的命令了。你能不能给我一点时间呢？到明年，秋高马肥时，我就来觐见你。"并且说，"到那时，伊利的旭烈兀、钦察的别儿哥和察合台的阿鲁忽也将前来，我再邀上别的诸王，咱们来开个正式的忽里台，选举你为我们的大汗，那样好吗？……"

看到阿里不哥可怜巴巴地对他表示顺从，忽必烈的心软了。他不愿意落个容不下弟弟的罪名，更不愿意逼得他走投无路。他心爱的察必就是这样嘱咐他的。另外，在他的内心里，他始终对自己大汗的合法性深感怀疑——就那么少数的几个贵族，在开平而不是在和林推举他为大汗，人家当然不会心服口服了！有个机会开一个正式的忽里台给自己正名该多好呀……

他给阿里不哥回信说："你能认识过错，很好。我回去等你们来。

旭烈兀、别儿哥和阿鲁忽到你那里时，叫他们先派急使来。他们的急使一到，我们就可以确定在何处开会了，首先让他们守信用，如果你能在他们到达之前先到和林来就更好了！"

忽必烈是何等盼望阿里不哥他们来和林开那个他最最需要的忽里台呀！

于是，他遣回阿里不哥的特使，带领大军回到和林。在和林没住几天，就又留下移相哥镇守，自己领兵回南了。

他在开平等待着阿里不哥的好消息，可他等来的是却一场战争！

第二年秋，阿里不哥把他们的牛羊养肥，把他的军队整备充实后，他的野心又膨胀了。他又联合几位不甘心失败的诸王，如蒙哥的儿子阿速歹等，大举进攻和林。

当他的军队开到和林时，派人前去说："告诉移相哥，我是来投降的！"移相哥信以为真，连忙出来迎接。阿里不哥趁移相哥不备就挥兵向前，打败了移相哥，攻占了和林。接着马不下鞍，率军南下，矛头直指忽必烈在漠南的驻地开平！

忽必烈听说阿里不哥出尔反尔，不讲信义，气得发抖，他叫道："这次我非杀这小子不可！"

他立即让赵璧、怯烈门两将率领军队驻守大都至太行山一带，凭险扼守平滦、关陕之地。又令张柔、严忠嗣、张宏等七处汉军，令董文炳率射手千人，塔察儿率军万人随从自己出征。

阿里不哥见势不可敌，又回头北逃。

十一月，忽必烈在昔木土脑儿（今蒙古苏赫巴托南部）追上了阿里不哥。他把军队分成三路，把阿里不哥包围起来，意图全歼。可是阿里不哥和他的军队知道这是最后关头，也拼命厮杀起来！

几天后，阿里不哥败局又现，他的几员大将如合丹火儿赤等战死，他好歹率军突围出来，向沙漠逃窜。正在这时，他的援军阿速歹率军来到，他们又组织疯狂反扑。这场大战比上次更加激烈和残酷。忽必烈的军队奋勇冲杀，把阿里不哥的右翼击溃，可是阿里不哥的左翼没命地杀过来，其势凶猛异常，忽必烈几乎稳不住阵脚……

这样激战几天也没有分出胜负。

冬雪骤然来了，大雪掩没了鲜血和尸体。他们双方都精疲力竭，没有力气再打了。

他们就这样对峙着……

忽必烈也不知这场战争怎样了局。

随军的幕僚刘秉忠前几天问他："皇上，你担心吗？"

"我很担心。"忽必烈说，"你瞧，军士们多受苦呀，他们连顿饱饭都吃不上，他们的手脚都冻烂了！"

"是呀，皇上忧虑的极是……"

"秉忠，你以为结果会怎样呢？"

"谁坚持得住，胜利就属于谁！所以，我们要坚持到底！、"

"阿里不哥也有一股犟劲儿……"

"皇上别过于焦虑，十天后，事情就会有所变化了！"

可是从那天起，已经五天了，形势并没有什么大变，只是又冻死了几百名士兵！

正如刘秉忠所料，形势的确在向着对忽必烈有利的方向转化。

阿里不哥的困难更严重。他的士兵没有御寒的皮衣，没有充分的食物，他们的马没有粮草，冬天在逼迫他们投降。没有办法，他派不里台、沙迪等人率兵到察合台汗国征集粮草衣物。百姓们当然不肯给他

们，他们就抢夺，就杀人……

察合台汗国这时的掌权者是阿鲁忽，他原先是拥护阿里不哥的，他夺了兀鲁忽乃王妃的权之后，就转为支持忽必烈了。他因为阿里不哥没有告知他就来掠夺财物，心里很是不快，再说他也怕忽必烈怪罪他，就派兵把阿里不哥的来人抓起来，并没收了他们征集的东西。阿里不哥知道后极为愤怒，他不顾和忽必烈对峙的严重形势，离开战线，转而向察合台国进军。

阿里不哥的许多伙伴对他的四面树敌很是恼火，内部的不合使得阿里不哥实力大为减弱，最终阿里不哥选择了投降。忽必烈在忍受了寂寞的煎熬之后，获得了胜利。

无疑，在忽必烈走向成功的道路上，他是寂寞的。不像他的祖父，有着蒙古上下万众一心根基。忽必烈面对的，是众多的不解和抵触。在这种寂寞中，忽必烈承受住了。最终，他开创了一个崭新的王朝，一段由落后的民族征服了先进民族的历史。

能干出一番真正的事业、成就大事的人，往往都是那些耐得住寂寞的人。

中国历史上司马迁就是典范。被处以"宫刑"，但他忍受耻辱，嘲讽，磨难，更耐得住寂寞，用不息的奋斗，为后人留下千古不朽的《史记》。

伟大的音乐家贝多芬也是一个很好的例子。失聪给贝多芬带来了沉重的打击，耳疾使他远离了世俗的声音，而他并没有丧失掉自己对音乐的追求，正是在耐住了寂寞的心境中，他更清楚更理性地听到了自己内心的呼唤，《命运》、《月光》、《第九交响曲》等惊世骇俗、博大精深的杰出作品就是在这种情况下创造出来的。

往往很少有人能懂得耐得住寂寞的意义，躁动的心灵安静下来，狂乱的灵魂被熨帖，把那无穷无尽的欲望用在最有价值最有意义的地方。纵观古今，耐不住寂寞也是人生的一大败笔，甚至会因此而招致祸患。

耐得住寂寞其实是人生的一种境界，是一种自信而从容的气质。如果耐不住寂寞，就无法收获冷静和智慧，就会为浮躁的世俗所左右，甚至埋没意志。如果耐不住寂寞，就无法保持清醒的头脑，无法成就大事，就更不用说为国为民贡献力量了。享受寂寞是一种境界，品味孤独是一种幸运。

人能耐得住多大的寂寞就会有多大的成就。背着沉重的画具，凡高独自一人奔走在法国阿尔特的土地上，在灼热燎人的阳光下，他显得那样地憔悴衰老，他的身体因饥饿而极度虚弱，强烈的阳光仿佛要晒干他的生命力，可他永远有一个活着的心灵。曹雪芹曾在举家食粥的状况下，仍旧对着一沓书稿"批阅十载增删五次"，苦心撰写《红楼梦》。嵇康、阮籍寄情于一片竹林一隅山野，"弹琴复长啸"放浪形骸，临死之时那从容的《广陵散》令人神往……

他们究竟为了什么？他们不孤独吗？古来圣贤皆寂寞！他们的孤独正昭示了他们人格的独立和完美，这正是他们的高卓之处，他们在乎的是心灵的挥霍不羁。在孤独和苦难的滋养下，智者才能有伟大的创作，孤独和苦难也会使我们不仅仅闭塞于檐下一隅。在享受孤独的同时能不甘于寂寞而又耐得住寂寞，这无疑是人生一笔宝贵的财富！古往今来，历史上有太多的孤独者，他们傲视世俗、出淤泥而不染，最终名垂史册，被后人所景仰。

我们应当时刻保持着一颗平常心，学会去享受寂寞。在享受寂寞的时候，我们的冲动与莽撞会逐渐离我们而去，而增添的是一份成熟与

第一章 熊火烈对你说成功之路

稳重。学会享受寂寞，我们就会懂得忍耐与谦让，不再为人间的尔虞我诈感到激愤，不再勾心斗角去争夺名利，坚信属于自己的终会到来。于是，我们的内心就会变得纯洁且宽敞。

耐得住寂寞可以体现出一个人思想灵魂的修养，也是一种难能可贵的风范。在人生的旅途中，寂寞往往是人们必须面对的事情，就好像时刻伴随在我们日常生活中喜怒哀乐一般。其实正确对待寂寞，耐得住寂寞很简单，只要能够正确地认识自己的追求，我们就可以忍耐寂寞。相反，一个胸无大志的人，是无法耐住寂寞的。

如果你有着高尚的思想境界，时刻保持着追求事业的心态，在纷繁复杂的生活中，你就可以做到告别"声色犬马"，远离尘世的浮躁和喧器，让心真正地静下来，兢兢业业做好自己的工作，认真地对待自己的事业。通过坚守寂寞，你就会对生活中的寂寞和快乐有所感悟，精神灵魂就会升华。也就会耐得住寂寞，享受寂寞，在寂寞中创出自己的一番成绩。

第二章

忽必烈对你说 **形势** 和 **机遇**

一个人能够获得成功，离不开自己的努力，但是不能否认，社会形势和机遇对于成功也有着巨大的作用。正所谓时势造英雄，只有顺应时代发展的大形势，并且冷静地观察形势，认准时机，在时机来临时，抓住机遇，才能够获得更大的成功。

目光长远，等待时机

有些时候，我们看似走到了一条死胡同，一切都成为定局，没有回转的余地。这时许多人都选择了放弃，但是事实上，成功人士面对这种情况的时候，总是将自己的目光投向长久的未来，在未来的视野中寻找时机。忽必烈在早期面对继承蒙古国大汗的位子时，显示出了他长远的目光和善于等待时机的智慧。

成吉思汗临死前，留下遗嘱，将自己的汗位传给了窝阔台，身为成吉思汗最喜爱的小儿子，忽必烈的父亲托雷，却没有得到汗位，成吉思汗的遗嘱决定了一件板上钉钉的事：蒙古国大汗的位子，从此与忽必烈所在的托雷家族无缘了。

遵照成吉思汗的遗嘱，窝阔台继承了汗位，窝阔台继承先祖遗志，在做大汗期间取得了很多成就，但是另一方面，窝阔台却对曾经威胁自己汗位的对手——托雷家族进行了明里暗里的排挤，以稳固自己的汗位，甚至托雷的死和窝阔台都有着千丝万缕的关系。

托雷的死亡源于窝阔台的一次生病，当时窝阔台病重，治疗丝毫不起作用。心急如焚的托雷，向长生天祷告，愿意用自己的生命代替窝阔台的病痛，并且喝下了巫师萨满准备的祭酒。在此之后，窝阔台真的好了起来，但是托雷却很快的病重去世了。在蒙古族的百姓中流传的说法是长生天听到了托雷的祷告，将托雷召唤到了长生天的身旁，但是，在明人眼里，都在怀疑着托雷饮下的巫师萨满给的那杯祭酒，真实的情况也只有窝阔台和托雷清楚。

1241年11月的一天，窝阔台合罕在大帐中设宴召请群臣，他端着酒杯，志得意满地说道：“……自我坐上父亲的大位之后，我办了四件大事。一件是我平定了金国，一件是立了驿站（站赤），一件是在无水处凿了许多的井，一件是在各个城内设了探马赤镇守。现在我们的大汗国已经是固若金汤了。但是，如果我现在被长生天召去，在老父面前还有几件事是无法夸口的，这就是：既然承嗣了大汗之位，仍然沉湎酒色；听信了妇人（他老婆秃剌哈纳）的话，夺取了斡赤金叔叔百姓的许多女子；将忠义之臣和朵豁忽因私恨暗害了；把天生的野兽筑墙围住，不让它们走入兄弟之国，惹得他们怨怒……可是总体来说，我还是个有一番作为的大汗，你们说是吗？”大家纷纷站起来为他大唱赞歌。

与会的人心里都明白，他还有一件重要的罪恶没有说出，也是死后无法向老父交代的，那就是他暗害托雷和压迫他们一家的事！

也许冥冥中他们的长生天已给他暗示，他的生命已快走到终点，所以他面对群臣给自己做了一生的总结。就在这天夜里，由于无节制的豪饮，窝阔台在睡梦中与世长辞了。

继承问题确成了大事，他有七个儿子，正妻生的就有五个，即贵由、阔端、阔出、哈剌察儿和合失。他最爱三子阔出，打算把汗位留给他。可是天不假年，阔出在1236年死在征宋的战争中。考虑再三，他尊重自己的感情，决定立阔出的年幼的儿子失烈门为继位人。可是那小孩子还没有长到足以统治这大蒙古国的年龄。对于妄想征服世界的黄金家族来说，这无疑是失策的选择。

1240年，贵由和蒙哥奉诏从西征军中返乡，但还没有到家，就接到

了大汗的死信。

窝阔台的正妻秃剌哈纳是个很有魄力也很具野心的女人,她趁奔丧的贵族还有许多没有赶到就宣布自己为摄政。把权力抓到手后,就违反丈夫的意志开始为自己最爱的儿子贵由上台扫清道路。

她首先把丈夫在位时有权势的老臣赶出朝廷,取消了他们的发言权。如窝阔台最亲近的谋臣耶律楚材,丞相镇海等等……她又用滥行赏赐的伎俩拉拢宗亲和大臣,以换取他们的支持,把自己的位置垫稳。

这个女人虽然想把大汗之位留给长子贵由,但她还没有过够摄政的瘾,竟在这高位上赖了五年之久!汗位久久虚空着,黄金家族的人开始打主意了。

蒙哥就说:"把大汗位夺回咱们家吧,这是长生天赐给的机会!"

许多兄弟也这样想,他们在唆鲁禾帖妮面前激动地议论着。

"不行,"忽必烈说,"贵由已经做好继位的准备了,和林周围到处是他的兵,夺位必然会引起一场血战!"

"又是你出来反对!"一直和忽必烈心存芥蒂的蒙哥斜了他一眼,说:"把汗位夺到咱家,并不是我要当大汗,何必不把你心里的话说出来呢?"

"不,不,不是谁当大汗的事。"忽必烈连忙说,"我是觉得现在还不是时候,果真把汗位弄到咱们家,能坐大汗位的当然是大哥你了。因为咱们家只有你对蒙古有巨大的功劳,使全蒙古人拥戴。这还用说吗!"

忽必烈这样说了,蒙哥才悻悻地住了口。

唆鲁禾帖妮竟同意忽必烈的意见,她说:"忽必烈说得对,现在还不是时候。那女人还没有搞得天怒人怨。如果长生天照拂咱们,他会给我们机会的。"

不久，成吉思汗的幼弟斡赤斤按捺不住了，他带兵来到和林，想找空子夺取汗位。惊慌失措的寡妇这才决定向各地遣使，通知召开忽里台大会，推举新汗。

1246年，东西两道的诸王都来了，术赤家族的，察合台家族的，窝阔台家族的以及托雷家族的诸王们都齐集和林附近的夏营地达兰达葩，大会如期召开了。

蒙哥觉得这次大会没有给托雷家留下空隙，忽必烈却不这样想，他对蒙哥说："他们来到这里是为了看看窝阔台家的势力有多大，各人揣着不同的心思。这也是给我们一个观望、分析形势的好机会。"

会上果然有着尖锐的分歧。与会者大部分同意把汗位传给窝阔台的一个儿子。久病的阔端表现出了前所未有的热情。他悄悄地做工作，要他们回忆起成吉思汗对他的挚爱，暗示只有他才是成吉思汗的真正合适的继承人。可是他宣传的效果并不大，因为诸王又记起窝阔台的遗嘱是把汗位交给他的小孙失烈门。于是人心倒向阔出的儿子。这时，已有充分准备的窝阔台的寡妇秃剌哈纳说话了。她说阔端不行，他已病入膏肓，不能担此大任。那失烈门呢，也不行，他太小，还是个尿裤子的孩子！她提出了自己的儿子贵由……

她翕动着如簧的口舌把贵由美化了一番。"贵由才是治理蒙古最合适的人。他以英武、严峻、刚毅而名满全国，功劳卓著，万人景仰。他处理危难、面对祸福最有经验。他是长生天赐给蒙古人的大汗！"

忽里台的会期往往很长，经过几十天的热烈争斗、讨论，诸王们已经疲累不堪，秃剌哈纳又趁机收买手握权要的贵族，给他们财帛和许诺，最后贵由登上了大汗之位。

在这次大会上，最引人注目的是托雷家的态度。他们十分积极，活跃，唆鲁禾帖妮表现了她杰出的外交才能。她带领儿子们最早到达忽里台会址达兰达葩。他们乘着与会者"目未曾睹，耳未曾闻"的舆辇，穿着极为漂亮的服饰，引得他们啧啧称奇。他们在会场上非常活跃，结交大小贵族，使他们记起伟大的托雷。看样子唆鲁禾帖妮的目的达到了。她有意让诸王们看到托雷家是多么兴旺发达，是一支不可忽视的力量，以扩大他们的影响。

唆鲁禾帖妮和窝阔台的遗孀握手言欢，极力称道她摄政的种种政绩，处处和她的脚步一致，最后率全家对贵由投了赞成票。

成了大汗的贵由，对托雷家感恩戴德，他命令打开库藏的大门，赏赐与会诸王时，特请唆鲁禾帖妮主持，这是蒙古国家的最高荣誉。

第二天，当贵由重申大札撒并要追究一些人的违法行为时，只有唆鲁禾帖妮和她的儿子们高仰着他们的头，因为没有人能够指出他们的任何劣迹。贵由一再地夸赞他们，要贵族们以他们为榜样，向他们学习。

所以从某方面说，贵由的胜利也就是托雷家的胜利。

回到家中，有的子孙对唆鲁禾帖妮的行为不解时，她说："你们呀，不要过于急功近利，进军不可能直奔目标，要打迂回战。现在，忽里台会议上，人人都看到了咱家起的作用，以后谁也不敢忽视咱们了。"

"可是大汗之位却牢牢地呆在他们家了！"灰心丧气的蒙哥说。

"即使我们不赞同贵由，他也要得到汗位的，我们何必不送人情呢？"对唆鲁禾帖妮说。

忽必烈对对唆鲁禾帖妮的行动十分激赏，他说："最重要的是秃剌哈纳敢于置先皇的遗志于不顾，开了个极其恶劣的先例。这太好了，以

云南大理忽必烈雕像群

后别人也可以这样做……"

"我儿看得对！"唆鲁禾帖妮说，"还有呢，忽必烈？"

"再就是拔都没有来，这是件大事。"受了母亲鼓舞的忽必烈继续说，"我听说当召开忽里台的通知到达拔都的斡耳朵时，他冷淡地说：'我脚筋骨痛，不能赴会。'谁都知道这是托词。我看黄金家族的一场风暴快要来临了！"

以后的事实的发展，证实了忽必烈的预料。在贵由汗去世之后，再一次的汗位之争中，在忽必烈的协助下，蒙哥顺利夺取了大汗的宝座，大汗的位子终于到了托雷家族中。

在窝阔台做了大汗之后，在一定意义上说，托雷家族获得汗位的机会已经变得十分渺茫。因为窝阔台一定不会将自己的汗位传给自己排挤打压的托雷的子女们。当窝阔台的妻子秃剌哈纳提出违背成吉思汗定的规矩，改变大汗遗嘱另立别人做大汗时，在目光短浅的人看来，这时候的托雷家族应该奋力争取，但事实是，在当时即使托雷家族再怎么努力，也不能和实力雄厚的贵由进行抗衡。于是忽必烈和母亲都想到了长

久的未来，并在未来的情况中看到了转机，那就是，如果贵由可以违背大汗遗志成为新的大汗，那么在不久的将来，托雷家族的子女也能够按照这个先例，去继承大汗的位子。于是在母亲的教导下，忽必烈为首的托雷家族子女选择了忍耐，选择了等待时机。他们要做的，就是在这期间默默的发展自己的实力，等待时机到来。

在我们追寻成功的奋斗过程中，许多人过于莽撞，他们不懂得等待时机的重要性，他们不明白等待的奥妙，他们不能理解那些低调的人貌似消极的等待。等待时机，并不是怯懦，而是一种长远的视野，关注着机会的降临。等到有一天，机遇来临的时候，这些等待时机的人才会一跃而起，紧紧抓住机遇，走向成功。

有这样一则蒲公英的故事，在地中海的东岸，有一片荒凉的沙漠，在这片不毛之地，一阵雨水过后哪怕是极小的雨水，在雨水蒸发之前，都会有一种蒲公英迅速地开花结籽，传播自己的后代。在这片沙漠中，这种顽强的蒲公英作为绿色的生命，谱写着一曲顽强的生命赞歌。但是值得注意的是，这种蒲公英从来不按照季节开花，甚至有的一生一世都不会开花，并不是什么生理的问题，它们只是在等待，等待开花的时机——那一场雨水。没有雨水，它们开花结籽之后，下一代也没办法生长，所以它们一直在等待时机，等待着未来。也正是它们这种顽强的等待，使得在这片不毛之地上，它们的身影才得以保存。

在我们的生活中，实力不足，时机不到的时候，我们能做的，就是把目光放长远，脚踏实地发展自己，等待时机到来。就好像小鸟在羽翼丰满之前，要一次一次地努力拍打翅膀，直到有一天，时机到来，借着一阵南风，冲天而起。

古语有云："天将降大任于斯人也，必先苦其心志，劳其筋骨，饿其体肤，空乏其身，行拂乱其所为，所以动心忍性，增益其所不能。"想要赢得明天，赢得未来，就要先忍受一些不能改变的事实，抱着长远的理想，做着踏实的事情，等待时机的到来。

最好的时机需要最大的耐心去等待，真正目光长远的人总能够静下心来，平静地接受时机未到时的一切，并不断地自我努力，沉静地等待时机的到来，这恰恰是一种从容的智慧。急功近利的人往往没有等待的心境，他们期待着瞬间的成功，幻想着一朝成名，一夜暴富，但是他们忽略了人生的环境就好像我们讲到的蒲公英，没有在干旱时默默地等待和忍耐，怎么能够获得在雨水来临时那迅速地开花繁殖。

所以，在我们的成功之路上，当遇到了一些一时不能够改变的境况之时，让我们静下心来，沉静等待就像沙漠中的蒲公英一样，等待属于自己生命中的甘霖，在时机到来的时刻，绽放出自己的生命之花。

时刻为机遇作准备

著名画家罗丹曾经说过："机遇只与跳进舞池里的人跳舞。"在机遇来临之前，我们自身就要有始终对生活的热爱，要不断地发展自己，为机遇做好准备。要知道，机遇只会降临到有准备的人身上，有准备的人，才会把握住机遇。机遇还没到来时，我们要做好准备，但是我们不能被机遇所左右。成功离不开机遇，更离不开自己的努力。忽必烈就是一位善于做准备的人，在自己所在的托雷家族掌权后，努力发展自己，等待时机的到来。

　　蒙哥即位后，为确保托雷家族的权力，将漠南汉地的军国庶政全权委托给长弟忽必烈。忽必烈接到诏命后，喜出望外，大摆宴席。杯盘狼藉后，兴致冲冲地质问姚枢："刚才各位都向我表示祝贺，只有你默默寡坐，为什么？"姚枢答道："现在天下土地之广，人民之多，财赋之阜，有超过汉地的吗？军民大权现在都由您来掌管，大汗还管什么？如果日后有人从中离间，大汗必然后悔，而将大权夺回。不如只掌兵权，供需则取之官府，这样才势顺理安。"以聪明而富权谋著名于黄金家族诸王的忽必烈立即意识到问题的严重，实话实说："我虑所不及。"随即向蒙哥请求只管理漠南汉地的军事，负责对宋战争，民政事务请再择人。蒙哥欣然接受这一建议。

　　姚枢的预防针，必要而且及时。这种释疑计在中国历史上俯拾皆是，由此我们可以得出结论：猜疑是双向交流的。忽必烈的第一次疑心病就属于臣对君的疑心范畴。当然，这也是春光泄露的初露。

　　为摆脱总领汉地财赋的燕京断事官牙剌瓦赤的牵制，忽必烈采纳姚枢的建议，向蒙哥陈请在汴京建立河南经略司负责屯田，并于各郡县分置提领，以察奸弊，布屯戍均赋税，直接插手时政事务。

　　为治愈军粮假手他人的缺憾，忽必烈依然采纳姚枢建议，在卫州设立都运司，令民纳粟，筑粮仓于河上，**偷偷地又窃取了军粮的收购权力**。

　　但最为犯忌的是忽必烈对关中的治理。1253年以"遵祖宗之法"自居的蒙哥蹈袭"共享"成例，将原属金国的土地人民大封宗亲诸王，自然，托雷家族诸王享有优先考虑的特权。蒙哥让忽必烈在京兆、河南中选择一地，忽必烈征求子聪、姚枢等人意见，姚枢说道："南京（指汴京）河徙无常，土薄水浅，舄卤生之，不若关中厥田上上，古名天府陆海。"于是忽必烈要求受封关中，包括今陕西大部和甘肃陇上一部分，后因其地民少，又增赏怀州。

其实，关中不仅仅"厥田上上"，军事地理位置也极为重要。西北可出关进入陇西，以通西域，折而可北上蒙古本土；西南可直插四川，由蜀入藏，又能顺江而下，进入江南腹心；向东则可出潼关威慑中原。忽必烈选择关中再现其高瞻远瞩之识。

蒙古国的封地带有黄金家族对共同财产征服新地人人有份的性质，"忽必"即"份子"的韵味还十分浓厚。在蒙古草原上的"份子"，受封的诸王在"份子"内可自治其民，自征其税，互不统属。窝阔台时，"忽必"分封制推行到中原，依耶律楚材的初衷办法规定：封地内的租赋由大汗设官征收，按定额再颁给受封者。但实际上这项制度并未认真执行，蒙古诸王对远离驻地的封邑征求货财、弓矢、鞍辔"的使者"昼夜不绝。

蒙哥分地后，诸王封地的税赋由燕京的行尚书省统一管理，实行包银制，除将其中一部分返授被封者外，其余的上交大汗，充国库。但诸王在封地还负有协助大汗官员治理之责。这样便形成两套马车并行的奇怪现象，从而铺垫出政出多门的温床。

在蒙金战争中，陕西历遭兵燹，炊烟寥寥，一派破败景象。到忽必烈受封时，京兆的八州十三县"户不满万"，还"皆惊忧无聊"。而蒙古的驻军丝毫不减战场上的暴横，除杀人越货、抢劫民女外还又增豪奢一项，竟相在京兆修筑豪华府邸，互相攀比。这纯粹是一种战争松弛间隙，军队将领中蔓延的富贵病。但因他们曾经出生入死，所以无人敢对他们表示不恭。这是社会的病态心理。

忽必烈一接到受封的通知书，用釜底抽薪的办法首先解决了诸将的

不法之徒。以手中的军权和汗弟的显赫地位，将这批将领分遣到兴元诸州去戍守。

接着又伸手向蒙哥要河东解州的盐池，用供军食的名义将解州的盐池划入自己名下。

随之立从宜府于京兆，屯田风翔，作长驻久安计。

1253年夏，忽必烈进一步向关中嵌入自己的权力，派王府尚书姚枢立京兆宣抚司，以孛兰和杨惟中为使，商挺为郎中。

杨惟中是弘州人，原是窝阔台、调出的亲信，以儒道济天下为己任，忽必烈开府金莲川后，他又投入忽必烈的门下。商挺是曹州人，曾任汉世侯严实的家塾先生，忽必烈受京兆封地后，特聘他管理盐务。姚枢随忽必烈出征大理后，主持关中治理的实际上是杨惟中和商挺。

忽必烈决意附会汉法，再试儒土，因此十分支持宣抚司的工作。杨、商二人到任后，大刀阔斧，实施改革，《元史》热情洋溢的叙述道："挺佐惟中，进贤良，黜贪暴，明尊卑，出淹滞，定规程，主簿责，印楮币，颁俸禄，务农薄税，通其有无。期月，民乃安。"

1254年从大理归来的忽必烈又任命姚枢为京兆劝农使，督民耕殖；同年，又调任廉希宪为京兆宣抚使，抑强扶弱；次年二月，再征许衡，任命他为京兆提学，在关中各郡县兴办儒学，"人人莫不喜幸。"

对财经大权忽必烈也十分热衷。1253年忽必烈就在关中立京兆交钞提举司，印发纸钞，取得发行货币的大权，进一步控制了蒙古政权在中原汉地的一大部分财政大权。

汉儒或汉化较深的廉孟子采用的治理方法为传统的封建汉法，"选人以居职，颁俸以养廉，去污以清政，劝农桑以富民。"不到三年，关中由大乱达到大治。

忽必烈用汉法治汉地的措施，使忽必烈在汉地的声望骤增。不仅早已竟进其门、争进所闻的中原的僧绅、儒士对忽必烈寄以厚望，即如汉地百姓也对忽必烈满怀感激之情，正如姚枢所形容的："诸路之民，望陛下之治，已如赤子之求母。"忽必烈的势力与声望大有如日中天之势。

忽必烈进驻漠南的札忽都后，通常住帐在桓州和抚州间的草地上，依然保持着蒙古人的帐居野处、冬夏迁徙的习俗。但随着忽必烈野心的膨胀和耳濡目染汉家文化，更为了巩固在汉地的统治，以"会朝展亲，奉贡述职"多所不便为借口，动议在蒙古本土和中原汉地间，筑城建宫。忽必烈此时受汉文化的薰染，连帐篷都有点不习惯了。

这正应验了成吉思汗伤感的忧心："我的子孙们将穿绣金的衣，食佳肴，乘骏马，拥美妇，而不想这些享受是什么人给的。"成吉思汗隐约意识到的命运，他的子孙们一旦居住到金国的雄伟宫殿，便不可能保留单纯游牧人的本色——正无情地侵蚀着他的孙子。

1256年，忽必烈命子聪和他的弟子赵秉温"相宅筑城"，刘秉忠选择了桓州北、滦水北的龙岗。这个地方位于蒙古草地的边缘，地处要冲，在和林与燕京之间。它北连朔漠，便于北上和林的汗廷；南结蓟燕，更便于南下就近控弦华北和中原汉地。既符合忽必烈总理汉地的身份，又可就便处理紧急事务，保持与南北的联系，在地理上也具有军事意义。

忽必烈采纳子聪建议，命子聪总督其事，具体工程由汉人贾居贞、谢仲温等负责，不到三年就完成开平城的修筑任务。开平不仅是忽必烈的驻节之地、南北联络的驿站，更重要的还是忽必烈经营中原的根据地，忽必烈在采用汉法在夺取权力的道路上艰难而可贵地跨出了十分有

力的一步。

忽必烈一直都在默默地发展自己的实力，从成吉思汗将汗位赐给窝阔台家族，到蒙哥即位将汗位重新夺回托雷家族，在这期间，忽必烈一直都没有停止发展自己的实力。他养人才，治封地，不断地为自己积累人脉和实力，为机遇做足了准备，也正是他这样坚持不懈地准备，终于在后来能够力压群雄，在混乱的局面中夺得汗位，成为蒙古族新一代大汗，大元朝的开国皇帝。

在一个人成长的道路上，其能否最终取得成绩，获得成功，在很大程度上取决于他是否善于抓住机遇。机遇和一个人的未来密切相关，抓住机遇，就可能成就自己获得成功；抓不住机遇，则可能虽奔劳一生，却了无成绩。所以我们一定要认识到机遇的重要性。

在我们观察成功人士的成功经历时会发现，他们中的许多人，不仅善于抓住机遇，更擅长创造机遇。机不可失，失不再来。创造机会，抓住机遇，永远是强者的行动指南。机遇永远青睐于有准备的人，没有准备，即使机遇来到，也只能眼看着它擦肩而过。打造自己能够把握机遇的条件，抓住合适的机会，天下没有不成功的事情。

成功人士在走向成功的道路上，总是在不停地努力，在不停地奋斗。这就出现了一种有趣的现象，最初，他们不停地追逐机遇，但是随着他们不停地奋斗，等到他们的实力积累到一定程度的时候，机遇开始主动地上门来找他们了。并且随着他们实力的提升，才能的增长，他们所遇到的机遇在质量和数量上也会相应地提升，可以说如果没有他们的不断发展，就不会遇到更多的发展机会，也就没有成就自己的那些良好的机遇。在一定意义上讲，机遇甚至可以看做命运对他们的回报，正应了那句俗话，机遇永远只钟情于有准备的人。

在正常情况之下，机会对于每个人来说基本是平等的，但是不能否认，机会来临时只有那些精于准备的人才能够抓住。人的一生中，不可能一次机遇都遇不到，但是在遇到机遇的时候，能不能抓住机遇，则体现在平常是否做了充足的准备。机遇的珍贵性使得我们一定要为其做好准备，在机遇来临时，才能够抓住机遇，夺取成功。

在我们的生活中，一些人眼睁睁地看着机遇溜走；一些人却能够抓住每一次机会，不断地成就自己，让自己走向一个又一个的高峰，区别二者，他们的不同就在于是否为机遇做好了准备。所以想要获得成功就要不断地发展自己，为机遇做好准备，在机遇到来的时候，才能够抓住机遇走向成功。

抓住机遇表现自己

机遇对每个人都是平等的，但是生活中总会有一些人在抱怨别人生活中有更多机遇。事实上，并不是别人遇到的机遇多，而是别人懂得，在机遇来临时抓住机遇展示自己的实力。只有这样，才能够被大家所青睐，从而获得更多的机会帮助自己走向成功。忽必烈就抓住了远征大理的这次机会，表现了自己，让自己的声望在蒙古族迅速提升，这为他征服东方奠定了基础。

蒙哥汗二年（1252年），蒙哥大汗命令忽必烈率兵远征大理。这是忽必烈总领漠南后承担的第一次重大军事征伐活动。

依照总领漠南军国重事的使命，忽必烈负责经略征伐的目标是整个

南部中国。然而，十余年来蒙古军对南宋的进攻，因在江淮和四川遭到顽强抵抗而显得举步艰难。

阔端大王对吐蕃的征伐却连连告捷，乌思藏已逐步划入蒙古军队的控制范围。

远征大理，从西南包抄夹攻南宋控制区长江中游，便成为经略中国南部战略计划的重要组成部分，而且是与征服吐蕃相辅相成的部分。另外，雄踞西南三百余年的段氏大理国，此时由于国君段兴智孱弱，大臣高氏专权，国势已走向衰落。这又是蒙古军发动远征的一个天赐良机。

夏六月时，忽必烈正式授钺专征。

七月，远征大军由漠北枵牙祭旗出发。遵照蒙哥汗的旨意，全军军事由速不台子、大将兀良合台节制管领，忽必烈负责居上统辖。

征云南大军数达十万之多，主要由兀良合台的蒙古千户军、诸王抄合、也只烈所部军、汉军及王府侍从等组成。

随同忽必烈远征的侍从主要有：刘秉忠、姚枢、张文谦、廉希宪、贺仁杰、董文用、董文忠、许国桢、赵秉温、郑鼎、解诚、贾丑妮子、李儿速等。董文用、董文忠兄弟负责督办粮草，赞襄军务。其兄长董文炳则自率义士四十六人，尾随其后，受到忽必烈的慰劳和褒奖。

忽必烈不令姚枢等侍臣离其左右，临行前还特意把原先姚枢教授皇子真金的任务转交给留在北方的窦默。

冬十二月，浩浩荡荡的大军渡过黄河。

第二年春，经原西夏盐、夏二州。夏四月，出萧关，于六盘山驻军。

京兆雩郡县人贺贲修建房屋时从毁坏墙垣中获白金七千五百两，以"殿下新封秦，金出秦地，此天以授殿下"为由，持其中五千两呈献忽必烈以助其军。

某军帅怨贺贲不先禀告而直接献银，将贺贲逮捕入狱。忽必烈得知此消息，十分恼怒，下令捕捉该军帅欲杀之，后念其勋旧家世而饶其性命。由此可见，忽必烈对远征大军将帅的生杀予夺有着极高的权力。而主动呈献白金的贺贲，后受到忽必烈任用和提拔，其子贺仁杰也应召进入了忽必烈宿卫。

二十年后的一日，忽必烈将贺仁杰召至御榻前，拿出白金五千两，对他说："此汝父六盘山所献者，闻汝母来，可持以归养。"

贺仁杰推辞不收，忽必烈不允。这足见忽必烈念念不忘臣下旧日之贡献，且能予以适当报偿，体现了他较高的信誉和十足的人情味。

蒙哥汗三年（1253）八月，忽必烈率大军至临兆，九月，到达忒剌。

随后，大军兵分三路，兀良合台率西路军，诸王抄合、也只烈率东路军，忽必烈亲自统率中路军。

四川中南部大部分地区仍被南宋所控制，三路蒙古军队只能从吐蕃东部等人迹罕至的地区绕道而行，一路上艰难跋涉，部队推进缓慢。

途经雪山时，山路曲折盘旋，包括忽必烈在内，都必须"舍骑徒步"。因忽必烈患有足疾，不得不由随从郑鼎等背负而行。遇敌军据险点扼守，郑鼎等奋不顾身，力战而护之，受到忽必烈赐马三匹的奖赏。

十月，蒙军过大渡河，又在山谷中行进二千多里，忽必烈率领的劲骑部队走在队伍最前列。

进入大理境内后，大军行至金沙江畔，忽必烈无限感慨地立在江边巨石之上，俯视波涛汹涌的金沙江水。许久，经随从提醒，才乘马回归军队。

蒙古军队乘革囊和木筏渡过金沙江，陆续攻下了顽固自守的许多寨栅。

冬十二月，忽必烈所率中路军率先包围大理城。兀良合台的西路军也在攻取龙首关后，抵达大理城下。

大理城倚点苍山，傍洱海，倚仗得天独厚的天然地理条件，相当坚固，极难攻克。开始时，忽必烈曾派玉律术、王君候、王鉴三人为使者，劝说大理归降，却都有去无还，音信全无。

大理国王段兴智与权臣高祥背城出战，以失败而告终。忽必烈下令攻城，并亲自登上点苍山临视城中战况。

当夜，大理守军节节溃败，段兴智和高祥率众逃跑。忽必烈命大将也古领兵追击，高祥被擒杀于姚州。

蒙古军入城后，忽必烈说："城破而我使不出，计必死矣。"遂令姚枢等搜访大理国图籍，搜访时发现了三使者的尸体。

掩埋三使者遗体时，忽必烈又命令姚枢撰文致祭，以表哀思。另各赐民户数十，以抚恤死者家属。

见使者被杀，忽必烈非常愤怒，一度想屠城以泄怒。侍从张文谦、刘秉忠、姚枢等劝谏说："杀使拒命者，其国主尔，非民之罪。"忽必烈接受了他们的意见，这才免下了一场杀戮。

还让姚枢尽裂所携之帛为帜，书写止杀之令，分插公布于街衢。

如此一来，蒙古军士便都不敢进城抢掠，大理城民众的身家性命及官民财产才得以保全。

1244年春，忽必烈班师北还，留兀良合台统兵戍守，又以刘时中为宣抚使，继续经略抚治云南。

之后不久，被俘归降的大理国王段兴智面觐蒙哥汗。在其协助之下，蒙古军队较快地征服了云南全境。

忽必烈远征大理的成功，使蒙古国疆域又向西南扩展了一大块，称得上蒙古征服南部中国的一次较大的胜利。

它完成了对南宋的战略性迂回包抄，同时也打开了向南亚、东南亚扩展的通道。

远征大理的成功，使云南"衣被皇朝，同于方夏"，纳入了蒙古王朝的直接统治，加强了云南"新民"与蒙、汉等民族之间的联系，促进了多民族统一国家的发展和壮大。

远征大理的成功，使忽必烈成为蒙古征服东方的大赢家。它不仅使忽必烈在艰苦的征战中经受了剑与火的庄严洗礼，也向其家族乃至整个大蒙古国显示了他卓越的军事征服才能。

这对忽必烈在后来的汗位争夺中能赢得相当多蒙古诸王贵族的拥戴，起到了不可估量的作用。

二十多年后，忽必烈本人对征伐大理之行，一直记忆犹新，异常重视。忽必烈感慨万千地说："昔从太祖饮水黑河（班朱尼河）者，至今泽及其子若孙。其从征大理者，亦朕之黑河也，安可不录其劳？"忽必烈对当年随从征伐大理的旧臣，都给予了极其丰厚的赏赐。

1304年，元廷还命令在忽必烈曾经登临俯视大理城中激战的点苍山崖上镌刻"平云南碑"，以纪念半个世纪以前世祖远征大理的伟大功业。

蒙古族一向看中军功，以征伐中的功劳评定一个人的声望。忽必烈在征伐大理的过程中，抓住这次机会，展示了自己出色的军事政治才能，积累了自己的军功和声望，取得了极大的成功。征讨大理的行动，为忽必烈后来的发展奠定了基础。也正是忽必烈此次作战，使得其在蒙古大军中的声望充分提高，为自己取得了不可替代的地位。甚至到后来受到蒙哥猜忌的时候，也因为自己不容忽视的实力，得到了再次崛起的机会。

《论衡》中有这样一个故事：在周朝的时候，有位老人一生追求做官，但他终其一生都没有成功。他抱怨命运对他不公，不给他机会。有一天，他独自一人站在路旁哭泣。在得知了他伤心的原因后，有人就问他："为什么你一次都没有成功呢？"老人哽咽着回答："在我年轻的时候，主要学的是礼乐教化，等刚刚有了做官的资格，皇帝却喜欢任用年纪较大的人；等到这位'好用老'的皇帝死后，新皇帝却又喜欢习武之人；所以为放弃了礼乐教化转而学习武术，当为武术刚刚学有所成，喜欢武术的皇帝又死了，而新的皇帝却喜欢用年轻人。可是这个时候，我已经老了。"人不能静候时机的到来，也不被时机所左右。每个人都应该有自己为之奋斗的目标，当遇到机遇来时，就可以大显身手，做出一番事业。

从上面这个故事我们可以看出，不论一个人有多么勤奋，多么有才华、有本领，如果不能把握好机遇，就注定难有成功。有句古话"过了这个村，也就没有这个店。"讲的就是把握住机遇的必要性和紧迫性。故事中的老人因为只能跟在形势的后面亦趋，只会等待机遇又总是浪费掉机遇，所以他无法以自己的才华和努力改变命运。

一个人的成功之路，离不开机遇，但是如何放大机遇，让机遇能够在一定程度上倾向于自己，这就需要在平日里，不放过每一次机遇，抓住机遇表现自己，让自己获得认同，从而获得更多的机会。

成功向真理一样，掌握在少数人的手中，因为他们能够掌握机遇，在机遇来临的时候，能够展示自己的能力，只有这样，才能够抓住机遇，使自己获得成功。

有这样一个例子：一位国内银行家在国内的大学进行演讲的时候，因为提到问题没有学生响应，比昂将领下面一个故事。银行家刚在国外求学的时候，也曾经参加演讲，有着浓厚中国传统的他很快发现了西方人和自己的不同。在学校邀请来的知名人士进行演讲的时候，许多学生都会提前准备好一张大的卡纸，在上面醒目地写上自己的名字，以便演讲的时候，演讲者在需要人回应的时候，能够轻松的按照名字找学生。当他闻到这种习惯的时候，国外的学生告诉他，进行演讲的，全部是来自华尔街或者大的跨国公司的高层主管，全部都是一流的人士，他们就意味着机遇，在演讲的过程中，他们提问如果记住了自己的名字，或者自己的回答能够让他们认同甚至震撼他们的话，那么很可能就会给自己机会进入他们的公司。并且银行家还说到，事实上，在他身边的朋友同学中，不乏还有人因为演讲中展示的才华，而被大公司的高层破格录用的。银行家最后总结道：机会和东西，开始的时候对每个人都是平等的，但是就是一些人懂得抓住机遇，展示自己，而最终获得了机遇的青睐，获得了自己的成功。

在中国传统观念中，推崇是一种谦谦君子之风，就是说在生活中不要争先，而是要处事谦虚谨慎，处处不展露自己的能力和才华。但是事实上，在我们竞争日益激烈的今天，这种谦虚之风已经跟不上时代的潮流了。

机遇偏爱有准备的人，机遇更偏爱能够展示自己的人。只有你将自己的能力展示在世人面前，才会放大机遇，让更多的人认识到你的才能，在之后的竞争中，机遇来临时，大家第一时间能够想到的就会是你。这在无形中就放大了机遇的作用，并为自己的发展之路，奠定了基

础。所以，在机遇面前，我们一定不能畏首畏尾，而是要勇敢地挺身而出，抓住机遇展示自己的能力。

机遇来时要抓住

在我们奋斗的生命中，除了不断努力，不断提升自己，还要善于抓住机会，才能成功。人生中往往有许多机会降临你的身边，所以当机遇来临时，好好把握吧，开创你的前程，只有这样，才会有到达成功彼岸的一天！蒙哥继承汗位之后，野心勃勃地东征西战。为了提升自己的战功，帅大军南征，希望通过征宋的胜利来提高自己的声誉，但是天有不测风云，蒙哥在征宋的过程中，突然中途过世了。蒙古帝国因大汗的去世，再次迎来危机。黄金家族被同一个恶魔搅得心神不宁，以致歧疑纷纷，扰攘不已。推究原因，其罪魁祸首首先应是成吉思汗所定的忽里台选汗制。最初的忽里台，脱胎于游牧经济，带有游牧部落原始结盟的性质，是原始氏族社会军事民主制的变异。经过成吉思汗篡改的忽里台，实际上已演变为用奴隶制的刀剑去体现原始社会的民主，它能给人启示的只能是：谁拥有强大的军事实力谁便拥有发言的权力。

其次是汗位继承机制的无序。由游牧经济追逐水草而居的特点所决定，游牧部落首领必须具备领导宗族不断迁徙的能力。随着阶级的分化，至成吉思汗时血缘世袭已侵袭了原始的民主，但这种观念还没来得及制度化，成吉思汗的蒙古铁蹄就闯入了定居农耕文明的世界里，这里的君位继承如汉地，有一套严密的芷嫡立长世袭制，不管这嫡长子是成年人还是袍的婴儿，选贤退居次要地位。而成吉思汗的标准仍停留于择贤立幼的时代，游牧与定居文明碰撞的结果是：汗位的继承更加混乱不堪。

之前黄金家族的三次汗位之争，一次比一次惊心动魄，就在于旧的制度即将走向墓地，而新的制度还没有走向成熟。黄金家族之所以没有分崩离析，也正是因为积淀的旧观念还足以左右帝国的航向之故。

但蒙哥的猝死，将黄金家族推入内讧深渊的第四次汗位之争，却因他们自身的扩张，汹涌的历史潮流，赋予了黄金家族新的抉择的权力。尽管这次汗位的角逐游戏是在托雷后王间展开，术赤、察合台、窝阔台三大家族后王还有举手发言的权力，强大的军队还依然是最有力的选票。

托雷家族强大的蒙古骑兵团保证了汗位继续在托雷后王中游行的安全。有资格加入角逐行列的有蒙哥的三位同母弟忽必烈、旭烈兀、阿里不哥，以及蒙哥的儿子班秃、玉龙答失。

旭烈兀在蒙哥死时正成绩斐然地征服波斯阿拉伯世界，遥远的路程使他对争夺汗位失去信心；班秃和玉龙答失还没有成熟到独立代表蒙哥及汗庭说话的年龄与实力。其他三系的情况为：年老的拔都已去世，钦察兀鲁思的汗别儿哥实际上已自据一方，立国规模初具，对大汗位置没有兴趣；窝阔台系后王因蒙哥的残酷镇压已凋零衰败；察合台系则一直都被排挤在似乎是后娘养的不尴不尬的位置。正如忽必烈的妻子察必所言，大鱼死了，小鱼中只有忽必烈和阿里不哥才有资格和能力起头鱼的作用。有一点我们应当清楚，那就是忽必烈和阿里不哥是以托雷的儿子而不仅是以蒙哥的继承者身份号令蒙古诸王的，尽管他们是在继蒙哥之后承位。

因为蒙古帝国的汗位是黄金家族的共同遗产，它的归属，直到现在还决定了诸王的"份子"即封地、百姓、财富等的多寡，所以，他们尽管不奢望奇迹降临自己的头上，但行使推举的权力他们还是觉得义不容辞。因此，东西两道诸王不同程度地卷入了汗位之争的旋涡，其卷入方式便是分别投入忽必烈和阿里不哥的怀抱，以此为分野，黄金家族成员除极少旁观者外迅速形成两大阵营。

力量就是真理。这是黄金家族的座右铭。让我们来昭展一下忽必烈与阿里不哥两大阵营的成员，对认识"真理"也许会有所帮助。

首先请看阿里不哥的追随者。

蒙哥遗留在蒙古故乡的诸王、汗廷大臣几乎全部为阿里不哥接收。随蒙哥南征主要效力于西路军的部分诸王、将领也是阿里不哥的追随者。主要有：蒙哥的遗孀兀鲁忽乃、儿子班秃、玉龙答失、昔里吉、阿速歹；西道诸王阿鲁忽（察合台孙）、睹尔赤（窝阔台孙，合丹斡忽勒子）、合剌察儿（术赤孙、斡鲁朵子）、玉木忽儿（旭烈兀子）、海都（窝阔台孙、合失子）；东道诸王乃蛮台（塔察儿子）以及别里古台的一个儿子。诸将及勋臣中有阿兰答儿、霍鲁海、浑都海、哈剌不花、脱里赤、密里火者、乞台不花、孛鲁合阿合、秃满、脱古思、忽察、额勒只带等。此外贵由汗的儿子禾忽、孙子察八忒（脑忽子）等也属阿里不哥的外围支持者。

也许这个名单的列举令人生厌，但在当时对阿里不哥来说却至关重要。这些令人厌烦的名字，有一个共同的特点：他们生于游牧的草原，而后又基本上在游牧或半游牧地区放牧自己的牧民。他们是成吉思汗的真正继承者，是蒙古草原孕育的纯游牧信仰的纯蒙古人。

尽管忽必烈手典重兵，但因其立基不稳，蒙哥死后，形势对他来说则十分严峻。郝经对此有过一段总结性的概括文字，在忽必烈征询谋士意见时，郝经侃侃而论道："宋人因惧大敌，自救之师虽已毕集，但还无暇谋我。不过中原蓟燕则很空虚，塔察儿与李瑾肱髀相依，在我腹背；西域诸王窥伺关陇，隔绝旭烈兀大王；病民诸奸各持两端，观望所立，莫不觊觎神器，染指垂涎。如果有人先行举事，使我腹背受敌，则大事去矣。"

实际上，阿里不哥已行动起来。漠南汉地名义上还是汗庭的直辖地，阿里不哥命脱里赤为燕京断事官，号令四方；又命阿兰答儿调度漠北军队，脱里赤括兵于漠南诸州，企图形成对开平的包围态势，断绝忽必烈的归路，逼迫忽必烈就范。在秦、蜀、陇一线，阿里不哥遣派霍

元朝中统元宝对钱

鲁怀和他唯一的一名汉族支持者刘太平到关中，任系北行中书省事，筹集粮饷；游说盘据六盘山的蒙古大将浑都海；命驻青居的蒙古军将领乞带不花、驻成都的明里失者作侧面策应；图谋在这一线由这三支势力向内地俯冲。这将是最危险的一支蒙古大军。

谋略家忽必烈毫不示弱。当他看到不能先灭南宋再定大位后，毫不犹豫地采纳郝经的"断然班师，亟定大计"建议。郝经的具体主张为："先命劲兵把截江面，与宋议和。罝辎重，以轻骑归，渡淮乘驿，直诣燕京。遣一军迎蒙哥灵舆，收皇帝玺。遣使召旭烈兀、阿里不哥、末哥及诸王驸马，会丧和林。差官于汴京、京兆、成都、西凉、东平、西京、北京，抚慰安辑。召长子真金镇燕京，示以形势。"

1259年底，忽必烈轻骑简从，从鄂州军营中飞驰北上。在此之前，

他派廉希宪首先争取塔察儿，接着命廉希宪为陕西四川等路宣抚使，经略这一地区。在从鄂州回师的同时，派赵良弼前往关右侦察事态变化。稳住秦、蜀、陇一线。

北上的途中，阿里不哥夺位的迹象愈来愈明，忽必烈遣急使到鄂州，对霸都鲁和兀良合台说："立即从鄂州撤围回来，因为人生的变化犹如命运的旋转。"12月围鄂的蒙古大军开始北撤。

忽必烈风风火火地赶到燕京。来不及给马卸鞍，和坐骑一样大汗淋漓的忽必烈，气喘吁吁地质问脱里赤："你为什么在燕京漠南扩兵招马，屯集粮草。"脱里赤支支唔唔地说："这是蒙哥汗的临终托命。"眼睛鹰般敏锐的忽必烈察其包藏祸心，马上命令解散脱里赤所征集的军队，首先解除了阿里不哥对开平的威胁。从而保证了漠南道路的畅通与安全。

经过两个月紧张的调兵遣将，1260年3月1日忽必烈率蒙古劲旅抵达他苦心经营近10年的开平老巢。

蒙古帝国空悬的汗位，犹如一只活蹦乱跳的梅花鹿，在忽必烈和阿里不哥面前跑来跑去。已经稳定了燕京局势的忽必烈，决定先声夺人，在只有很少一部分，而且多数黄金家族二等诸王的合围下，忽必烈首先拔出羽箭向梅花鹿猛力射去——用尽他积攒20年的伟力。

参加围猎汗位的诸王，据为忽必烈涂脂抹粉的《元史》记载，合丹、阿只吉率西道诸王，塔察儿、也先哥、忽剌忽儿、不都率杀道诸王，前来与会。

经过严格挑选的与会者异口同声地说："旭烈兀已到达大食地区，察合台的子孙在远方，术赤的子孙也很遥远，阿里不哥身边的人正在作蠢事。兀鲁忽乃人察合台汗国的女领袖，已到达阿里不哥的住处。如果我们不拥立一个可汗，我们怎么能生存呢？"

按照事先已经导演好的节目，诸王合辞劝进，忽必烈坚决推让三次，然后诸王、大臣坚决固请，最后忽必烈装作一副无可奈何的样子，由必陈赤勒扶上汗位。诸王解下腰带，搭在肩上，跪下，行九拜礼。蒙古人即位的虚伪仪式竟和汉儒礼仪惊人的相似，以致雷同。只是多了还保留蒙古人古朴率真的解下腰带一节。这也许不能为害羞的腐儒苟同。

值得忽必烈永远缅怀的这一天，是1260年3月24日。因为当他多次企图召开一次像点样子，由黄金家族各系诸王参加的正式忽里台，向各系诸王尤其是钦察汗、察合台汗国汗、伊儿汗发出热情洋溢的邀请时，不是遭到婉言谢绝，就是汗国汗以五花八门的借口迟迟不到。冷遇使忽必烈对忽里台最后也心灰意冷了。

但是无论如何，忽必烈在这个关键的时刻抓住了机遇，终于，再忍耐、等待了多年之后，登上了蒙古帝国的汗位。不能否认，蒙哥的去世带有极大的偶然性，然而正是这偶然的机会，让忽必烈有了夺取汗位的契机。试想如果蒙哥能够长命百岁，那么忽必烈大概只能一生屈居人下了，由此可见机遇的重要性。

但是另一方面我们要看到的是，忽必烈在机遇来临的时候，并没有犹豫不决而是快速做出反应，抓住机遇，占尽先机，将蒙古大汗的宝座先行占据，给他的竞争者一个措手不及。这时候的忽必烈，充分展现了一个掌握了时代大形势的英雄人物的魄力和胆识。

我国古代兵法家孙子有句话说："不可胜者，守也；可胜者，攻也。"这句话的意思就是说，在我们不可能战胜敌人的时候，就应该采取防御作战的策略；而在敌人兵力不足的时候，就是我们取得胜利的机会，面对这种情况，就应该采取进攻的策略，如果不把握好机遇，就会

失去取得胜利的机会。人生也是如此，当机遇从我们面前走过的时候，如果我们不能及时地发现并把握它，就很可能失去这一次机遇，而这一机遇有可能关系到你的一生。因此，在人生的战场上，对于机遇要采取进攻战略，抓住偶然性背后潜藏着的必然性规律。只有在人生中，抓住机遇，才能走向成功。

时下，市场经济被经济运行体制所充斥，同时也告别了计划经济。但产品经济模式和官商经营作风根深蒂固，许多经营者都被其纠缠着。导致了许多企业内部人员由于缺乏灵敏的市场触觉而不能准确地把握市场动态，作决策时也是犹豫不决，决策之后又没办事效率；有时由于企业的各种阶层机制，一个决策要经过无数次的讨论、研究和批准；也有一些企业者目光短浅，不肯吃眼前小亏，而丢失很多好的机遇。

人人都明白，时光不会倒流。在激烈的市场竞争中，"时间就是金钱"这是一个铁的原则。每一个商战机会都有一定的时效性，所以，如果这样的机会被聪明的经营者发现，他们就会以最快的速度开发并利用这次机会。机会对任何人都是公平的，其差异只在于把握机会速度的快慢。谁快，谁就先得益，反之，就会一无所获。

拿破仑就是一个很好的例子，他就是善于把握机遇而走向成功的。当年拿破仑被派往参加围攻土伦，在作战的的时候，拿破仑在战场上仔细观察并加以分析，之后就向特派员提出了新一轮的作战方案，也正是这个原因使他一跃提升为少校。拿破仑顷马上就意识到了这是一个非常好的机会，于是他便放手一搏。在土伦战役取得成功后，拿破仑被提升为少将旅长，一举成名。我们可以从拿破仑的事例中看出，要想取得成功，就必须要及时抓住机遇。

现代社会是一个竞争激烈的社会，人们也开始深深懂得创造机遇，把握机遇的重要性。机遇从来都不会自己找上门来，我们只有积极地去创造机会，寻找机会并且抓住它，才能走向成功。可有些人就是无法认识到这一点，他们总是终日无所事事，苦等机遇，而不努力去追求，努力去争取，其结果往往是一事无成。

在现实生活当中，如果仔细观察，的确是充满着各种各样的机遇。例如，在课堂上善不善于举手争取回答问题，在竞选中善不善于争取到一个既能为大家服务，又能锻炼自己能力的职务，抓住了这些机遇，往往对人的成长起着至关重要的作用。

在通常情况下，人们都会把机遇当作是一种偶然，他们认为那些做出重大贡献的科学家，那些站在巅峰的人们是因为"运气好"、"碰上了"才获得的成功。其实，机遇不是一种单纯的偶然现象。因为机遇仅仅给人提供一次机会，至于能不能抓住这个机会并加以利用，这就要取决于个人了。而那些真正的幸运者往往都是善于利用机会，勇于抓住机会的人。一旦遇到机会，就一定要将其紧紧抓住，因为机遇一旦错过了，就不会回来了。从表面上看，机遇属于一种偶然现象，但其实质上却包含着必然性，因为必然的规律总是隐藏在偶然性的背后。在客观世界中，必然性和偶然性是具体存在着的，它和人生有着密切的关系，在实际生活中到处能遇到它，只有正确认识必然性和偶然性这对矛盾范畴，才能真正抓住机遇，让好运伴随你。

在我们的人生中，想要走向成功，就要懂得抓住机遇，在机遇来临时，要有勇气、有魄力，将自己置身于时代大潮之中，搏击风浪，迎着机遇之风，走向成功。

第二章 忽必烈对你说形势和机遇

做事要选择最佳时机

机遇来临，一些人迫不及待，结果冒然出手，深陷其中；一些人犹豫不决，结果机遇稍纵即逝，再无觅处；只有一些人，冷静地看准最佳时机，不早不晚，刚刚好，让自己抓住机遇又不被和机遇共生的风险所裹挟，在时代的风口浪尖搏击，施展自己的才华。所以，选择最佳时机，不仅让成功的可能变大，更是一种事半功倍的智慧。忽必烈在平定南宋时，选准南宋国之衰亡的时机，一举拿下了南宋。

中统元年（1260年）四月，忽必烈派遣郝经使宋，要求南宋履行划江为界，贡献银绢20万两匹的协议。忽必烈兴冲冲、眼巴巴地等着南宋送来银绢。可时隔一年，不但南宋没有送来银绢，就连郝经的消息也打听不到了。忽必烈大为恼怒，中统二年（1261年）七月，谕将士举兵伐宋，特下诏曰："朕即位之后，深以戢兵为念，故年前遣使于宋，以通和好。宋人不务远图，伺我小隙，反启边衅，东剽西掠，曾无宁日。朕今春还宫，诸大臣皆以举兵南伐为请，朕重以两国生灵之故，犹待信使还归，庶有悛心，以成和议，留而不至者，今又半载矣。往来之礼遽绝，侵扰之暴不已。彼尝以衣冠礼乐之国自居，理当如是乎？曲直之分，灼然可见。今遣王道贞往谕。卿等当整尔士卒，砺尔戈矛，矫尔弓矢，约会诸将，秋高马肥，水陆分道而进，以为问罪之举。尚赖宗庙社稷之灵，其克有勋。卿等当宣布朕心，明谕将士，各当自勉，毋替朕命。"忽必烈在诏书中揭露了南宋随意羁留使者的罪行，表示不灭亡南宋誓不罢休。

然而，忽必烈毕竟是一位杰出的政治家，恼怒之余，他又想起了郝经在蒙哥三路大军攻宋时所说的"不合时宜"的话，理智战胜了冲动，心情慢慢平静下来，决定暂不大举攻宋。

忽必烈暂不大举攻宋，的确是明智之举。因为，这时的蒙古形势和蒙哥攻宋时比较起来，不见其好，只见其坏。那时，忽必烈即位只有一年多，政权还没有完全巩固下来，阿里不哥争夺汗位的斗争正在激烈地进行，接着又发生了汉人世侯李璮的叛乱，内政的整顿刚刚起步，经济的恢复和发展还没有完全进入轨道，可以说当时的形势是内乱迭起，百废待兴。在这样一种形势下，忽必烈哪有精力攻宋呢？

经过一番思索，忽必烈决定，对宋朝无理扣留使者暂时忍耐，而把主要精力用于平定内乱和整顿内政上。

于是，忽必烈亲率大军镇压阿里不哥和李璮叛乱。与此同时，忽必烈又设官分职，大力稳定各地秩序。很快，忽必烈统治区域相继稳定下来，经济发展也走了正常轨道。

就在忽必烈平定内乱、稳定秩序、发展经济，国力蒸蒸日上的形势下，南宋不但没有抓住机遇，重新振兴，相反倒进一步腐败下去了。

南宋理宗是一位十分昏庸的皇帝，他是在奸臣史弥远在宁宗枢前发动政变时登上皇帝宝座的，他深知史弥远把他扶上皇帝宝座就是为了专擅朝政，因此，他把一切大权都交给史弥远，自己甘当傀儡，直到绍定六年（1233年）史弥远病死，他才"亲政"。

理宗"亲政"以后，曾一度任用董槐为相，但不久就被丁大全、马天骥和他的爱妃阎贵妃所排挤。三人狼狈为奸，控制朝政，胡作非为。

当时有人在朝门上写了"阎马丁当，国势将亡"八个大字，充分反映了人们对丁大全一伙奸党的痛恨。

开庆元年（1259年）十月，丁大全因封锁蒙古攻宋的消息而被罢相，贾似道开始控制南宋政权。

贾似道的姐姐是理宗早年宠爱的贵妃，他靠着贾贵妃的关系，步步高升，在丁大全被罢时升任右丞相，领兵援鄂州，与忽必烈私自订立城下之盟。事后隐瞒真相，谎称大捷，更加红得发紫。

理宗晚年，贾似道置国事于不顾，以自己的好恶，定策立赵禥为帝，赵禥就是宋度宗。宋度宗更加昏庸，他因为贾似道有定策之功，每逢朝拜，必定答拜，称贾似道为"师臣"，而不直称其名。百官都称他为"周公"。宋度宗允许贾似道三日一朝，后又改为六日一朝，不久又改为十日一朝，允许入朝不拜。贾似道虽然不天天来上朝，但国中大事非他决断不可，各级官吏只好抱着文书到他家里请求指示签署。就是到了他家，也懒得亲自动手，大小朝政，全交给馆客廖莹中、堂吏翁庆龙处理。贾似道处理政事，全无公理，一切都按自己的私意行事，"正人端士，斥罢殆尽。吏争纳赂求美职，图为师阃、监司、郡守者，贡献不可胜计，一时贪风大肆"。谁若是善于阿谀奉迎，即可得到高官厚禄。谁要是不会溜须拍马、正直为公，必将受到排挤和迫害。潼川府路安抚使刘整等武将，就是因为贾似道嫉功害能，先后被排挤出南宋，投降了蒙古。文天祥、李芾等正直的士大夫也受到了排斥和打击。朝廷之中只剩下贾似道一伙蝇营狗苟的无耻之徒。

贾似道不但把朝廷搞得贿赂公行，腐败成风，个人生活也相当腐朽。他成天只知吃喝玩乐，在临安（今杭州）西湖边的葛岭上，修造豪华堂室，题作"半闲堂"，塑己像于其中，强取宫女叶氏及倡尼有美色者为妾，养妓女多人，"日肆淫乐"，又建"多宝阁"，强迫人们贡献各种奇器异宝，藏于其中，每天前去观赏。听说"余玠有玉带，求之，已殉葬矣，发其冢取之"。他还整天玩蟋蟀，斗蟋蟀，专门著述《蟋蟀经》描述他养蟋蟀、斗蟋蟀的经验。他夜游西湖，船上点的灯烛最为明亮，人们在高处望见湖中灯火与平日不同，就可以断定是贾似道游湖。

贾似道等人的腐朽生活，完全建筑在千百万人民的痛苦之上。他为了满足自己的奢侈生活和解决政府的财政亏空，推行所谓的"公田法"，名义上规定每户田地超过一定数量，就要将三分之一的户田卖给官府作为"公田"，官府相应付给田价。实际上是低价强取，所付田价以纸币"会子"及"官告"、"度牒"充当，在"楮币不通，物价倍长"的形势下，犹如废纸。弄得人们妻离子散，家破人亡。

贾似道还随意横征暴敛，除了加重正税"两税"的税收以外，还巧立名目，尽情勒索，什么经制钱、总制钱、月桩钱、版帐钱、田契钱、称提钱、折估钱、免行钱、曲引钱、纳醋钱、卖纸钱、户长甲帖钱、保正牌限钱、折纳牛皮牛筋牛角钱等名目，应有尽有。就是诉讼也要交钱，两诉不胜还要交罚钱，诉讼得胜要交欢喜钱等，敲骨吸髓，不留有余。

黄震曾总结南宋后期几个特点，说当时有四大弊端，"日民穷、曰兵弱、曰财匮、曰士大夫无耻"。王伯大指出当时的形势说："今天下之大势如江河之决，日趋日下而不可挽。"吴潜也说：当时"国库空虚，州县罄竭"，"耕夫无一勺之食，织妇无一缕之丝，生民熬熬，海内汹汹。天下之势譬如以淳胶腐纸粘破坏之器，而置之几案，稍触之，则应手随地而碎耳"。贾似道把已经腐烂的宋朝社会弄得更加腐朽了。

忽必烈在战胜阿里不哥、平定李璮叛乱，稳定了内部局势以后，听说南宋贾似道当权，怨声载道，觉得灭宋的时机已经成熟，遂不失时机地发动了灭宋战争。

中统二年（1261年），南宋潼川府路安抚使、知泸州军州事刘整因为受到吕文德忌刻，被吕文德所遣爪牙俞兴诬陷为贪污边费，刘整遣使上诉于朝，贾似道不予接待。刘整见贾似道杀向士璧、曹世雄等将领，危不自保，遂率所属泸州十五郡、户三十万投降于忽必烈。忽必烈听说刘整来降，非常高兴，授任他为夔府行省，兼安抚使，赐金虎符。又授任他行中书省于成都、潼川两路。

刘整投降蒙古，不但使南宋失去了重庆上游的险要，涣散了南宋斗志，而且使忽必烈了解了南宋的内部矛盾和军事虚实，鼓舞了蒙古人的士气。

刘整认为南宋唯恃吕文德坚守鄂州，建议"遣使赂以玉带。求置榷场于襄阳城外以图之"，做好攻宋准备。忽必烈采纳了刘整的建议，派人带着玉带请于吕文德。吕文德接受贿赂，果然答应了蒙古的请求。于是，蒙古"开榷场于樊城，筑土墙于鹿门山，外通互市，内筑堡壁"，进可攻，退可守，使蒙古占据进攻南宋的有利地势。

至元四年（1267年），刘整入朝，向忽必烈献策说："自古帝王，非四海一家，不为正统。圣朝有天下十七八，何置一隅不问，而自弃正统邪！"他说，如今"宋主弱臣悖，立国一隅，今天启混一之机"，建议忽必烈灭宋时应该改变作战方略，暂置鄂州不问，"先攻襄阳"，并表示愿为蒙古灭宋"效犬马之劳"。

忽必烈正想举兵灭宋，听了刘整的话，又使他想起了即位之初郭侃所建的平宋之策，郭侃曾说："宋据东南，以吴越为家，其要地，则荆襄而已。今日之计，当先取襄阳，既克襄阳，彼扬、庐诸城，弹丸地耳，置之勿顾，而直趋临安，疾雷不及掩耳，江淮、巴蜀不攻自平"。当时由于忙于同阿里不哥作战，没有实行其策。今日刘整所言，与郭侃不谋而合。忽必烈非常高兴，立即批准了刘整的请求。

忽必烈的舰船图

襄阳（今湖北襄阳）地处汉水中游南岸，与北岸樊城（今湖北樊城）相对，是南宋扼守长江的屏障。进攻南宋，先取襄樊，再由汉水进入长江，平定南宋，确是一个极好的灭宋战略。

至元五年（1268年），忽必烈命阿术（大将兀良台之子）和刘整等人率兵把襄樊团团包围起来。第二年，忽必烈又派丞相史天泽前往规划。不攻下襄樊，誓不罢休。

襄阳位于汉水南岸的一个河湾里，东、北、东南三面临水，与北岸樊城相对，中有浮桥相通。南宋驻守襄樊的是吕文焕等人率领的重兵，他们依恃有利地形和坚固的城防，顽强地抵抗蒙古军队的进攻。

阿术与刘整攻城不下，发觉蒙古水战不如宋军，刘整与阿术计议曰："我精兵突骑，所当者破，惟水战不如宋耳。夺彼所长，造战舰，习水军，则事济矣。"于是，两人修书请示朝廷，当即获得忽必烈批准。两人同心协力，很快造出战船五千艘，训练了七万水军，强行攻城。但襄樊两城互相支援，蒙古军队仍然攻不下来。阿术与刘整又采取筑堡封锁的办法，筑起长围，联络诸堡，把一座襄阳城围得铁桶相似，水泄不通，致使城内供饷困难，缺少盐、柴、布匹等物，甚至出现撤屋

为薪、缝纸为衣的窘况，襄樊城陷入了极端难堪的境地。可腐朽的宋度宗和贾似道仍然终日淫乐，无心救援。

沿江制置使夏贵不等朝廷命令，乘秋季大雨、汉水猛涨之机，率领舟师前往襄樊救援，当军队行至虎尾洲时，为阿术所率蒙古军打败。范文虎也曾率领部分舟师来援，但行至灌子滩也为阿术所败。

驻扎郢州（今湖北钟祥）的宋将李庭芝见襄樊危急，心焦如焚，请求朝廷出兵救援，没有结果，只好出重赏召募三千民兵，由张顺、张贵率领，强行突破蒙古军队封锁，去襄阳运送物资。咸淳八年（1272年），张顺、张贵率领舟师转战120里，冲破元军拦截，冒险杀入襄阳城中，及至清点人数，不见张顺。过了数日，江上浮出张顺尸体，身中四枪六箭，手中仍死死抓着弓箭不放。张贵进入襄阳以后，派人潜回郢州，与郢将约定派兵龙尾洲接应。至期，张贵率军突围，接近龙尾洲，郢军已撤，龙尾洲已为元军所据。宋军仓促接战，大败，张贵重伤被俘而死。李庭芝援救襄樊的活动也以失败而告终。

蒙古军队虽然多次打败宋朝援军，但襄樊城还是攻不下来，阿术心中十分烦恼。这时，军中走出一名大将，阿术抬头一看，见是张弘范。他是金朝大将，后来投降蒙古的汉人世侯张柔的儿子，自幼熟读兵书，学习武艺。长大以后经常从蒙古军征伐。他见蒙古军队多年进攻襄樊仍然攻不下来，自己又在攻城时中了一箭，觉得如此攻法，难于攻破，遂包扎好箭疮，来见阿术，建议道："襄樊多年不下，主要是两城相为唇齿，可以互相救援，故不可破。为今之计，莫若阻截江道，切断襄阳和樊城间的联络，使两城各自变成孤城，然后水陆夹攻樊城，樊城必破无异。樊城一破，襄阳也就保不住了。"

阿术正在犯愁，一听此话，大喜过望，立即依计而行，派兵锯断两城间所植之木，放火烧毁了两城间的浮桥，彻底切断了襄樊二城之间的交通。

至元十年（1273年）正月，阿术又调来炮匠阿里海牙及其所造的回回大炮，集中力量轰击樊城，樊城失去襄阳援助，招架不住，终于被元军攻破了。宋朝守将范天顺力战不屈，自杀而死。统制牛富率领将士巷战，渴饮血水，坚持战斗，终因众寡悬殊，受伤后投火而死。

樊城失陷，襄阳更加孤立，在阿里海牙回回大炮的轰击下，城内一片慌乱，吕文焕无心恋战，开城投降。

宋军死守了五六年的襄樊城，终于落入元军之手。从此，宋朝长江上游的门户洞开，宋军再也无法阻挡元军的前进了。

忽必烈在攻宋的问题上，并不像蒙哥一样，表现得那么急躁，而是耐心的挑选着时机，在多次机遇面前，选择了一个最佳的时机进行攻击，从而以最小的代价，换取了最大的回报。不能否认，在忽必烈的一生中，有许多机会能够进攻宋朝，但是他一直只是采取冷静的处理方式，并不急于求成，而是在机遇来临时挑选最佳的时机进行。

所谓的最佳时机，就是要在处理问题的时候，能够冷静对待，而不是盲目激动，机遇和风险是并存的，盲目冲动只能葬送机遇面扩大风险，只有在机遇来临时，冷静对待，选择最佳时机，才能够获得机遇带来的好处。

最佳的时机是一种历尽沧桑后的明智，选择最佳时机，不被一些世俗的观念和眼光所阻碍，靠着自己的智慧，达到最佳的做事效果。

一队旅行者跟随一只小船去大海上考察，在海上随波逐流。一天，旅行者中的摄影师为了获得更好的摄影效果，爬上了不算很高的桅杆，但是突然的一个浪头，将船体晃了一下，摄影师落入了水中，在一旁的

另一位旅行者因为不会游泳，只能焦急地呼救。这时一位经验丰富的水手闻声而来，但是他似乎并不急于救摄影师脱险，而是很专注地看着摄影师在水中挣扎。旁观的旅行者不住地哀求，希望尽早救自己的朋友上来，但是水手好像没听到一样。旅行者甚至感到了绝望，这时，水中的摄影师已经耗尽了力气，开始下沉，旅行者绝望地闭上了眼睛。他听到了落水的声音，等他睁开眼，看到水手正拖着自己的伙伴向船上爬，他赶紧伸手帮忙。之后，旅行者不解地向水手询问，为什么不在一开始就下水救自己的朋友。水手很淡定地说道："不会游泳的人，在落水之后，会拼命挣扎，这时候往往会爆发出常人不能比拟的力量，那时候去救他，他会像抓一根救命稻草一样，死死地抓住我，倒是不但救不了他，我也会被拖入海底，只有等他耗尽了力气的时候，才能最容易地拉他上来。但是也不能太晚，再晚一点，沉入了水底，任谁也难以潜下去救人了。所以我一直在关注他的情况，我是在等待最佳时机啊！"

水手的智慧是在多年与大海的亲密接触中学到的。这是人生历尽沧桑之后的智慧。明智的人总是懂得，心急吃不了热豆腐，只有在最佳的时机出手，才能获得事半功倍的效果。

俗话说的好，枪打出头鸟。所以选择最佳时机是一种明智的智慧。早一步，岁月青者，果实还在花蕊之下酝酿；晚一步，瓜熟蒂落，枝干都已枯黄；只有最佳时机，不早不晚，刚刚赶上，瓜果正香甜。人生也是如此，要选择最佳的时机，才能让成功的可能变得更大。

第三章

忽必烈对你说 管理

　　管理是所有的领导者需要面对的问题。管理的优劣在很大程度上决定着一个团队在竞争中的成败，所以，如何进行有效、有力的管理，成为许多管理者都深入研究的问题。时至今日，管理已经上升为一门艺术，学习古代成功帝王的管理之术，对我们今后发展会起到很大的作用。

威震八方

忽必烈有话对你说

在我们的社会中，多数的管理者，在管理下属之前，首先要保证自己的权力不会被自己的上级过分限制，也就是要处理好和上级之间的关系。只有和领导的关系处理好了，才能够保证自己不被束缚，放开手脚施行自己的管理。而忽必烈在处理和蒙哥的关系时，就表现得恰到好处。

成吉思汗死后，蒙古大汗的位子几经易手，在汗位之争中，凭借着实力和手段，终于汗位到了托雷家族的蒙哥手中。蒙哥即位之后，为了稳固自己的统治，对于自己的竞争家族进行了血腥的清洗。

蒙哥用黄金家族的血和泪巩固了自己的统治之后，他决定继承父祖的传统，重新燃起战火。那时蒙古民族的灵魂就是掠夺和侵略，这是谁也改变不了的，他们用杀伐来发展自己，获得财富。没有了战争掠夺，他们就得不到中原财富，因为他们不能像农耕文明一样创造财富。

他命诸王中汉文化素养最高的忽必烈统率蒙古汉军以镇抚中原，总理漠南汉地军民事务，并负征服南宋的一切责任。另一方面，他派遣他的三弟旭烈兀去完成成吉思汗和窝阔台没有完成的事业——对西亚术剌夷国和板达（今伊拉克）的征服。

忽必烈得到蒙哥给他的重任，踌躇满志。这是他人生的里程碑。

他马不停蹄率领他的人马出发，在金莲川（今内蒙古正蓝旗闪电河一带）设置了自己的藩王府。接着就摆宴欢庆三天。

出席他盛宴的人除他率领的诸王和将军外，就是他多年来罗致的汉儒了。这些文质彬彬的文人学士在宴会上很是扎眼。他们都被安排在忽必烈的周围。

酒过三巡，忽必烈满面红光地端着酒杯站起来致辞。

他说："我家族的诸王、兄弟们，我志同道合的将士们。我忽必烈从年轻时就思大有为于天下，并为此殚精竭虑。深深知道要达到这一目的，像过去那样只依靠跃马弯弓是不行了。我们蒙古人是长生天的骄子，这，我是一直也没有怀疑过。我们蒙古人生到天地之间，就是为的征服世界，做世界的主人！可是怎样才能完成长生天给予我们的伟大使命呢？我的祖父，我的伯父都为此奋斗了许多年。他们纵马扬鞭，驰骋万里，立下了举世无匹的赫赫战功。他们已经向世界证明：蒙古民族是不可战胜的！"

忽必烈慷慨激昂地说到这里略一停顿，傲视着周围的人。那时候他的族类还没有学会鼓掌，但欢呼雀跃是人的天性，何况他们从没有受过孔儒的约束和教化。他们高兴得呜哇乱叫，差点儿把餐桌掀翻。有的趁此把一大坛酒灌进了肚里……

"但是，世界上的人，杀是杀不完的，逼得急了，他们也会联合起来对抗我们，即使是山野虎豹也会这样做！有的将军曾想把除我们以外的人都斩尽杀绝，把大片土地留作牧场，那真是愚不可及！举例来说儿女都希望有一双德才兼备的父母，亿万苍生更盼望长生天给他们降下宅心仁厚恩威并施的统治者。大家一定想：世界上没有比我们蒙古人更会放牧牲畜的了，是的，我们很会放牧牛羊，但是却不会放牧人群！"大家都侧耳聆听，有的还面露微笑，大概他们为忽必烈王爷意趣盎然的比喻吸引住了。

"那，谁最会牧人，最会治国安邦呢？大家看我身边坐着的这一些客人。他们都学贯古今，满腹经纶。他们的学问足可以夺天下、安万民……"

大帐里几百个蒙古将士都回过头来，看着坐在王爷两边的几十个文人雅士。有的面露厌恶之色，有的如看什么怪物……还有的对王爷迷惑不解，不知为什么把他们搀和到这本属蒙古人的宴会里来，而且还被安排在显贵的地方。

自从忽必烈的"爱民之誉，好贤之名"传出后，许多抱着以文明医治野蛮的朴素想法的儒士望风来归。这时安然自尊地坐在忽必烈两边的有：刘秉忠、许衡、姚枢以及他们推荐而来的王文统、商挺、张易、杨惟忠、李德辉、郝经、赵璧、张文谦、王鄂等几十人。他们已经是忽必烈一刻也离不开的智囊团。可他仍然觉得不够，这个集团还在逐日扩大着。

说到这里，忽必烈看到他的一些王子和将军满面疑惑，不解之态可掬，就简单地向大家讲解了一下孔孟之道。他几句话就使他的同族面上乌云扫去了不少，连那些老夫子们也点头佩服。忽必烈对中原儒学的治平之义，竟理解得那么透辟，透辟才能扼要。可见他们对他几年的讲解并没有白废，人人面露得意之色。

"有人一定要问，他们有那么遥远的文明历史，又深谙治国平天下的道理，那么他们为什么不堪一击呢？这很容易解释，原因是他们的朝廷已经腐朽透顶，不可救药了！但儒学是好的，是可用的，就像一把锋利的刀。他们已经无力使用这把刀，扔掉了。现在我们来了，我们要拣起这把刀，堂皇地做中原的主人！做亿万苍生的牧人！"

忽必烈又停下了，他望望大家，他期待着他们的喝彩，虽没有等到，但他也没有从同胞们脸上看到厌恶和反感。他们接受了他的说教，但仍疑惑不安。忽必烈觉得这是一个良好的开端。他没有勉强他们，只要他们觉得这是一次新的开始，大大地不同于往常。这就够了！

最后，他像一位导师似地指着身旁的儒士对他的同胞说道："几年来我虚心地向他们学习，获益匪浅。我又让我的子侄们，我的近侍们拜他们为师，他们也觉得感受颇深。为了蒙古人的伟大事业，为了建立一个旷古未有的大汗国，我们就一点点地学起来吧！那样，我们就一定能建立前所未有的伟大功业，我们的军队一定会一往无前，所向无敌的！"

忽必烈的这番进军动员，虽然没有像现在的同类场合一样，受到欢呼和喝彩，但他是成功的。他的父祖从生到死都没有说出这番话来，也没有开始过这样的进军。这是蒙古历史上的第一次，也是成吉思汗以来的第一次，是应该记于史册的！

他的将士们的内心里已在默默地改变着。以后随着进军的节节胜利，忽必烈一些政令的实施，他们的改变就会更加巨大……

等大家酒足饭饱之后，这次从夜晚开始的宴会已经延续到天亮了。

忽必烈又和将军幕僚们研究进军的路线和策略，宴会又变成军事决策会议……

直到日出东方，客人散去，忽必烈才发现他的主要谋士之一的姚枢没有来。他拉住子聪问他原因。这时那个18岁就得到他的常识的小和尚子聪，已经被忽必烈动员着还俗，并被赐名为刘秉忠了。

刘秉忠笑笑说："不来就不来吧，何劳王爷挂心！"

"那不行，似这样重要的会议公茂（姚枢的字）是从来不缺席的。"

"大概是有点不舒服吧……"

"唉呀，秉忠，为这次宴会，我忙昏了头，你也不给我提醒……"

"王爷，我也是到会以后才发现他没有来的……我去给您看看那老头儿去。"

忽必烈猜想，这刘秉忠一定知道其中的缘故，就把他甩在一边说："那就不劳你的大驾了，还是我自己去吧。"

忽必烈风风火火地跑到姚枢的住所，见那老头儿在闭目遐思，就轻手轻脚地走到他的面前。可还是把他给扰醒了。

"啊，王爷……"姚枢慌忙站起来。

"您没有参加宴会，也没有招呼我一声，我想，您是不是身体有点不适，所以我赶紧过来看看……您不要紧吧？"因为姚枢年纪大，忽必烈对他格外尊敬，特别称他为"您"。

"感谢王爷的关注、爱护。贱体没有什么，只是我在想一个问题……"

"还没有想明白？"

"想是想明白了，就不知该不该和您说？"

"嗨，我的公茂先生，您又对我见外了。你们和我之间，还有什么忌讳的，说，快说！"

停了停，姚枢回答道："今天大王特别高兴，我不想扫您的兴，想改日再和您谈，现在大王一再追问，我就只好说了。"

忽必烈专注地望着他。

姚枢又忸怩了一会儿。"那，我就直言不讳了，"他说，"今天下土地之广，人民之盛，财赋之多，无过于汉地的了。现在，蒙哥汗都给了您，您又照单全收，那么，天子还管什么呢？这时，如果有人从中离间，大汗必然大为后悔，并恼怒您无推无让。他如果把给您的权力再全部收回，那时可就惨了！"

仅仅几句话就使忽必烈恍然大悟，眼睛瞪得老大。

"愚以为，大王不如只掌兵权，需要财赋等物，可以向朝廷请示，由官府供应，这样做才势顺理安，您才会保全自己……"

"只保住军权？"

"对，所有的权力中，哪有比军权更重要的？聪明的统治者什么都可以放，就是军权不放，您想想中国的历史……"

姚枢说完，忽必烈连连点头。"先生之言，使我茅塞顿开，我已履险境而不自知！"

他立刻走出姚枢的寓所，令一员心腹大将飞马回到和林，进见大汗。请求大汗收回行政大权，只留给忽必烈统兵之权……

事后，忽必烈问回来的将军："告诉我，大汗听后怎么说？"

将军回答："大汗听后喜形于色，他说：我的二弟真是个聪明人！"

忽必烈冷汗直流。他挥手让将军走开，在心里一再默念着："兄弟君臣，兄弟君臣，可千万不要忘了！"

蒙哥见忽必烈交回汉地民权，叫他放了心。为了安抚弟弟，他故意地把关中地区加赐给他。诏令上说：你对汉人那一套了如指掌，没人比你去治理他们更合适的了。你嫌麻烦，就先把关中地区拿去试试……

姚枢的计策获得了成功，忽必烈虽然放弃了一些权力，但是却获得了蒙哥充分的信任，终于可以放开手脚，在汉地实现自己的抱负和理想了。

在社会上，有这样一个被人们隐讳了的事实："权力"对任何一个领导者来说都是十分敏感的话题。他因为权力而成为了一个领导者，因

为权力，他才能一展自己的才华和抱负。所以，"保卫和扩张"权力对于许多领导者来说，已成为他们行使权力的首要思想。对于来自他人的权力挑战，他们随时做着反击的准备，有时，捍卫权力甚至相当于捍卫他们的自尊。而对于正职来说，他最首先防备的恐怕就是副职了。对于副职立权，不管有没有现实的威胁性，正职都会感到反感、不安全、充满警惕，并本能地加以排斥。

因此，副职不要试图通过立权来巩固自己的地位或加强自己重要性，这种做法充满了危险，会使你惹火上身，会被正职视为潜在的威胁。

而作为副职，你应该有自己明智的做法，去开拓一块业务的新领地。你默默无闻地耕耘和辛辛苦苦地劳动，总会有一天换来累累硕果。到了那个时候，你将会成为正职的左右手，离开你他便会感到行动不便；那时，正职将会因你而骄傲。总有那么一天，当机会来临时，你会从正职那里得到回报。

事实上，中层领导的职责涵盖了辅助正职开展工作，这种职责是无法推卸和逃避的。而副职应当以此作为契机，发扬忠于职守、敬业爱业

忽必烈夏宫

的美德，努力开创出一番事业。有很多事实都证明了副职也可以做出令人骄傲的成绩，会像正职一样受到人们的重视与敬仰。

有的中层领导常常担忧自己是否会劳而无功，有的副职会认为有比开拓业务更轻松简捷的方法，还有人认为只有取得权力才能让自己的前途更加美好，虽然这些想法都有一定的道理，但绝不可取。副职要做的就是立才不立权，但这并不意味着副职手中就没有权力、没有影响力，立才不立权的意思就是说，副职不要通过耍弄权术来达到自己的目的，而是应当踏踏实实地干工作，通过业绩来树立自己在组织中的权威，提高自己在领导眼中的形象。

权力（权威）其实就是一种影响力，它能够对他人的思想和行为产生某种决定作用。在正职与副职之间，往往也存在着某种相互影响、互相依赖的关系。如果一位副职的工作十分优秀，让正职感到无法离开你时，这也就意味着，你已经在无形中影响到了正职，形成了某种潜在的权威。由于你在工作上任劳任怨，丝毫没有"篡权"的野心，此时正职将会对你非常信任，把你当做可以信赖的人，就会赋予你更多的职责和更大的权力。

有人曾做过一次统计：在业务上有成绩的副职，绝大多数都在后来被提拔起来，成为了担负一方重任的管理人员，走上了控制全局的领导岗位。这就说明了副职立才不立权的道理的可行性，它就存在于我们现实的工作之中，发生在我们的周围。

总而言之，在我们现实中，那些处于被管理状态的管理者中，也一定要注意自己和领导之间的关系。只有和领导关系和谐之后，才有自己施展才华的空间，才能让自己在实行管理的过程中不被束缚。

因地制宜施以管理

马克思主义哲学教导我们：矛盾具有特殊性，所以要具体问题具体分析，根据实际情况做出合理判断。因此，领导在实行管理的时候，要根据实际情况，因地制宜，因时制宜地设定管理措施，进行管理。忽必烈在治理汉中大地时，就采用这一管理措施。

1251年，蒙哥汗将漠南汉地军国庶事委托给忽必烈掌管，忽必烈在姚枢的提醒下，辞去管民权，只掌兵权。但答剌罕，昔里吉后裔请求忽必烈帮助他管理封地邢州（今河北邢州），忽必烈不好推辞，接管了邢州地区民政事务。第二年，蒙哥汗又把河南地区交给他试治。1253年，蒙哥大封同姓，让忽必烈在南京、关中两地之中择取其一作为封地，忽必烈根据谋士姚枢的意见，挑选了"厥田上上，古名天府陆海"的关中地区。蒙哥汗以关中地区人户较少，又将怀孟地区加赐给他。于是，忽必烈取得了这三个地区的治民权。

当时，"汉地不治"的现象十分严重。

蒙古民族是一个以游牧经济为主的民族，经济文化发展较晚，比中原汉地落后。他们初入中原之时，只知游牧经济重要，不懂得对农业经济进行利用和保护。因此，兵锋所至，"人民杀戮几尽，金帛子女、牛羊马畜皆席卷而去，屋庐焚毁，城郭丘墟"。他们见人就杀，见物就抢，动不动就"屠城"，要把汉族人民砍尽杀光，军队所到之处，吏卒

"以杀为嬉"，"不问老幼妍丑贫富逆顺皆诛之"，"至有全室被戮，襁褓不遗者"，弄得"城无居民，野皆榛莽"。他们这样做并不奇怪，正如马克思所指出的那样："蒙古人把俄罗斯弄成一片荒凉之地，这样做是适合于他们的生产、畜牧的，大片无人居住的地带是畜牧的主要条件"。他们把中原地区弄得一片荒凉，也是为了便于放牧。

到了窝阔台继位后，耶律楚材受命治理汉地，一时经济大有起色。然而后来蒙古旧贵族抵制新政，改任后地方官加倍搜刮掠夺，贵族"遣使于燕京迤南诸郡，征求货财、弓矢、鞍辔之物，或于西域回鹘索取珠玑，或于海东楼取鹰鹘，驲骑络绎，昼夜不绝，民力益困"。中原汉地遭受到极大破坏。

忽必烈就是在这种形势下，受蒙哥汗之任管理漠南汉地军国庶事的。

在金莲川幕府谋士的帮助下，忽必烈决心用"汉法"治理汉地，在比较短的时间内，迅速改变了邢州、河南和关中三个地区的面貌。

邢州是答剌罕昔里吉后裔的封地，地当驿路要冲，不但官府征敛无度，使臣往来也随意勒索，人民不堪欺辱和饥饿，纷纷逃亡，由原来的一万户很快下降到六七百户。答罕剌面对这种形势，一筹莫展。1251年听说忽必烈来漠南汉地主持军国庶事，赶忙派遣使者央求忽必烈选任良吏进行抚治。忽必烈立即奏准设立邢州安抚司，以脱兀脱和张耕为邢州安抚使、刘肃为邢州商榷使，前往治理。张耕和刘肃主张用"汉法"治理邢州，脱兀脱则勾结被罢黜的旧臣，阻挠新政，安抚司长官赵良弼将此事驰告忽必烈，忽必烈当机立断，罢免了脱兀脱。于是，张耕、刘肃、赵良弼等人同心协力，兴办铁冶以足公用，造行纸币以加强商品流通。又整顿驿站，修造官舍，申严法禁，使文书钱谷奉行严谨，无所奸

欺。不久，流亡者复归，户口因此增加十倍，"邢乃大治"。邢州行用汉法取得明显效果，坚定了忽必烈任用儒生、行用汉法的信心和决心。

河南地区是金末迁都汴京（今河南开封）以后蒙金争夺的主要地区，破坏最为严重。蒙古灭金以后，旧的制度被打乱，新的制度没有建立起来，人们无章可循，所谓"河南民无依恃，差役急迫，流离者多，军无纪律，暴掠平民，莫敢谁何"。如河南道总管、万户刘福"贪鄙残酷，虐害遗民二十余年"，他怂恿部下胡作非为，抢掠民女，老百姓非常痛恨。当时，燕京行省断事官牙老瓦赤和不只儿总领中原财赋，不但不加管理，相反横征暴敛，比起刘福来，有过之而无不及。据《元史·世祖纪》记载，他们两人共事一天，就滥杀28人。有一人犯盗马罪，本来施以杖刑后释放了，正巧这时有人进献环刀，他们又把犯人追回来，手斩犯人以试刀。忽必烈听说了这件事，严厉斥责了不只儿的不法行为。但这些官员得到蒙哥信任，控制河南地区的行政和财赋大权，忽必烈也无法进行干预和纠正。于是，忽必烈特意朝觐蒙哥，请求试治河南地区，并且不许牙老瓦赤等人干预河南事务。蒙哥稍稍迟疑之后答应了。忽必烈取得河南地区治理权以后，立即在汴京设置河南经略司，以忙哥、史天泽、杨惟中、赵璧为使，陈纪、杨果为参议，代表他治理河南。

史天泽是燕京永清人，世为当地豪族，后投降蒙古，以真定为基地，建立起一支强大的地方武装。史天泽既有文韬又有武略，在当时很有影响。

杨惟中为弘州人，少侍太宗窝阔台，后随蒙古军攻宋，得名士数十人及大量图书，于燕京建立太极书院；与儒士赵复、王粹等讲授程朱理学，汉文化水平很高。

忽必烈夫妇雕像

　　赵璧是忽必烈在漠北招揽的人材之一。他们到任之后，首先惩治了刘福的爪牙董主簿，接着传令刘福来见。刘福"称疾不至"，杨惟中设大梃于坐，再遣人去召，谓"汝不奉命，吾以军法从事"。刘福不得已，率领千余人护卫而来。杨惟中见他带来这么多爪牙，非常生气，手握大梃把刘福打倒在地，由于伤势过重，不几天，刘福就死了。刘福的爪牙们见杨惟中惩治了刘福，个个面如土灰，纷纷俯首听命。老百姓听说这件事，个个乐得合不拢嘴，到处奔走相告，颂扬杨惟中等人的功德。

　　接着，杨惟中、史天泽、赵璧等人制定了一系列措施，加强对河南地区管理。为了防御宋军，在西起邓州，东至陈州、亳州、清口、桃源等地驻守重兵和列障戍守，加强军事训练。选任贤才参赞机务，于各郡县分置提领以察奸弊，均定赋税，改行钞法。又在邓州设置屯田万户，在唐、邓等州大力屯田，并授以兵、牛等，敌至则御，敌去则耕。以前，为了军事需要，所在征收山东、河北丁粮时，惟计值折取银帛，给老百姓带来很多不便。他们又奏请忽必烈，在卫州（今河南汲县）设立都转运司，令民纳粟，由政府筑五仓于河上收储，从而改善了军粮的

供应。在史天泽、杨惟中、赵璧等人的精心治理下，"不一二年而河南大治。行于野，民安其乐；郊出于途，商免其露处；观民俗则既庶而有教；察军志则又知夫怯私斗而勇公战。威行惠布，阳开阴肃，内外修治，略无遗策"。忽必烈用汉法治理河南也获得了成功。

关中地区，在蒙古灭金战争中破坏也很严重，"兵火之余，八州十二县，户不满万，皆惊忧无聊"。一些统军将领又纷纷跑到京兆筑第占田，豪侈相尚，横行不法，其中郭千户尤为暴横，"杀人之夫而夺其妻"，把关中地区弄得十分混乱。1253年，忽必烈取得关中为分地，把诸将分遣到兴元诸州去戍守，专门设立京兆宣抚司，以孛兰、杨惟中为使，商挺为郎中，负责治理京兆地区。杨惟中、商挺就职后，将豪横不法的郭千户绳之以法，随后整顿吏治，奖励农桑，减轻赋税，屯田于凤翔，奏割河东解州盐池的收入以供军食，募民受盐入粟，转饷四川前线。又"立交钞提举司，印钞以佐经用"。

1254年，忽必烈又让廉希宪接替杨惟中为宣抚使。廉希宪是畏兀儿族人，自幼"笃好经史，手不释卷"，1250年，年仅19岁就入侍忽必烈。一天，廉希宪正在读《孟子》，听说忽必烈要见他，急忙带书前去，忽必烈见廉希宪带书而来，问他读的是什么书？廉希宪回答说"是《孟子》"。忽必烈又问内容是什么？廉希宪以"性善义利仁暴之旨为对"，忽必烈深以为然，称其为"廉孟子"。廉希宪不但有文才，而且还有武略。一天，他与大臣们在忽必烈面前比试箭法，嫌大臣们使用的弓弱，改换劲弓，三发连中。朝野惊服为"文武全才，有用书生"。廉希宪受任为京兆宣抚使后，讲求民间利害，"摧摘奸强，扶植贫弱"，又经常同当时的知名学者许衡、姚枢等探讨治理国家的方法，并推荐许衡负责兴办学校，培养人才，使京兆地区很快安定下来。

1256年，蒙哥又将怀孟之地补赐给忽必烈，忽必烈令商挺兼治怀孟，打击豪强，发展生产。1260年，忽必烈又派幕僚覃澄为怀孟路总管。覃澄在当地开渠，引沁水溉田，讲求农桑种植之利，促进了当地农业的恢复和发展。

关于邢州、河南、关中三地的治理，后来，姚枢有一段总结性论述，他说："陛下（忽必烈）天资仁圣，自昔在潜，听圣典，访老成，日讲治道。如刑州、河南、陕西皆不治之甚者，为置安抚、经略、宣抚三使司。其法，选人以居职，颁俸以养廉，去污滥以清政，劝农桑以富民。不及三年，号称大治。诸路之民望陛下之拯己，如赤子之求母。"

忽必烈用汉法治理汉地取得了一定成效，不但取得了统治汉地人民的经验，也提高了自己的声望，其"爱民之誉，好贤之名"迅速在汉地传播开来，汉族儒士纷纷倒向忽必烈一边。忽必烈得到了北方汉族地主阶级的拥护和支持。这说明忽必烈因地制宜的管理方式起到了积极的作用，赢得了人民的认可。

管理是一门艺术，体现着管理者思想修养和能力。管理者要想完全掌握这门艺术，重要的一条，就要做到因地制宜施行管理。在忽必烈经营汉地的时候，并不是向蒙古族一贯的做法，而是进行了相当大的调整，以汉人治理汉地，以汉法治理汉地，因地制宜地实行管理，取得了很大的成效，这对于我们当今的管理者来说是值得借鉴的。

每个管理者都会形成自己特定的管理思路，可能这个思路在一些地方、在一些条件下取得了成功，但是这并不代表该思路就是万能的、绝对正确的。恰恰相反，正是因为这样的管理取得过成就，一些管理者才会形成管理的思维定势，在面对其他问题时，不能够及时做出调整，进

而会影响到自己企业团队的发展。

因地制宜的管理，首先要考虑到自己团队的发展方向的因地制宜。一个企业要考虑到地域差异所带来的管理成本；一个团队，要考虑到自己团队在地域差异中所处的竞争位置。根据地域的不同特点进行不同的管理模式。

因地制宜的管理，就要考虑用人的因地制宜。在用人的过程中，领导者要考虑到人才的地域差异以及在不同地域的发挥程度，做到用适合的人做适合的事，只有因地制宜的用人，才能让人才发挥出自己最大的才能，才能在竞争中充分发挥自己的人才优势，在竞争中获得主动地位。

在我们当今的社会竞争形势中，想用一种万能的管理模式来"横行"江湖是不切实际的。当今社会中，国家的经济发展方式正在加快转变，社会竞争日益激烈，社会形势日新月异，传统的管理模式显然已经很难适应变化的形势，并且事实上传统的管理模式也正在经受着日益严峻的挑战。危机和机遇并存，在传统的管理模式遭受冲击的今天，因地制宜的管理模式就有了很大的创新空间。当然，因地制宜地管理不能够停留在台面上，不能够仅仅被用作口号的宣传，更应该在事实上落实到管理的过程中。

管理之道，就是要稳健而灵活，所谓稳健，就是要保持管理在一定时期的一致性，不可朝令夕改。所谓灵活，就是要根据现实情况做出合理调整，这就是我们说的因地制宜。

在忽必烈的汉法治汉地、汉人治汉地的管理中，要学到的就是在管理的过程中一定要因地制宜，根据现实情况做出管理决策。

解决问题要快速有力

在管理者进行管理的过程中，会遇到很多的问题，有一些问题就好像烦人的苍蝇，一直挥之不去，让自己的管理计划难以有效实施。这时候，针对这些问题，管理者一定不能拖泥带水，要尽快找出根源，在维护内部稳定的前提下，快速有力地将问题加以解决。忽必烈在攻取南宋的过程中遇到一系列问题时就表现得快速有力。

为了围困南宋，忽必烈受命远征大理，期间要绕道吐蕃，这时在蒙古管理集团中，反对忽必烈的势力也开始了活动，阿里不哥秘密地送出消息，让自己的心腹在吐蕃秘密地进行破坏活动，以阻碍忽必烈的进军，甚至希望能够找机会将忽必烈置于死地。

忽必烈率军在吐蕃行进，自己运送粮草的部队频繁地遭到袭扰，在这种情况下，粮草不稳，直接影响到大军的进军速度，在吐蕃的恶劣环境中，甚至会影响到士兵的生命。忽必烈意识到了这个问题的重要性。忽必烈从抓获的袭扰部队的俘虏口中得知，袭扰的部队，是金国的残余势力，但是对于他们如何得知运粮路线的问题，俘虏说是因为忽必烈身边有人透露给了他们情报。面对这些袭扰，忽必烈决定要快刀斩乱麻，解决这些影响自己行军的问题。

一天忽必烈率军来到一个盆地，金朝败兵劫夺粮卓的区域就在这一带。忽必烈对大家说："我们行军一直受到袭扰，如果我们天天防

范，也太疲劳了。所以长痛不如短痛，我就要在这几天里把这件事解决了。"他接着命令当时押运粮草的阿合马道："阿合马，你把你的储粮营地安置在一个隐蔽的峡谷里，白天多派守卫的兵士站在山冈上游动巡哨，晚上要高挂灯笼，点起篝火。"阿合马吐吐舌头说："啊？那不是要暴露了么？"忽必烈说："就是要暴露！"阿合马立即明白了忽必烈的意图："王爷是想用我的大营作诱饵？""不错！"忽必烈说："我就是要让他们快点来袭击我们。"

一个部下说："把他们一网打尽！"

"不！"忽必烈斩钉截铁地说，同时命令自己手下的将领："失烈门，你的人马要秘密开进峡谷，保护粮草不受损失。其他将领，你们埋伏在峡谷两端，对来袭击我们的人，只许进不许出。命令所有的兵士，尽量能用刀背制服敌人，我要抓活的。明白了吗？"几个人同声答应："明白！"

山谷里，阿合马将押运粮草的营地设在一个盆地里，用勒勒车围成了圆形车阵，里边是牛羊、粮食和一个个帐篷。盆地四周的山冈上，走动着巡逻的士兵，遇到牧民接近，便咋咋呼呼地赶他们远远地离开。

到了晚上，山谷里燃起了篝火。阿合马坐在篝火旁，啃着手把肉，有些怀疑地对失烈门说："失烈门，我们都等了三个晚上了，连个人影也没有。是不是他们不敢来了。"失烈门说："让你守着你就守着！"

其他将领趴在谷口外面的草丛中。静静地守候着。一个将领突然低喝一声："都别说话！"并把耳朵贴在地上："来了！"

山谷里的失烈门也感到了什么，突然趴到了地上，耳朵紧贴地皮在听。阿合马立即紧张起来："怎么样？"失烈门跳起来说："几百人的马队！"话音未落，数百人的马队朝盆地奔来。守在盆地外的将领们静静地看着马队进了谷口，立即让伏在地上的马站起来，一个个飞身上马，从后边将谷口堵住。

马队进了谷口，为首的一人大声喊道："冲进去，把蒙古人杀死，把牛羊都赶走！把粮草都烧掉……"人们把带来的木棒在篝火上点燃，呐喊着朝圆形车阵冲了过去。圆形车阵里的失烈门一声命令："上马！"蒙古人和马都从草丛里站了起来，失烈门鞭梢一指："守住粮草和牛羊……"

他的士兵们驱马绕着车阵奔跑，击退敢于靠近的偷袭者。埋伏在包围圈外的兵马从四面高冈上向来人冲了下去。已经冲到圆形车阵前的偷袭者大惊失色，知道中计了。马上兜转马头，后队变前队朝谷口退去。负责围困的将领指挥兵士用滚木雷石封住了谷口，并且指挥着兵马从高处冲了下来。双方众寡悬殊，蒙古人用刀背一阵乱砍，不到半个时辰，来人全都落马成了俘虏。

天亮了，忽必烈和察必对吐蕃的领主、教主和四大达鲁花赤说："这么早把你们都请到营地，是要当着各位领主、教主和达鲁花赤的面，处理一件大事。昨天晚上有数百匪徒偷袭大军后队，要抢劫和焚烧大军的粮草，我已经命令把他们押解来了。请大家跟我来吧！"忽必烈和察必先出大帐，众人随着跟出。

众人怀着紧张的心情看着被俘的几百俘虏被押解着朝他们走来。作为阿里不哥心腹的达海有些慌乱。数十步外，一名将领对俘虏们喝令："坐下！都给我坐下！"俘虏们都坐在了地上，一个个低着头，沉默地等着处决。忽必烈走到俘虏面前说："弟兄们，金朝已经灭亡了。我们

之间的战争早在十九年前就已经结束了。我知道你们之中很多人并不愿意这样客居他乡，将来再客死他乡。可是你们又回不了关东老家，这才流落到这里当了流寇。我体谅你们的难处，所以我让我的士兵只用刀背砍你们。不然，你们就坐不到这里了。现在我宣布，愿意跟我当兵的，就跟我去南征大理，我是会论功行赏的；不愿意留下的，我给你们发关防、银两，你们可以回家。只是有一条要求，你们都给我离开雪域高原，不许你们在这里骚扰吐蕃的僧俗百姓！你们从他们拿哈达的手里抢青稞，还够条汉子么？好了，现在开始排队。愿意跟我南征的人站在这边，愿意回家的人站在这边。"人们不动。忽必烈笑笑说："你们是信不过我忽必烈。来呀，把银子抬上来！"

士兵们闻令抬上来两个箱子。忽必烈打开盖子，里边露出银锭。忽必烈说："这是五十两一锭的纹银，愿意回家的，过来每人取一锭银子，然后站到这边；愿意当兵吃粮的站在那边。"

人们立刻行动了。有的站到当兵的一边，有的取银子站到回家的一边。俘虏之中只剩下两个人。忽必烈问："你们两个还没有决定么？"其中之一说："我们也能给您当兵吗？"忽必烈反问："你们为什么不能？"那人说："我们是他们的长官。"忽必烈说："啊，我明白了。既然如此，你还是做他们的长官吧！"

那人感动地问："你不杀我？"忽必烈说："放下屠刀立地成佛嘛！"那人说："谢谢，谢谢！"他鞠了个躬跑到当兵的一边。另一个却指着达海说："都是他，是他让我们干的！"

达海的脸色马上变了，他抽出刀来刺向揭发人的肚子。揭发人抓住刀："你，你好狠毒！"已经跑到当兵队伍中的那人发疯一样冲回来，推倒了达海："你？！"他朝忽必烈跪下："四王爷，以前就是他告诉我们征粮路线和时间，让我们劫夺您的军粮的。这次也是他派人把大军囤粮的山谷告知我的。"达海爬起来："四王爷，他血口喷人！他栽赃陷害！"

忽必烈逼近达海，达海后退，退到失烈门身前，失烈门一脚踹在他的腿弯上，达海扑通跪在地上。两个兵士上来按住他就捆。达海口里不停地大喊大叫："你们干什么？我是七王爷的达鲁花赤，你们不能抓我？我无罪……"

忽必烈回到座位上，失烈门把达海提到忽必烈面前，将他按跪在地上。忽必烈厉声喝道："你有罪！在窝阔台大汗在世的时候，就是你带兵进入吐蕃，你杀过吐蕃的僧俗百姓，烧过他们的寺庙；这次你又借机策划这些败兵抢夺他们征集的支援大军的粮草，你罪不容诛！"

"不！"达海叫道："上次我是奉了贵由王爷的命令干的，这次我是奉了七王爷阿里不哥的命令干的，你要处置就处置七王爷，是他写密信给我，让我设法联系金朝残部截夺你的粮草，好让你回不了草原！密信还带在我的身上！"

失烈门掏出那封密信交给忽必烈。达海嚷道："对，四王爷请看，这就是阿里不哥派图海给我送来的密信！""不对！"忽必烈看也不看就把密信撕得粉碎，将碎纸片摔在达海的脸上，瞪起眼睛说："七王爷是本王的手足兄弟，他怎么会让你害我？！"

失烈门愕然："忽必烈！留着那封密信！"忽必烈没有理会，接着对达海说："别的本王可以不论，单就你方才离间我和阿里不哥的骨肉之情，你就该死！你这个贵由和哈失的亲信，一定是假意归附蒙哥大汗，借机替贵由和哈失复仇！"达海大声叫道："不是……"

忽必烈威严地说："多年前你就屠杀过这里的僧俗百姓，烧毁过

第三章 忽必烈对你说管理

这里的寺庙，本来就罪不可赦；现在你又再次破坏大军南征，你还想活么？来呀，把这个恶人给我砍了！"达海害怕了："四王爷饶命啊……您不是佛门弟子、慈悲为怀吗？"

忽必烈冷笑："住口！不除恶无以扬善，不杀你就是对死者的残忍！"达海知道难逃一死，马上哈哈大笑起来："忽必烈，你这个糊涂蛋，傻骆驼！你今天砍了我，明天阿里不哥就会砍了你！你就把脖子洗干净了，等着挨刀吧。"

忽必烈指着达海大喝一声："砍！"刀光一闪。八思巴和教主们双手合十，口念六字真言："唵嘛呢叭咪吽……"

在我们的管理过程中，会有许多的问题出现，这时候，一定不能让这些问题一直存在，而是快速地将其解决，已达到稳定的管理环境。忽必烈在行军中，明知道自己的队伍中，安插着阿里不哥的心腹，并且抢粮一定是他们的"杰作"，忽必烈为了保证自己的队伍能够安全稳定地行进，不受这些不稳定因素的侵扰，就选择了快刀斩乱麻，快速而有力地解决了问题。

有这样一则故事：古波斯老国王想选一个接替者。一天，他拿出一根打着结的绳子当众宣布：解开此结者继承王位。应试者众多，但谁也解不开。一青年上前看了看，发现那是根本无法解开的死结，他不去解，而是拿刀去剁，刀落结开，众人惊叹不已。老国王让人们去解解不开的结，其用意显然是考察应试者的机智。这个青年的思路超出众人之处，就在于他不是费力去解，而是想如何使之"开"。用刀去剁，不只表现了智，而且显示了胆识。这个故事告诉我们：面临难解的死结时，有勇无谋不行，多谋寡断也不行，要想避免当断不断带来的危害，我们需要快刀斩乱麻式的决断，就好像你原来置身在一个嘈杂混乱的场所，忽然有人把电钮一关，一切都在瞬间归于宁静，使你立刻感觉神清气爽。你发现，原来刚才的一番混乱只是一种幻觉，而你那认为不可终日的烦恼也顿消皆无。

关于一件事情的对与错、是与非，不能当机立断是很危险的。你认为有价值的、对自己有利的，就要当机立断。你认为不符合自己利益的就干脆不干。如果有一天不想做了，就立刻退出或另谋出路。做任何事情，优柔寡断总是要吃亏的。何况世界上根本不存在什么绝对的正确与绝对的错误。

王安博士是华裔电脑名人，在他6岁的时候，他受到了人生中最大的教训并影响了他的一生。有一天，王安在外面玩耍的时候，路经一棵大树，突然间有个东西掉在他的头上，他从头上拿下来一看，原来是个鸟巢。他怕自己的衣服被鸟粪弄脏了，于是就赶紧用手把鸟巢拿下来丢到地上。这时候，他看到从鸟巢里面滚出了一只毛茸茸的小麻雀，他很是喜欢，决定要把它带回去喂养，于是，他捧着麻雀连同鸟巢一起带回了家。当他走到家门口的时候，忽然想到妈妈说过不允许在家里养小动物的话。所以他有些犹豫，思考了半天后，他还是决定要向妈妈作出请求，于是他把小麻雀轻轻地放在门后，急忙跑进房间里，向妈妈请求。在他的苦苦哀求下，妈妈终于破例答应了儿子的请求。他兴奋地跑到门后准备给小麻雀做一个舒适的窝，不料，却没有看见小麻雀的身影，只有一只大黑猫正在那里意犹未尽地擦拭着嘴巴。他为此伤心了好长时间。从这件事上，王安得到了一个很大的教训：只要是自己认为对的事情，绝不可优柔寡断，必须马上付诸行动。

还有这样一则故事，在美国缅因州，有一个叫巴尼·罗伯格的伐木工人。有一天，他只身一人开着车去了一个很远的地方去伐木。在工作

的过程中，他非常不幸，一颗被锯断的大树在倒下时被对面的大树弹了回来。而此刻他正站在了一个不该站的地方，根本没有躲闪的时间，当大树彻底倒下后，他的右腿被沉重的树干死死压住，血流不止。

在他的伐木生涯中，从来没有遇到过这样的失败和灾难，"我该怎么办？"这是罗伯格的第一个反应。此时，他知道自己正面对一个严酷的现实：在周围几十里的范围内，没有任何一个村庄和一家居民。在10个小时以内是不会有人来救他，他很可能会因为流血过多而死亡。他不想坐以待毙，他必须得拯救自己——他用尽了全身力气也无法将腿从树干下抽出来。这时，他摸到身边的斧子，于是就开始砍树。因为用力过猛，才砍了三四下，斧柄就断了。

罗伯格有点开始绝望了，忍不住叹了一口气。但他并没有放弃希望，他向四周望了望，发现他的电锯就在不远的地方放着。他用断了的斧柄把电锯钩到身边，想用电锯将压着腿的树干锯掉。可是，他很快发现树干是斜着的，如果用电锯锯树，树干就会把锯条死死夹住，根本拉动不了。看来，是真没希望了。

在罗伯格几乎绝望的时候，他想到了另一条路，那就是——把自己被压住的大腿锯掉！这似乎是唯一可以保住性命的办法！罗伯格当机立断，毅然决然地拿起电锯锯断了被压着的大腿，并迅速爬回卡车，将自己送到小镇的医院。他用难以想象的决心和勇气，成功地拯救了自己！

解决问题拖拖拉拉、拖泥带水、犹豫不决，只会让问题一直存在，从而影响到团队的发展，想要进行有力的管理，就要有快刀斩乱麻的魄力和精神，在关键时刻，果断出击，快速有力地解决问题。

正确对待下属建议

从谏如流，体现的是一个领导者的心胸和心态，在领导者管理的过程中，一定要善于听取别人的意见，不仅是听，更要对正确的意见"从"。忽必烈在管理朝政时，就能明辨是非，从谏如流。

天子，即使非常英明伟大，仅靠一人的聪明和智慧，也难免有失误的地方，因此，古人特别重视广开言路，把大臣进谏和皇帝纳谏看成是名君名臣的美德。忽必烈接触汉文化以后，也注意广开言路，集中众人的聪明才智，共同治理国家。他以历史上的名君为榜样，注意接受大臣们的建议和意见，成为历史上颇能纳谏的有名帝王。

忽必烈即位之初，接管的是一个历经战乱的乱摊子，百废待兴，一切都要从头做起。他急于思治，特召见张雄飞和江孝卿说："今任职者多非才，政事废弛，譬之大厦将倾，非良工不能扶，卿辈能任此乎？"江孝卿听了这话，摇摇头谢称"不敢当"。张雄飞则回答说："古有御史台，为天子耳目，凡政事得失，民间疾苦，皆得言；百官奸邪贪秽不职者，即纠劾之。如此，则纪纲举，天下治矣。"忽必烈听了，非常高兴，立即创立御史台，以前丞相塔察儿为御史大夫、张雄飞为侍御史。忽必烈特意对他们说："卿等既为台官，职在直言，朕为汝君，苟所行未善，亦当极谏，况百官乎！汝宜知朕意"。从此，忽必烈就将广开言路、纠正缺失的任务交给了御史台，以医治中书省、枢密院左右两手及

谏阻皇帝缺失。接着，忽必烈又立诸道按察司及肃政廉访司等机构，以加强对地方的监察。

忽必烈曾经与李冶讨论历史和历史人物，忽必烈问李冶："魏征何如？"李冶回答说："魏征忠言谠论，知无不言，以唐净臣观之，征为第一。"忽必烈又问："今之臣有如魏征者乎？"李冶回答说："今以侧媚成风，欲求魏征之贤，实难其人"。李冶在这里明确指出，当时溜须拍马、阿谀逢迎成风，难于寻找像唐朝魏征那样敢于犯颜直谏的人。窦默也曾向忽必烈指出："君有过举，臣当直言，都俞吁咈，古之所尚。今则不然，君曰可臣亦以为可，君曰否臣亦以为否，非善政也"。忽必烈对这种阿谀逢迎之风，也十分不满，下决心予以扭转，真正打开言路，以便利国利民。

至元十四年（1277年），王思廉为忽必烈讲读《资治通鉴》，讲了魏征犯颜直谏的故事。王思廉说，魏征经常犯颜直谏，有一次，把唐太宗气得要死，回到后宫气乎乎地说，一定要杀掉这个乡巴佬（指魏征），长孙皇后弄清事情原委以后，立即换上朝服向唐太宗进谏贺喜，说国有魏征那样净臣是皇帝之福，国家之福，只有皇帝虚心纳谏，大臣才敢犯颜直谏，这也是皇帝英明的一种表现。唐太宗听了长孙皇后的话，转怒为喜，君臣欢洽如初。忽必烈听了这个故事以后，让王思廉到皇后阁为后妃们讲衍其说，也令大臣们都知道这个故事，目的就是要大臣们以魏征为榜样，后妃们以长孙皇后为榜样，敢于进谏。他自己当然要以唐太宗为榜样，虚心纳谏。

又有一次，忽必烈招致赵孟頫以后，问赵孟頫说"叶李与留梦炎孰优？"赵孟頫回答说："梦炎，臣之父执，其人重厚。笃于自信，好谋而能断，有大臣器；叶李所读之书，臣皆读之，其所知所能，臣皆知之能之。"赵孟頫的意思是"梦炎优"。忽必烈不以为然,说:"梦炎在宋为状元,位至丞相,当贾似道误国罔上,梦炎依阿取容;叶李为布衣,乃伏阙上书,是贤于梦炎也。汝以梦炎父友,不敢斥言其非,可赋诗讥之"。忽必烈认为叶李贤于留梦炎,就是反对"依阿取容"之风,倡导广开言路、踊跃进谏之气。

为了扭转阿谀逢迎之风,忽必烈处处表现出鼓励进谏的样子,而反对那些溜须拍马之人。有一次,一位猎者不慎将忽必烈一鹘(猎鹰)丢失,忽必烈见丢了自己心爱的猎鹰,非常生气。一位侍臣见状,从旁边大声说:"宜加罪"。忽必烈对丢失猎鹰生气,而对别人的阿谀迎合更为生气,下令杖罚迎合的侍臣,而对丢失猎鹰的猎人则释而不问。对那些敢于直言进谏的人,忽必烈都给鼓励和表扬,比如,姚天福敢于"廷折权臣",忽必烈非常喜欢,特赐名为"巴儿思","谓其不畏强悍,犹虎也"。

要扭转阿谀取媚之风,真正广开言路,光靠皇帝鼓励大臣们广泛进言是不够的,更为重要的是皇帝要有虚心纳谏的姿态。忽必烈在汉儒们的帮助下,逐步认识到了这一点。史载,忽必烈过饮马潭时,得了足疾,许国祯为忽必烈配制了草药,让他喝。忽必烈嫌"药味苦,却不服"。许国祯劝道:"古人有言,良药苦口利于病,忠言逆耳利于行。"忽必烈听了,没有说什么,但还是没有服药。后来,忽必烈足疾发作,再召许国祯诊视,忽必烈特对许国祯说:"不听汝言,果困斯疾。"许国祯回答说:"良药苦口既知之矣,忠言逆耳愿留意焉。"劝忽必烈注意纳谏。忽必烈听了,非常高兴,特赠以七宝马鞍。

此后,忽必烈牢记"忠言逆耳"的话,对大臣们的进谏都能虚心接纳。

忽必烈受汉儒影响，想在宫廷中确立严密的等级礼仪秩序，曾对撒蛮说："男女异路，古制也，况掖庭乎。礼不可不肃，汝其司之。"撒蛮受任之后，对宫廷人员按照"礼"的规定严格要求。一天，近臣孛罗因受忽必烈之命匆匆出宫，行道失次。撒蛮"怨其违礼，执而囚之别室。"忽必烈等了好长时间，不见孛罗回来，询问原因，方知被囚，急令撒蛮释孛罗之罪。撒蛮遂进谏说："令自陛下出，陛下乃自违之，何以责臣下乎？"忽必烈听了这话，深表赞许，说，"卿言诚是也"。

又有一次，猎人亦不剌金狩猎时射兔，结果误中名驼，把名驼射死了，忽必烈一怒之下，要杀死猎人。铁哥见状，赶忙进谏道："杀人偿畜，刑太重。"忽必烈猛然醒悟说："误耶，史官必书。"赶忙把那个猎人放了。

伯撒王妃眼睛患病，一位医生用针灸治疗，由于失误，把王妃的眼睛刺瞎了。忽必烈大怒，要处死那位医生。许国祯听说后，赶忙进谏说："这位医生罪固当死，然原其情乃是恐怖失次所致。即诛之，以后谁还敢给王公贵族看病了？"忽必烈听了，觉得很有道理，怒气顿消，特奖谕许国祯说："国祯之直，可作谏官"。

有位小偷将大安阁祭祀神灵的钱币偷走了，小偷被捕获以后，忽必烈命"诛之"，在场群臣谁也没敢说什么，唯独忽鲁火孙进前谏曰："敬神，善事也。因置人于死地，臣恐神不享所祭。"忽必烈听了忽鲁火孙的话，下令将那位小偷放了。

至元十四年（1277年）七月，忽必烈巡幸上都，驻跸于察纳儿台之地，留守大都的耶律希亮赶来奏事，奏对完毕，董文忠询问大都近事。耶律希亮说："囹圄多囚耳"。这时，忽必烈正倚枕而卧，听说大都监狱关了好多人，猛然醒寤，忙问原因。耶律希亮奏曰："近奉旨，汉人盗钞六文者杀，以是囚多。"忽必烈听了这话，非常惊讶，忙问"谁传此圣旨？"中书省臣回答说："此旨实脱儿察所传。"忽必烈又召来脱儿察询问原因。脱儿察奏曰："陛下在南坡时，以此旨语蒙古儿童。"忽必烈听了这话，一下子想起来了，说："前言戏耳，曷尝著为令式？"因下令治了脱儿察乱传圣旨之罪。耶律希亮又奏道："令既出矣，已经在民间造成了影响，现在必须明其错误，以安民心。"忽必烈觉得耶律希亮说的很有道理，立即派耶律希亮返回大都，谕旨中书省，明文收回先前所传圣旨。

元灭南宋以后，忽必烈为了便于控制亡宋之人。意欲把江南宋朝宗室及豪族大姓迁移到北方。叶李听说这件事情以后进谏说："宋已归命，其民安于田里。今无故闻徙，必将疑惧，万一有奸人乘衅而起，非国之利也。"忽必烈听了，恍然大悟，立即消释了移民的打算。

至元二十一年（1284年）春，右丞相和礼霍孙率百官奉玉册玉宝，为忽必烈上尊号曰"宪天述道仁文义武大光孝皇帝"，诸王百官朝贺，喜气洋洋。忽必烈十分高兴，准备大赦天下。张雄飞因之进谏说："古人言，无赦之国，其刑必平。故赦者，不平之政也。圣明在上，岂宜数赦！"忽必烈听了，很高兴，特赞誉张雄飞说："大猎而后见善射，集议而后知能言，汝所言者是，朕今从汝。"遂只降轻刑之诏。

忽必烈要求臣下直言进谏，也能做到身体力行，勇于纳谏。即使有时大臣忤旨，他不接受进谏，但也不怪罪大臣，事情过后，仍加抚慰。比如，忽必烈准备征伐日本，王磐入谏曰："日本小夷，海道险远，胜之则不武，不胜则损威，臣以为勿伐便。"忽必烈不听，诬说王磐别有他心。王磐很伤心，说："臣赤心为国，故敢以言，苟有他心，何为从叛乱之地，冒万死而来归乎？今臣年已八十，况无子嗣，他心欲

何为耶？"忽必烈仍然怒气不消。第二天，忽必烈消气以后，觉得自己有点儿过火，特遣侍臣以温言慰抚，使无忧惧，又将内府珍玩碧玉宝枕赐给王磐。又有一次，尚书参知政事何荣祖反对桑哥理算钱谷，多次在忽必烈面前请求罢之，忽必烈不从，他就进一步恳请，"至于忤旨不少屈"，最后僵到忽必烈下令，他也不在文书上签字。就是这样，忽必烈也没有惩罚何荣祖。后来，理算钱谷使人民深受其害，忽必烈又想起了何荣祖之言，下令停止理算。

忽必烈确实像他自己所说的那样："朕于廷臣有戆直忠言，未尝不悦而受之；违忤者，亦未尝加罪。盖欲养忠直，而退谀佞也"。凡是直言者，均受到忽必烈的赞扬和重用。在忽必烈的倡导下，原来那种"君曰可臣亦以为可，君曰否臣亦以为否"的阿谀逢迎之风有所改变，直言进谏的人越来越多了。但由于中统至元年间没有出现唐朝魏征那样的强直净臣，也就使忽必烈没有获得唐太宗那样的声望。实际上，忽必烈的纳谏和唐太宗比较起来，亦不逊色。

当今社会，管理者在与员工进行沟通的过程中，员工会提出一些建议。管理者一定要在慎重考虑后，给员工一个接受或者不接受的理由。

古时候，有一位名为蹶叔的人。此人脾气古怪，性格偏强，很难接受他人的意见，哪怕是自己好朋友的话，也听不进去，直到尝尽苦头后才知道悔悟。

蹶叔种庄稼的方式与众不同，他在地势高的地里种水稻，在地势低的地方种高粱。他的好朋友知道后，立即赶来劝阻："水稻喜欢潮湿的环境，高粱喜欢干旱的环境。地势高的地方难以蓄水，比较容易干燥；地势低的地方容易蓄水，易保持潮湿。可如今你违背了作物的生长习性，将水稻和高粱的生长环境互换，丰收对你来说，一定是遥不可及的。"

然而，蹶叔对朋友的苦心劝说毫不在意，继续按自己的方式种地。一晃十年过去了，蹶叔的丰收梦从来没有实现过。每年年底结算的时候，他都是入不敷出。在这十年里，他的生活一年不如一年。此时，他想起了朋友对他说的话，责怪自己没有听取朋友的屡次劝阻，以至于落到了今天的地步。他来到朋友家，真诚地向朋友道歉，感谢朋友对自己的关心，并表示以后一定虚心接受朋友的意见。

蹶叔不愿意再种庄稼了，他将家中的地卖掉后开始做起了生意。蹶叔既没有经验，又不愿意思考，只是根据市场上的需求来采购需求量最大的货物。

他的好朋友再次劝阻他说："成功的商人在做生意的时候是不会像你这样的。他们眼光独到，而且善于把握时机，看准某种货物有盈利空间时，便会在其价格猛降的时候囤货。于是，当下一股抢购热潮到来时，他们便能利用其中的差价赚得丰厚的利润。与他们相比，你的做法恰恰相反，这样做很难盈利。因为某种货物一旦出现抢购热潮，采购价格一定会相应地上涨。如果此时购进这种货物，必然会在激烈的价格竞争中败下阵来。"

然而，蹶叔又延续了他的一贯作风，对好朋友的话置若罔闻。如此一来，蹶叔的货物进价高，售价自然不会低。在竞争中，他只有眼睁睁地看着其他商户竞相压价，而自己却不敢参与。因为对他来讲，参与就意味着亏本。可是到了后来，他还是不得不将积压的货物处理掉，不仅赚不到什么钱，还赔了本。

在做生意的这十年中，蹶叔的境况与种庄稼时相似，同样是一年不如一年。之后，他带着愧疚来到了朋友家，向朋友真诚地道歉、真心地感谢自己的好朋友。

蹶叔回家后心情烦躁，想出海放松一下。朋友陪他来到海边，在他将要出发的时候诚心对他说："出海后，行驶到海水归聚处便可以了，千万不要继续向前行驶，否则将无法返回。一定要记住！"

蹶叔答应朋友，一定会记住他的忠告，随后便一个人划着小舟向大海深处驶去。几天过去了，蹶叔来到了海水归聚处。此时，他虽然记得朋友的劝诫，但他不愿意照着做，仍然一意孤行，毫不犹豫地前行。就在一刹那，蹶叔和扁舟被卷入了深渊之中。

蹶叔叫天天不应，叫水水不灵。在这不见天日的深渊中，蹶叔别无选择地忍受着黑暗、孤独以及大浪的撞击。又一个十年过去了，一天，海中的鲲在化作鹏的瞬间，激起了千层巨浪。在这巨浪的狂啸下，蹶叔和扁舟从深渊的下面被抬了起来。蹶叔满脸泪水，划着船回家了。

此时的蹶叔，双鬓斑白，形容枯槁，犹如风中残烛。他步履蹒跚地来到了朋友的家，见到朋友后，费力地向朋友深深地鞠了一躬，然后说道："你是我一生最真诚的朋友，你的话我却从来没有认真听过，尽管你每一次的劝诫都是正确的。我发誓，今后一定认真悔改。"

朋友没有任何表示，只是淡然地说："如今，即便是真心悔改，又能怎样？"

这个故事告诉我们要多听取别人的劝导，作为管理者也应一样。管理者在与员工进行沟通的过程中，难免会听到员工提出的一些建议。如何处理员工提出的建议，是一个值得注意的问题。

第一，当员工提出了与管理者不同的建议时，管理者不应该立即否掉建议，而应该先确定员工的建议是否具有可行性。

如果的确具有可行性，就应该按照员工的建议去实行。如此一来，既有利于解决问题，又能让员工产生一种自豪感。但如果像马谡那样自高自大，把员工提出的建议抛在一边，不仅会导致任务失败，而且会降低自己的威信。试想，管理者因不听取员工的建议而导致失败，员工能认为他是一位有威信的管理者吗？而且，在以后的工作中，管理者在员工面前难免会感到尴尬。如果员工的建议不具有可行性，管理者也应该心平气和地把理由告诉给员工。要想做到这些，管理者首先要摆脱自高自大、轻视员工的心理。

第二，管理者不能口是心非。当员工提出建议后，管理者除了要用平和的态度来对待员工的建议外，更不能敷衍员工。如果管理者如蹶叔一般，那么他绝对是一位糟糕的管理者。

记住，管理者如果总是敷衍员工，表面上接受员工的建议，但在实际行动上却不如此，慢慢地，员工就不愿意与管理者积极交流。因为，人都是有思维的。一次、两次的交流后，如果员工发现了管理者习惯于敷衍，就不会再如以前那样积极，以至于在以后的交流中，员工会变得很被动。因为他们从管理者的行为中看出，管理者与他们交流的目的不是为了了解他们，只是为了找人解闷儿。

有些管理者爱敷衍员工的建议，根本没有顾及这是员工们认真思考后的劳动成果。这会令员工的情绪低落，认为上司不尊重他们，导致员工积极性下降，甚至会令双方的关系恶化。

时刻铭记团队纪律

纪律的问题一直是作为管理者十分注重的问题。管理者在实行管理

的过程中，纪律能够有效地保证管理的实施。纪律不会直接带来效益，但是纪律能够整齐队伍，使团队内部产生强大的向心力，使得管理者的管理能够更加有效地落实，进而在竞争中获得成功。忽必烈就十分重视团队的纪律。

忽必烈受命治理汉地，一直在发展自己的实力，但是这就引起了当时的大汗——蒙哥的不满。在受到蒙哥汗的猜忌之后，选择了一种置之死地而后生的策略，放弃了自己的一切权力，孤身前往自己的封地，韬光养晦，以图再起。之后不久，蒙哥征讨南宋的大军受到了阻碍，一时毫无进展。终于蒙哥再次起用忽必烈，让他去接替当时蒙古两路大军的东路军主帅。忽必烈带领自己的幕僚兼程前往。

这天，忽必烈与刘秉忠、姚枢、郝经、王文统、道尔达等诸谋士、将领进入了东路军诸王的营地。王文统小声问刘秉忠："东道诸王是什么人？"

刘秉忠说："成吉思汗有四个弟弟，所谓东道诸王，就是成吉思汗诸弟的后人，为首的有塔察儿、也松哥、脱虎等人。他们同四王爷已经是过了三代的堂兄弟、堂叔侄了，本来就不是很亲近，这次临阵易帅，在面子上自然很过不去，恐怕对四王爷早就存了几分芥蒂。"

果然，以塔察儿为首的几位东道王爷站在大帐外，脸上布满了阴云。姚枢对忽必烈说："王爷，争天下应以人为本，塔察儿王爷是东道诸王首领，您接替他。却不能得罪他。"忽必烈点点头。他们在很远的地方就下了马，忽必烈快步走向东道诸王，亲热地打招呼："诸位王兄王叔，你们好啊！"塔察儿不冷不热地说："我们打了败仗，有什么好！"

忽必烈笑道："胜败乃兵家常事嘛。兀良台的南路军不是也被宋军拦在潭州城下了么？王兄、王叔们进军受挫，也算不得什么大事！只是因为大汗急于灭掉南宋，才令本王代替诸王领兵的。我初来乍到，其实还没有你们熟悉敌人的情况，真要是按大汗的要求拿下鄂州，还真是得仰仗诸王的支持。哎，你们可不许抄着手看我的笑话哟！"说完他自己先哈哈大笑起来。东道诸王也被他的一席话赶走了尴尬，跟着大笑起来。

塔察儿说："四王爷年富力强，帐下又人才济济，我们兄弟甘愿听四王爷调遣！"另一王爷也松哥表示说："军令如山，汗命不可违！我们数十年出生入死，效命疆场，这个道理我们还懂。四王爷放心，我们绝不会因私废公，贻误军机的！"忽必烈深受感动地说："谢谢各位王兄！谢谢各位王叔！"

营门外排列着兵阵，大帐前站着东路诸王，亚拉也在其中。鼓声雷动，号角呜咽。忽必烈领着诸位将领和谋士们走来，侍从与卫士们紧跟在他们身后。诸王与亚拉等上前施礼："迎接四王爷！"

忽必烈道："诸位王爷和将军们，大家辛苦了！我忽必烈奉大汗旨意来接管帅印，还望各位多多襄助！"众人齐声道：·"谨遵四王爷钧命！"

塔察儿把帅印捧给忽必烈，忽必烈手捧帅印转过身来走向兵阵，他的将领和谋士跟在后边。他一眼认出一个百夫长："哦，你不是道尔达将军的部下吗？"

道尔达说："他跟我一起两次去过吐蕃。"百夫长感动地说："谢谢四王爷还能认出我。我们这里的兵马，很多都是四王爷的老部下。"一个老兵跑过来，跪在忽必烈面前，激动地说："四王爷，以前跟着你打仗，无往不胜。现在可好，打一仗败一仗，很是窝囊！四王爷，这回

有了你，我们要把脸面争回来！"

忽必烈说："好，我这次一定要带着你们去打胜仗！让宋朝的皇上知道知道，什么是蒙古铁骑！"他大声地朝着兵阵喊道："成吉思汗的将士，万岁！"

兵阵发出气壮山河的吼声："万岁，万岁，万万岁！"

忽必烈说："跟我打仗，就要服从我的规矩，我对大家要求很简单，七个大字——'伐罪、救民、不嗜杀'。这七个字要成为我们东路军的旗帜，将来还要成为我们各支军队的口号。所谓'伐罪'，就是说宋朝君臣这些年苟安一隅，花天酒地，搜刮民脂民膏，所以我们要讨伐他们！所谓'救民'，就是要解救宋朝压迫下的百姓！我们的军队，任何人不准抢掠百姓财物，不准随意杀百姓，不准焚烧百姓房屋！谁要是坑害老百姓，糟蹋老百姓，我忽必烈就要砍下他的脑袋！所谓不'嗜杀'，是指要努力招降敌人，只要对方放下武器、停止抵抗，就一律不杀。杀害放下武器的敌人，不是草原英雄所为！今天，我定下一条军令：谁要是杀了手里不拿武器的宋兵，他就得偿命！听明白没有？"众将士答道："明白了！"

忽必烈摇摇头说："你们不一定明白，特别是杀了俘虏要偿命。"众将士笑了。忽必烈说："我得告诉你们，南宋的将士们也不都愿意替皇帝卖命，可是你们为什么在郢州遭到他们那么顽强的抵抗呢？因为他们怕死，怕我们攻破了城，就杀了他们。现在，我们立下了这个新规矩，宋兵知道投降后就可以不死了，他们就没有那么多的力气抵抗我们了！我们再攻城的时候，就会容易得多，我们自己也少死人嘛。这回明白了没有？"这一次将士的声音像山崩雷鸣："明白！"

"好！这回你们是真明白了。"忽必烈挺了挺胸脯，提高了声音：

"那你们就拿出蒙古勇士的真本事来，跟我继续南下，攻打鄂州城。你们只要肯豁出命来，我就豁得出奖赏和官职！不怕死的，不怕奖赏，不怕当官儿的，就跟我忽必烈走！"将士们高呼："忽必烈千岁，忽必烈千岁，忽必烈千千岁！"

忽必烈阵前宣示纪律，使得自己的军队一改往日形象，为自己最终能够取得战果打下了基础。在如今的社会中，一个团队的管理同样要考虑到纪律的重要性。

古人云："不以规矩，不能成方圆。"国有国法，家有家规。任何事情都有一定的章法。试想，如果不给孙悟空套上"紧箍咒"，如何能保唐僧取得真经？所以，每个团队必须有自己的一套规章制度。制度是人的重要约束力，也是团队的精神连接纽带。制度保障了团队的正常秩序和纪律，如果一个团队没有制度的约束，那这个团队将是一盘散沙，无法形成团结合作的力量。

有这样一个事例，日本商界在20世纪70年代的时候，发生了一件引人瞩目的事情，日本伊藤洋货行当时最劳苦功高的岸信一雄，突然被董事长藤雅俊解雇了，在人们的质疑和指责声中，伊藤雅俊说了这样一句话："纪律和秩序是我的企业的生命，不守纪律的人一定要处以重罚，即使会因此减低战斗力也在所不惜。"

其实当时的具体情况是这样的，岸信一雄最早是"东食公司"的员工，后跳槽到伊藤洋货行。伊藤洋货行过去是以从事衣料买卖起家，所以在食品部门的环节比较弱，而一雄对食品业的经营有比较丰富的经验，此时一雄的加入就好像是为伊藤洋货行注入一剂催化剂。

一雄非常有能力、有干劲，表现相当好，很快就做出了很大的贡献，在十年的时间里就将业绩提升数十倍，使得伊藤洋货行的食品部门

第三章 忽必烈对你说管理

呈现一片蓬勃的景象。

但是，一雄是属于海派型的，所以他在对外开拓方面格外重视，常支用交际费，对部下的管理也很稀松，在管理方式上，一雄和伊藤绝然不同。在工作态度和对经营销售方面的观念，这两人在一开始就产生了极大的矛盾。伊藤走的是传统、保守路线，一切以顾客为先，不太与批发商、零售商们交际、应酬，同时，他对员工的要求也十分严格，常常要求他们彻底发挥自己的能力，以严密的组织作为经营的基础。而一雄的做法却是豪迈粗犷，这点让伊藤无法接受，因此伊藤要求一雄改善工作态度，按照伊藤洋货行的经营方法去做。

但是一雄却依然我行我素，一切都按照自己的意愿去做。他的业绩一直都很好，甚至有飞跃性的成长，此时的一雄充满了自信，越发不肯改变自己的做法了。他说："一切都这么顺利，证明这路线没错，为什么要改？"

伊藤是最重视秩序、纪律的，虽然食品部门的业绩一直在持续上升，但是他却不允许"治外法权"这样继续下去，因为这样的话，过去辛苦建立的企业体制和组织基础就会被毁掉。如果从这一角度来看待此事，伊藤的做法无疑是正确的，纪律的确是不容忽视的。

在当今这个时代，许多人都高喊着"自由"、"人本"的口号，也许有人会认为漠视规章制度是一种标新立异。也许有人会认为追求自由是人的天性，在面对形形色色的规矩时，必然会在意识里形成某种心理抵触，但如果没有一定程度的约束，又如何保证更有秩序的自由呢？绝对的自由根本不存在于这个世界上，规矩是必不可少的，作为团队中的一份子，就应该有义务遵守团队的纪律，并且将它作为自身的行为标准。既然你已经成为团队的一员，就不应该抱怨和心存不满，如果你觉得哪些地方需要改进，你可以对团队的管理提出一些建议，但在你的建议没有被采纳和实施之前，你仍然要遵守原有的规章制度，而不是在同事面前对企业的规章制度指指点点，妄加评论。

曾经有个小有名气的诗人，也是个不入流的歌手，他四海为家，天马行空，人近中年仍然狂放不羁。他当年的一个哥们儿在他浪迹天涯的时候，已经掘到了第一桶金，成立了文化公司。考虑到以前哥们儿如今生活落魄，决定拉他一把，就把他从新疆伊犁接到北京，让他到公司做文案。这个职位通常让别人兼任，这次完全因他而设立，按照他的能力也只有这个工作适合他，待遇就不用说了。

可是这人却恶习不改，一进公司就把老板的经营和管理说得一无是处，带头违反公司规章制度，不签到，迟到早退是常事，与顾客聊天，合同屡屡因他"仗义执言"而吃亏。但他却自我感觉良好，今天和这个谈诗歌，明天约那个看电影，还带着形迹可疑的女人到公司办公室里谈人生……老板规劝了他几次，可惜诗人改不了"胡来"的秉性。老板终于忍无可忍，找他谈话，说他文人习气太重，不太适合公司的条条框框，放他到更加广阔的天空和海洋中去翱翔、呼吸了……

没过多久，就有同事发现面如菜色、苍老憔悴的流浪歌手在地铁口摆起了地摊，一边卖他自印的诗集，一边唱着歌曲。

很多人，尤其是注重人情味的东方人，对公司的"人性化管理"总是梦寐以求，但人性化管理的前提是员工的敬业精神已经达到非常成熟的地步。可是，目前人们还普遍达不到这样的要求。

一个团队，如果没有严格的规章制度和严明的纪律，就如同一盘散沙。对于规章制度，首先要服从，执行后方知效果；还未执行，就发挥自己的"聪明才智"，大谈见解和不可执行的理由，走到哪里都是不受

第三章

恩威烈对你说管理

129

欢迎的角色。对于有瑕疵的规章制度，首先还是服从，在服从后与领导交换意见，共同改进和提高才是明智之举。

团队发展离不开规章制度。团队成员只有严格遵守这些规章制度，团队才能高效、富有战斗力和竞争力，才能立于不败之地。

团队发展离不开规章制度。团队成员只有严格遵守这些规章制度，团队才能富有战斗力和竞争力，才能立于不败之地。

适时确立接班人

天有不测风云，人有旦夕祸福，作为领导难免会遇到一些突发状况，在这时，管理者没办法继续实施自己的管理，这就要求管理者一定要提前确立自己的接班人，只有这样，在出现意外情况的时候，才不至于使自己的团队处于群龙无首的状态之中，更能够有力地避免权力的纷争而引发的混乱状态。储君，就是领导者皇帝的接班人。忽必烈适时地确立了太子，并加以了培养。

至元十九年（1282）二月，太子府。

再过一个月，皇上又要去上都了，皇宫内外都紧张地准备着。真金忙得一天到晚不着家。这时的太子已有部分权力了。

几年前，他在汉人学者的帮助下，被册立为太子。

起初，忽必烈没有认识到立太子的重要性。有一次，忽必烈问起汉儒们什么是当前最重要的事情时，汉儒们都说："没有比早立嗣君更重要的事情了。"

忽必烈不以为然，他问："为什么呢？我们蒙古人可没有这样的习俗。"

张易说："要是蒙哥大汉早立嗣君的话，以后就没有皇上和阿里不哥的争斗了！"

这句话本来是谁也不敢说的。张易是个直性人，他一句话就把事情的实质捅破了。那就是说：要是蒙哥大汗早立太子，你忽必烈就决不能浑水摸鱼，捞个大汗做。对以后而言，你要不早立太子，你一旦不在了，天下就要大乱！

忽必烈竟没有生气，他沉思良久，点了点头，承认这的确是最重要的事。

他一这样表态，大臣们就敢说话了，他们纷纷上奏，说早定储君，可以使天下更加安定。他们举了中国历史上许多例子，给这事立证。中国有这么悠久的历史，什么例子没有呀！忽必烈更为相信了。

他问："你们看，在朕的子侄中，谁可以立为太子呢？"

大家一致推举真金。忽必烈没有立刻作决定。

经过一年多的时间，忽必烈通过自己观察，又了解蒙汉大臣，他相信了汉儒们的推荐，认为真金的确是德才兼备，在朝廷中有着崇高的威望。他便下诏立真金为自己的继承人。

真金虽被立为太子，其实并没有多大的权力。忽必烈只让他帮助中书省处理国事，或叫他掌管京枢的军机，一切朝政大事还是由忽必烈一人决定。

忽必烈目睹的蒙古族的汗位更替中，都是因为上一任大汗没有明确制定自己的接班人，而使得汗位纷争不断，造成了内部的不稳定。忽必烈认识到这一点之后，终于下定决心，提前确立自己的接班人，并对其

进行了一定程度的培养，这是忽必烈在管理上的一个明智之举。

十年树木，百年树人。培养接班人是领导工作极重要的一个环节。其他人才的培养可以在今天的竞争中处于有利地位，而接班人的培养则会使自己的事业在未来占据优势。领导者从身边的人中培养接班人，首先自己对他们都比较了解，知道他们各自的能力和品质；其次，培养的接班人对自己的事业最了解，而且自己的经营理念得以传承。

作为领导，应该选择和培养继承事业的下一代领导人。事业继承的历史越悠久，领导人就显得越伟大。周文王、周武王建立的周朝，被他们的后代延续了800年之久。因此，周文王和周武王被人称为英明的领导。

在我国先秦时代，著名的齐国相国管仲，在他的辅佐下，齐桓公九合诸侯，最终一统天下，如果在去世之前，他能培养出"第二个管仲"来继承所有的成就，那么齐桓公就不会丧命在竖刁、易牙、开方这些小人的手上，齐国伟大的霸业将会更加宏伟，延续的时间也会更加长久，而管仲也会与周公齐名。又如开创隋朝基业的杨坚，隋朝也只延续了炀帝一代，所以在历史上，他的影响不仅没有秦始皇那么大，反而和项羽、陈胜、吴广、张角等时代的豪杰之士一样，也只是五十步和一百步之分而已。

美国政府中，总统身后总有一位副总统，平日里总统做出各项决定，副总统的身影则很少出现在人们的视野中。相传，美军击毙恐怖主义者头目本·拉登之后，在其住处搜出了恐怖分子暗杀名单，其中重要人物一一点名，然而却没有副总统的身影，原因有些戏谑，因为副总统是"他的工作很不重要"。

在美国历史上，副总统在自己的任期内很少能够坐上总统的宝座，但是每届选举中，对副总统的任命和对总统的任命会是一样的谨慎和庄重。因为在总统任期内，万一发生意外，副总统会直接接替总统，行使一切的总统权力，这就保证了在下一届总统选举到来之前的一段时间内，不会出现权力的空置，不会出现群龙无首的局面。历史上多次在总统遭遇意外的时候，副总统接替总统权力实行管理，且不论政绩如何，总之在当时当地，避免了发生权力空置引发的权力争夺，维护了当时的稳定。

一个超越时空的伟大理想、伟大事业，需要依靠超越时空的后来人去继承捍卫、发扬光大。但事业的继承捍卫、发扬光大与事业的开创者所选择的继承人有着密切的关系。所以说，选择培养后继人才是领导者重大的事情。

诸葛亮不仅广揽人才、重用人才，他还十分注重保护和培养自己的接班人。在蜀汉政权中，蒋琬是一个不可多得的人才，他就是在诸葛亮的精心保护、培养下，才逐渐脱颖而出的。

蒋琬是三国时陵湘人，在刘备进入蜀中前，他还在一个州衙门里当小吏，平日的工作就是做些缮写文书之类的事。刘备进入蜀中后，就让他做了广都县令。因为他办事公正，为人勤恳，而且事情也做的漂亮，所以他很快就受到了同僚们的赞赏和百姓的拥戴，也正是这样，他引起了诸葛亮的分外关注。

刘备有一次因为有事要到广都县去，而当他到达广都县的时候，蒋琬却因为醉酒没有出来迎接，这个时候的刘备非常地生气，不仅当场就罢了他的官，而且还给他判处了死罪。这件事传到诸葛亮那里后，他就马不停蹄地赶过来，劝说刘备："蒋琬平时小事是非常谨慎的，工作很勤奋，办事很公正，博学多才，只要稍加教导，肯定是治理国家不可

多得的人才呀！"刘备依然不肯息怒："他如此目无尊长，又如何治理百姓？"诸葛亮就说："他这一次也不过是偶然的过失罢了，再说了，以安定百姓为本一直都是蒋琬作风，他就是不善于官场上的迎来送往罢了，您何必因为眼前的这一次小事而把他判处死罪呢？"

诸葛亮的话都讲到了这个份上，并且句句在理，而且刘备一向都很尊重诸葛亮，因此，也就顺水推舟收回了成命，说："既然连军师都这样说了，我就暂且饶他一次吧。不过，死罪可免，活罪难逃。"于是，就罢了蒋琬的官。不久之后，诸葛亮找了个机会，又把蒋琬扶持了起来，并委以重任，开始大力培养他。蒋琬也没有让诸葛亮失望，他发奋努力，立志精忠报国。后来，蒋琬凭借着诸葛亮的扶持和自己的努力，终于做到了尚书郎一职，还曾经代理丞相的职务。后来，诸葛亮每次率师出征时，在军需保障方面，他总是让蒋琬全权负责，而蒋琬也做的十分令他满意，他总能做到有充足的士兵和食物，用以满足军队的需要，帮助军队解决了后顾之忧。

很多年后，当诸葛亮打出岐山病危时，还特地给后主写信，极力称赞蒋琬的人品与才干，并且提出了在他死后让蒋琬来接替自己的职位的提议。遵照诸葛亮的遗嘱，刘禅先是命蒋琬为尚书令，总统国事，第二年又令蒋琬为大将军。继诸葛亮之后，蒋琬终于成为蜀汉政权的中坚人物。

蒋琬遇到了孔明可谓是遇到福星了，没有孔明的精心保护、培养，纵使其有通天之能也是枉然。孔明对蒋琬也可谓是育之有术，用心良苦啊。先是为其求情，赦其死罪，后又寻找机会重用他，并大力培养，蒋琬才得以成为一个人物。

领导者对待人才也应学习诸葛孔明，对人才要能够容其小过，在必要时加以培养，这样才能使人才扬长避短，才尽所用。每一个接班人的成长发展，与领导者的教育和培养是分不开的。

许多人都宁愿相信每一代新的领导人是天生的，而不愿意相信领导人是被培养出来的，他们认为新领导人一出生以后就是领导人，只需要等到年纪符合接管社会上适当的位子。也正是因为这个原因，很多领导人都没有培养自己的接班人，而是期待着新的领导人在适当的时机出现。可能那些领导人根本不知道自己限制了多少自己身边人的潜能。美国著名企业资深顾问约翰·麦司威尔就说过，如果一个领导人只会生产追随者，那么他的成功也就仅限于其指示和个人影响所及的一小片范围。当他不再是领导人时，他的成功很快就会结束。而另一方面，一个领导人如果注意培养自己的接班人，那么通过自己的接班人可以增加他的影响力。他的组织就会越来越壮阔，即使他个人不再承担领导的责任。

新加坡前总理李光耀，在他执政期间，就十分注重对接班人的培养。在1967年，那时候李光耀44岁，已担任新加坡总理8年的时间，但是这个时候，他就提出了接班人的问题，当时他将接班人这一问题称之为"创造一种自我延续的权力结构"，后来的新加坡人民行动党提出的"自我更新"其实就是这一问题。这一举动彰显了李光耀作为一位国家领导人的远见卓识和国家建设思路。20世纪70年代初，为了参加1972年9月的大选，人民行动党开始在政府机构中广泛物色人才，吸收人才的加入。在这期间被选中的新秀，有前几年活跃在新加坡政坛上的第二副总理、人民行动党主席王鼎昌和环境发展部长艾哈迈德、马塔尔等人。在1976年这个大选年，人民行动党发掘人才的地方开始扩展到国有公司、政府拥有股份的银行中了。现任新加坡总理吴作栋就是这一年脱颖而出

的。1985年1月1日，新加坡内阁组成由年轻一代担任重要角色，在所有12名内阁成员中，有7人是40多岁，表明新老两辈人已进入交接阶段。李光耀虽然担任总理，但他十分重视对接班人的培养，他放手让年轻领袖充分发挥领导才能，确保新老两代领导人能顺利地进行交接工作。1991年，李光耀从新加坡总理的位置上走了下来，他开始进入幕后工作，但他依然在为新加坡的繁荣而做着贡献。

在李光耀培养新生代领导人这件事情中，美国前总统里根给予了很高的评价："他的良好判断使美国许多领袖包括我（指里根自己）本人受益不浅。"菲律宾红衣主教海梅平说李光耀"是一位好领袖"。

管理者在管理过程中，为了预防突发事件，就要确立一个能够在关键时刻起到作用的接班人，以保证在突发状况发生的时候，能够平稳地实现权力的过渡，保证团队在这种情况之下不会出现混乱局面。

第四章

忽必烈对你说 用人

　　古今中外，成功的领导都懂得借助人才的力量帮助自己走向成功。用人之道也就成为成功人士所熟练掌握并运用自如的成功之术。当今社会竞争日益激烈，想要不依靠人才的力量获得成功已经变得不切实际，这时候，就更要注意学习和领悟用人之道。

用人不疑

　　领导者在用人的过程中，只要选定了人才，就要做到用人不疑，只有这样，才能让人才在自己的岗位之上，没有束缚，没有掣肘，能够放开手脚，大胆地发挥自己的才能，进而取得成绩。用人不疑不仅考验领导者的魄力，更是考验其识人的眼光，古今中外成功的领导者，用人的时候都能够做到这一点。

　　在宋蒙交战的过程中，虽然蒙军一直具有压倒性的优势，但是几经战火还是不能完全灭亡偏居一隅的南宋王朝。其中原因之一，就是宋朝仍有许多赤胆忠心的大将在为南宋的安危而浴血奋战。

　　但是这些大将在前线流血牺牲，却并不能得到应得的奖励。宋军大将刘整多次成功抵御忽必烈的进攻，但是因为他得罪过贾似道，贾似道对其进行报复，在朝中有功不报，反而诬陷刘整，使得朝廷对刘整不但不赏，还要问罪。刘整心灰意冷，几经权衡之后，选择了归降元朝。

　　刘整率其所属十五郡、三十万户投奔了忽必烈。忽必烈在大安阁宴请刘整，太子真金夫妇、刘秉忠、姚枢、耶律铸、兀良台等在座。

　　兀良台举杯说：“刘整将军，六年前，大汗撤回开平，让我断后，是你追上了我的队尾，砍杀了我一万兵马。”“不不不，我查过了，只有一百零七人。是贾似道虚报战功，硬说是歼敌一万。我因为给他提过此事，差点让他要了我的命。”

兀良台说："我知道，我是跟你开玩笑呢。"众人大笑。兀良台说："我留在江南真要是有一万人，那还不一定谁打过谁呢！"刘整说："真要是有一万人，我一定会消灭你一万人。"耶律铸说："刘将军，你可不要小看了兀良台，他可是成吉思汗名将速不台的儿子！"刘秉忠说："哎，刘将军曾经带领十二名骑兵夺取过信阳城嘛！"

兀良台挑战道："要不我们再试试？"忽必烈大笑道："怎么试？拉到草原上打一仗？"众人也笑了。兀良台说："我们两个单打独斗怎么样？"刘整说："愿意奉陪！"两个人说着就离席站到大殿中央。忽必烈说："刘将军、兀良台，你们只许点到为止！"

兀良台一伸手抓住了刘整，左一招右一势，几个回合下来，用蒙古摔跤的招数把刘整摔倒在地。安童喊道："兀良台将军胜！"刘整跳起来："三局两胜！"

两个人又打起来，这次刘整再也不让兀良台近身，用中原汉地功夫几次得手打到兀良台，最后一个连环脚，把兀良台踢倒在地。安童喊道："第二局刘整将军胜！"察必着急地说："不要再打了！快，大汗，让他们停下来！"

忽必烈笑了："好了，不要再比了！两位将军都是我的爱将。来，安童，赐酒！"安童给两个人倒满了酒，二人举杯朝忽必烈道："谢大汗！"

忽必烈请二位入座，两人回到各自的座位。刘整说："大汗，有一件事不知当讲不当讲。"忽必烈说："刘将军，我这里没有宋朝皇上那些繁文缛节，你有话只管说！"

刘整说："自古帝王，非四海一家，不为正统。大汗有天下十之七八，为什么置南宋一隅不问，而自弃正统呢？"

第四章
忽必烈对你说用人

忽必烈正色道："刘将军说得很对，这也是我和我的大臣们日思夜想的大事。中统元年，我曾派郝经公出使宋廷，希望他们履行几年前的协议，以免南北重起刀兵。没想到他们竟然扣押使者，到今天也不放还。我是被逼无奈，才在中统二年七月，颁发诏书，下令伐宋。后来因为北方不靖，又加上山东李璮叛乱，所以迟迟没能出师南下。刘将军你在宋廷这么久了，自然了解对方虚实，我应当怎么做才能统一四海呢？"

刘整说："贾似道出身市井无赖，向来是言而无信，行而不果。他所谓的与蒙古议和，恐怕并非南朝本意，而是他私下所为。目前宋朝主弱臣悖，偏安一隅，军力衰微，不堪一击，此乃天启统一之机！臣今遇明主，愿为四海一家效犬马之劳。但愿大汗改变原来的攻宋方略，既不要主攻巴蜀，也不要再攻鄂州，而应先攻襄、樊，撤其屏蔽，然后再占领鄂州，东下建康，直指临安。如此宋室可灭，天下一统将为期不远。"

刘秉忠说："大汗，襄阳地处汉水中游南岸，与北岸的樊城相对，以浮桥相连，的确是南朝扼守长江的屏障。进攻宋廷，先取襄阳，再由汉水入长江，直捣临安，确实是一个最好的灭宋方略。"

忽必烈说："这件事我看就这样议定了。可是，我的脚疾最近又犯了，这个仗打起来，还要请刘将军和诸位将军代劳呢！"刘秉忠说："臣以为，刘整将军和兀良台将军可以担当此任！"

忽必烈说："那就以南宋扣押使者郝经为由南下伐宋。任命兀良台为征南都元帅，刘整为镇国上将军、都元帅，进军襄、樊。"

然而，在这时的南宋国里，宋京正领着贾似道验收半闲堂。贾似道抬头看门上的"半闲堂"金字匾额，夸奖道："半闲堂，好！"宋京说："相爷的新宅院就建在西湖边的葛岭上，正是休闲的好去处。"

贾似道走进大门，宋京随进。贾似道看见里边的楼台亭阁，脱口又说出一个"好"字。宋京介绍说："这儿，那儿，那儿，这些楼台亭阁，都可以收藏下边的人贡献的奇珍异宝。"宋京领他走到一个亭子前，推开门。里边迎出来四个美女，娇滴滴地飘飘下拜："相爷安好！"贾似道马上眉开眼笑："好！好！好！"

宋京领着贾似道过了九曲回廊，宋京说："这些女子都是我从临安各个青楼挑选出来的。琴棋书画样样精通，可以说是野无遗贤了！"他们来到一处宅院，宋京介绍说："相爷，这就是您斗蟋蟀的地方。"贾似道走进去。

一进正厅，书案上便是一大堆新印的书稿。宋京说："相爷，这就是您的惊世杰作《蟋蟀经》。"贾似道拿起一本翻看，宋京吹捧道："在您之前，学子们读的是四书五经，在您之后他们就得学四书六经了。您的书看来是写养蟋蟀斗蟋蟀的，其实这里边谈的是养兵用兵之道，简直可以说胜过《孙子兵法》。"

贾似道得意地大笑起来。宋京指着室内的架子："这些架子都是给您放蟋蟀罐子的。我让作坊做了一些，怕是相爷不中意。"贾似道说："不要。我家里的蟋蟀罐都是使了多少年的了，油光可鉴，新买的哪里比得上！"宋京说："我也是这么想的。您的蟋蟀罐，不夸张地说，哪个拿到市上去卖，都得价值连城。"

一个文官慌慌张张地跑进来："相爷，刘整杀了您派去的官员，投降忽必烈了！"贾似道追悔莫及地说："这条泥鳅鱼，让他给滑走了，赶紧派人去追！""追不上了。忽必烈已经封他为镇国上将军、都元帅，率军进攻襄樊了！""啊？！"

那文官说："荆湖制置使李庭芝上书说，攻襄樊的敌军之中刘整父子起着举足轻重的作用，建议皇上封刘整为卢龙节度使、燕郡王，让他回归大宋。"贾似道说："让刘整回归大宋，还，还封他为郡王？不能便宜那小子！"宋京说："丞相，李庭芝的意见也是釜底抽薪的意思，等他回到南朝，您再慢慢收拾他，他还不是一块放在砧板上任您宰割的臭肉！"

贾似道想了想说："那倒也是。派什么人去合适呢？"宋京说："我去安排吧。"

一个和尚被押进兀良台的大帐。兀良台围着和尚走了一圈，问："你是什么人？说！"和尚双手合十说："贫僧乃临安永宁寺的一个和尚。"兀良台下令。"搜！"兵士上前搜查出和尚身上带着的金印、牙符，还有一封书信。

兀良台说："和尚念经还用得着这个么？推出去砍了！"和尚立即吓得跪下："我说我说，我全说。是南宋丞相贾似道派我来找刘整将军劝降的！我也是被逼无奈，请将军不要杀我！"兀良台看过信说："我还真不敢杀你，这么大的案情，我得奏告大汗。来呀，把和尚还有他带的这些玩意儿，都原封不动地送往开平，面呈大汗！"

刘延匆匆走进父亲的大帐："父帅，出事了！兀良台的大营抓住一个宋朝派来的和尚，他身上带着卢龙节度使、燕郡王的金印、牙符，还有李庭芝写给您的劝降信！""他人呢？""兀良台连人带证物一起押送进开平了！父帅，大汗要是知道了，我们就是跳进黄河也洗不清了。"

刘整紧张地在帐内游走。刘延说："父帅，我们逃吧！趁现在那个和尚还没有到开平，这时候逃走倒还来得及！"刘整说："为什么要逃？那封信又不是我让李庭芝写的。往哪儿逃？蒙宋两国交战，我已经是宋朝的叛臣了，再做蒙古的叛臣吗？""宋朝不是说要封您为卢龙节度使和燕郡王吗？"

刘整冷笑："在我为宋朝杀敌立功的时候，朝廷想要我的人头，我投奔了忽必烈，他们倒格外慷慨，封我为王了！不要忘了，当朝掌权的是一直想害死我的贾似道！""那，我们就坐在这里等死吗？""不，去开平！"

忽必烈的案上摆着那几样东西。木哥进言道："我以为，刘整父子掌握着我朝的全部水军，这可是大汗您精心建立的，是攻打宋朝的最有力的一支臂膀。刘整父子真的要反水降宋，可就直接影响攻宋大计了。"道尔达也说："大汗，请不要忘了汉军万户李璮叛乱的教训，还是先下手为强，下旨让兀良台杀了刘整父子！"

刘秉忠说："不可，我以为劝降刘整这不过是宋朝一厢情愿的事，刘整父子并不知道。在他们并无过错的情况下就下旨杀掉他们，这会对所有汉将汉臣起到很坏的影响，对伐宋更为不利！"木哥一瞪眼睛："你刘秉忠敢保证刘整不反么？"耶律铸道："我认为刘大人的意见有道理，我们应该先查清事实，然后再作决定。"

忽必烈说："大家不要争了，也不用再去查了。这明明是贾似道使的反间计。李璮怎么可以同刘整相比？从他降顺以来，一直对朝廷忠心耿耿，对他们父子，不仅不应该杀，还要重赏！安童，传旨下去，杀了那个和尚，赏刘整父子黄金一百两！"

董文忠走进来报告说："大汗，刘整父子求见！"忽必烈怔了一下："传他们进来！"刘整父子走进殿来，跪下："臣刘整、刘延向大汗领罪！"

忽必烈哈哈大笑，站起来走向刘整父子，扶起刘整说："刘整将军，你何罪之有？哎，安童，我让你办的事呢？"安童马上应了一声，对殿外大声喊道："传大汗旨意，赏刘整、刘延黄金一百两！"刘整一震，激动得热泪盈眶："大汗！臣刘整蒙大汗的知遇之恩，敢不以死报效！"后来，在灭宋的大军中，刘整一马当先，立下了汗马功劳。

高明的领导者总能让人才死心塌地为自己服务，鞠躬尽瘁死而后已。忽必烈对刘整，就做到了高明领导应该做到的一切。他对刘整以礼相待，在用人过程中，用人不疑，使得刘整拼死效力，为自己的大业建立了汗马功勋。

"用人不疑，疑人不用。"作为管理者，如果任用了某位员工，就说明这位员工具备了一定的能力和素质，在公司里能够起到一定的作用，管理者就应该充分相信他，这样才能使员工全力以赴地为公司工作。

有这样一则故事：一个非常富有的商人正准备出差，就在他即将登机的时候，接到了朋友的求助电话。在电话中，他了解到朋友生病住在了医院，急需一笔钱。商人很重视朋友间的感情，但他也很为难。一方面飞机即将起飞，另一方面朋友的求助也不能不顾。商人稍作思考后，做出了一个大胆的决定。

商人在候机场找到了一位不认识的年轻人，将两万元交给了他，并告诉了他朋友住院的地址，然后匆匆上了飞机。

年轻人没有辜负富商的希望，他按时将两万元钱送到了商人朋友的手中。

当事情传出之后，有人好奇地问这位年轻人：不认识的人托付的事情，为什么要认真去做？

元上都遗址

年轻人的回答很简单："他信任我！"

由此可见，信任的力量是巨大的。从古代的故事中也能看出，用人疑人者坏事，用人不疑者成事。

战国时期，烽烟四起。各国为了自己的利益，纷纷讨伐其他国家，魏国也不例外。魏文侯在位时，乐羊在魏国做臣子。一日，魏文侯决定攻打中山国，要在众大臣中挑选一位大将担此重任。论带兵打仗，在魏国中很难找出能力超过大臣乐羊的。但关键问题在于，乐羊的儿子乐舒是中山国的大臣。如果派乐羊前去作战，他难免要与自己的儿子交锋。在这种情况下，乐羊是选择父子之情还是保持忠君之心便很难预料。众谋士和大臣议论纷纷，魏文侯一时也拿不定主意。经过几天的思索后，魏文侯仍宣布乐羊为主帅，领军征讨中山国。

乐羊率领大军来到中山国后，中山国上下顿时紧张起来。中山国国君得知魏军主帅是大臣乐舒的父亲，便让乐舒迎战，想利用两人的父子之情迫使乐羊退兵。

为了顺利攻下中山国，乐羊向众将士下令将中山国城池团团围住，

暂且不进攻。几个月过去了，乐羊仍然按兵不动，中山国自然没有被攻下来。于是，魏国的一些大臣心中焦躁，认为乐羊贪恋父子之情，背叛了国君。魏文侯听到了许多传言，也收到了许多奏章，但他并没有因此浮躁。为了鼓舞士气，魏文侯专门派人给前线将士送去酒肉，以表犒劳。不仅如此，魏文侯还在乐羊大军的驻扎地为乐羊盖了一座别墅，表示支持。又过了些时日，乐羊见时机成熟，于是发兵攻城，一举攻克中山国。

乐羊凯旋而归，魏文侯兴高采烈。为了奖赏功不可没的乐羊，魏文侯摆了盛宴。酒过三巡后，魏文侯派人取来了一个封好的钱箱，把它赏给了乐羊。乐羊以为魏文侯奖给他的不过是一些金银珠宝，谁知回到家中打开一看，竟然是满满一箱贬斥他的奏章。

看到这些奏章，乐羊心生感慨，非常感激魏文侯对自己的信任。如果魏文侯没有绝对相信自己，就有可能接受众大臣的进谏，乐羊就既不能破城，又会背上不忠的骂名，难以保身。

如果对员工起了怀疑之心，说明管理者怀疑的并不是员工的能力，而是在怀疑自己的眼光。一旦产生了怀疑心理，管理者多多少少会对员工产生想法，影响工作的顺利进行。

对重要部属，要用人不疑，疑人不用，而其关键要从慎始开始。如能任用德才兼备的部属，才能用人不疑，彻底放手让他发挥。

作为公司的领导，主要工作是负责重大决策，引导公司向更好的方向发展，如果把主要精力集中到怀疑员工上，势必会影响其他方面的工作。俗话说：耳不能双闻而清，目不能双视而清。一旦分了心，自己原有的工作就不能处理得像以前一样妥当了。这样，员工对你的能力也将会产生怀疑，那时候又如何收场呢？管理者如果充分相信自己挑选的人才，就要敢于把事情交给他们，让他们发挥自己的才能。相信他们，就等于尊重他们，他们一定会不遗余力，把自己分内的事情办得漂漂亮亮，这样做何乐而不为呢？

真心对待人才

领导者和人才之间的关系，不应该仅仅是上级和下属的关系，更应该是一种近似朋友的关系。在这种关系中，应该饱含真情，领导者对于人才付出的真心实意的感情，往往比其他一些因素更加有力，更能够得到人才的真心效忠，所以用人者在用人的过程中一定要做到用真情对待人才。

前文已讲过忽必烈用汉法治理汉地，几年内取得了很大成效。他不但取得了统治汉人的经验，也极大地提高了自己的声望。其爱民之誉，好贤之名迅速地传播开来，汉族儒士纷纷奔向他的金莲幕府。忽必烈也得到北方汉族地主阶级的全心拥护。可见这些成果都与他真心对待人才是分不开的。

还有一次是在攻打云南的途中，在其艰难的环境下，忽必烈用真情换得属下的忠心耿耿。

1253年春，忽必烈以长子真金留守，以大将兀良合台为先锋，以诸王阿必失合、也只烈等五十余人从行，亲率大军在六盘山祭旗誓师，然后打马奔向云南。

这是一次极为艰难的行军。因为，道路崎岖，山岭横亘，他们的骑

兵的优势没了。再加林木葱茏，瘴气弥漫，天一热，空中蚊虫如云，地上毒蛇穿行，他们虽还没有遇到敌人，却一路不住地减员。军士病饿而死的很多，掉队的也很不少。

在这种情况下，许多将军请求忽必烈暂停进军，考虑一下。不然，这样下去会无法收拾。他们蒙古人从小生长在漠北，从没有见过这样的天地。那里没有这样的温热，也没有这样的潮湿。他们受不了这样的气候！

他们开始考虑是否值得付出这么大的代价到云南去攻城夺地？

忽必烈问随军的刘秉忠："在历史上有过这样的行军吗？"

刘秉忠回答说："有的。"他给忽必烈讲了诸葛亮七擒孟获的故事。他说那行军的艰苦不下于这次。他说："因为相隔千山万壑，瘴疠重重，敌人才想不到我们会来。我们正可以出奇制胜！"

忽必烈又征求了别的谋士如姚枢、张文谦等人的意见，他们也是这样说。于是他下定了决心。他一方面下令设一支收容队，专门照顾掉队和病弱的军人与马匹，一方面马不停蹄地率部继续前进！

忽必烈的大军经过临洮进入吐蕃（今藏族地区）边境。这里的环境更加恶劣。他们常常在山沟里几天转不出来。他几万军队放在这层层叠叠云遮雾障的大山之中，不过是沧海一粟。他们真正地被大山吞食了！

这里的土著人神出鬼没，时不时地对军队进行袭击。他们用毒箭，用长矛，用标枪杀得蒙军心惊胆战。忽必烈曾下令向周围山地进行搜剿，可是土著人就像空气一样消失了，摸不着，抓不住，让人无可奈何。

一日中午，忽必烈和他的部队在一个山谷中用餐，周围当然是警戒森严的。就在他们不意之中，只听头顶上呼啸一声，几支毒箭飓飓飞来，忽必烈身边的人急忙以身体掩护他。侍卫立刻搜索追捕。只见一个半裸的长发男子在树梢上跳跃逃匿，一会儿就没影儿了……

被箭射中的几个人，无论中在何处，哪怕是四肢部位，都刹时倒毙。且目瞪口张，浑身青紫，其状可怖。其中有个新来的年轻儒士，名叫张维。忽必烈把他抱在怀里伤心不已。他对周围的人说："他的年龄还不如我的真金大，却为我而死了！谁再说汉人对我有异心，我决不饶恕他！"他命令把张维在山下好好安葬，在冢前立一石碑，让张文谦在上面写了："忽必烈义子张维之墓"。

那冢上面的土，那块石头以及上面的字，可能不久就不见踪影了，但这件事却让汉族的儒士们深深地感动了。姚枢泪眼簌簌地对忽必烈说："大王，您对一个寸功未立的青年儒子，竟这样优礼有加，怎不使我们感动得五内翻腾，我们今后一定跟随大王尽忠竭力，为大王的事业奋斗不息，虽肝脑涂地亦甘之如饴……"

其他的儒士们也纷纷表态，要为忽必烈鞠躬尽瘁死而后已！

忽必烈正是靠着对人才施以真情，才获得了人才的以死相报，当今社会的用人者，也应该认识到，对于人才，名利也许是一种激励，但是最重要的是，要用自己的真心实意去感动人才，只有这样，才能够整整获得人才的心，让人才为自己死心塌地。

每个人的内心都是有感情的，或许他不会接受你的钱，或许会拒绝你的礼，但你对他的好却是让他无法抵抗的。越是有才能的人，他们对那些小恩小惠越是不屑一顾。此时，如果你能够巧妙地利用感情去感化他，让他觉得你是真心对他好，那么你就能收获到他的真心相报。

对于上级而言，想要赢得下级的拥戴，调动下级的积极性，从而促使他们尽心尽力地工作，就只有和下级搞好关系。俗话说"将心比心"，你想要别人以怎样的态度对待你，那么你就要先以这种态度对待

别人。没有关爱和真情的付出，是无法收到一呼百应的效果的。

纵观历史上各个朝代的兴盛和湮灭，我们能从中看到无数伟人的例子，揭开历史的长卷，掩卷沉思，我们应该可以得出这样一个结论：得人才，得天下；失人才，失天下。古往今来，几千年威武雄壮的战争其本质就是人才的竞争。

"卧龙、凤雏，得一人可安天下。"有人说，魏、蜀、吴三国鼎立，实际上是人才的鼎立，这话很有些道理。

公元199年，也就是东汉建安四年，刘备在攻打曹操失败后，就投奔了盘踞荆州的刘表，最后在新野落户。这个时候，他从徐庶那里听说了诸葛亮很有才能，但一直在隆中隐居，于是刘备就亲自前去隆中，想请诸葛亮出山相助。结果刘备兄弟三人连续去了三次，在最后一次时才被接见。在诸葛亮的茅庐里，两人畅谈天下形势，诸葛亮也的确很有才能，未出茅庐，便已知天下三分，给刘备指出了可能成功的道路，这就是有名的"隆中对"。此番谈话以后，在诸葛亮的精心策划下，刘备在西南地区稳住了脚跟，建立了蜀国，最终形成了魏、蜀、吴三足鼎立的局面。

刘备"三顾茅庐"在多年以来就一直广为流传，人们都敬仰他的求贤若渴，其实与"三顾茅庐"相比，刘备还有一个感人的故事，那就是挥泪送徐庶，刘备在痛失人才时，其爱才、惜才之情溢于言表。

自从刘、关、张在桃园结义后，他们先后经历了大小数百场战争，伐黄巾、伐董卓，然而却一直没有安身之地。后来幸亏有徐庶的到来，这才扭转了局势，给曹军以重创，得到片刻喘息的机会。这个时候对于刘备而言，徐庶的作用之大可想而知，然而，曹操为了断其臂膀，不择手段，他把徐庶的母亲抓起来，以此作为要挟，而徐庶又是一个大孝子，他只能选择弃刘备而去。徐庶走了，刘备就失去了一个运筹帷幄的军师，而曹操却多了一个强大的智者，各种意义，不言而喻。但刘备也有他可爱的地方，他见实在无法留住徐庶，便毅然绝然地为徐庶送行。临别之时，刘备捶胸大呼："军师去矣！"等徐庶走远后，眼前的树木挡住了刘备的视野，所以他令人砍掉了前面林木，目送徐庶远走，其情景让人感动。

与刘备相比，我们在对待人才的时候，往往少了一份真情。在没有人才的时候盼望人才的到来，等盼到了人才之后又冷落人才，等到人才要走了，又千般万般阻挠，对于人才，我们要学会尊重。

无论是招贤、重贤、还是送贤，都是对人才的一种尊重的表现，而且其意义一个比一个深远，要实际做起来也是一个比一个困难。

"用一流的人才，创一流的企业。"这是许多著名企业家的战略方针，他们想方设法招来人才。然后以情感作为招贤的主要方式，人才聚于情到深处，纵观古今，莫不如此。

唐太宗李世民在对于人心方面有着他独特的见解：水能载舟，亦可覆舟。早在古代的时候，他对于人民群众力量的认识，就能达到此种境界，真的很难得。能换得人心的是感情，水一般的感情。

水是世界上最柔软的物质，但同时它也是至刚之物，穿山破岭、奔流直下、勇往无阻。水是柔软的，但它的柔又可以克制刚；感情就如同水一样也是柔的，但看似柔软的感情却能起到令人无法想象的摧坚化硬的效果。

金圣叹在评论《三国演义》的时候说："刘备的江山是哭来的。"其实把事物具体一点来看，我们可以把刘备的眼泪看做是对感情的灵活运用。无论是在长坂坡摔阿斗收服人心，还是在哭关羽、张飞的时候，

第四章 忽必烈对你说用人

他的一系列行为都被各文臣武将看在眼里，而正是因为这一系列的行为导致了他们心底产生了一种追随刘备是值得的心理，因此他们也就对刘备舍生忘死，鞠躬尽瘁，天时比不过曹操、地利比不过孙权的刘备，最终开创了人和的新局面，成就了一代平民出身的帝王。

比起刀光剑影来，这种用感情来收服人心的武器的威力要巨大得多。有效运用好感情这一手段，是领导者取得成功的一个关键。

在国外，管理学家通常把以情感交流为主要内容的管理模式称之为"软管理"，并且掀起了一股"软管理"的热潮。这从一个侧面反映了其不可忽视的作用。相对于过去那种劳资对立、尊卑分明、崇尚权威以及动辄就惩罚员工的"管、卡、压"的管理方式，"软管理"无疑是无法阻挡的趋势。

在管理上，感情是一种非常有效激励方式。实践表明，用情感方式激励员工是对传统物质激励所存在的弊端的一种弥补，它能使激励手段更完善，效果更明显。从一定程度上说，员工的能力大小与领导者对他们的感情投资的多少是成正比的。为什么这么说呢？

其一，在领导者对员工的感情投资的情况下，员工潜在的能力可以被有效地激发出来，此时，员工将会产生一种强大的使命感与奉献精神。得到了领导者的感情投资，员工在内心深处会对领导者心存感激，会认为领导对自己有知遇之恩，所以他会"知恩图报"，从而更加尽心尽力地工作。

其二，领导者对员工的感情投资，会使员工产生"归属感"，而这种"归属感"正是员工愿意充分发挥自己能力的重要源泉之一。人人都希望自己能够进入到领导者的视线之中，希望企业是自己的安身之所，领导者如果对员工有感情的投资，员工的心理就会觉得安稳、平静，所以他们愿意付出自己更多的力量与智慧。

其三，员工在得到了领导者的感情投资后，他们的开拓意识和创新精神都会被不断地激发，充满了勇气，不会心存畏惧，所以工作起来会让领导惊喜不断。人的创新精神要在一定条件下才能得以发挥，当人们心存疑虑时，便不敢大胆创新，而是抱着一种"宁可不做，也不可做错"的心理，只是安分地做自己的分内工作。如果领导者能够对员工进行感情投资，给员工以足够的信任感和亲密感，这样，员工心中的各种疑虑和担心就会消失，从而使他们更愿意把自己各方面的潜能都发挥出来。

用感情"收服"的人，可以说是你日后最可重用的人。风里雨里，他都会对你鼎力相助。因此，每一个领导者都必须在赢得人心上下工夫。

求贤若渴　知人善任

求贤若渴是领导者的责任，知人善任则是领导者的必备素质，这是让人才的能力得到最大限度发挥的必然要求。正如西方古典管理理论的大家亨利·法约尔所说的那样"每件东西都有一个位置，每个东西都应放在它的位置上。"领导者一定要为人才安排一个最适合他的位置，让他充分施展。

刘秉忠曾向忽必烈进言说："天下之大，非一人之可及；万事之细，非一心之可察"。在汉儒的帮助下以及自己亲身实践中，忽必烈深知"人才乃治之本"和"天下治乱，系于用人"的道理，他曾经引用祖

父成吉思汗的话说："人主理天下，如右手持物，必资左手承之，然后能固"。因此，他特别重视选拔和任用帮助他治理天下的人才。

早在身居藩邸的忽必烈，就已经认识到用人的重要性，他对唐太宗即位前在秦王府延揽了房玄龄、杜如晦、虞世南等一批人才，后来成就了一代盛唐伟业，十分赞赏，意欲仿效唐太宗，广泛招揽四方之士，为成就自己的一番帝业做好准备。因此，他思贤若渴，闻才即拜，不惜礼贤下士，广泛聘请人才。

例如：他见身披袈裟的刘秉忠足智多谋，满腹经纶，即把他留在自己的身边，后来令其还俗，为自己效力。他听说赵璧有才，即遣使"召见，呼秀才而不名。"听说金朝进士李俊民是位贤才，便"以安车召之"。又听说金朝状元王鹗是人中之杰，即遣人召至漠北。至于"才器非常"的郝经、"有王佐略"的姚枢、以经术而知名的窦默、多才多艺的李冶、理学大师许衡、学优才赡的李昶、见识非凡的张德辉、金代文学泰斗元好问、聪明能干的张文谦等人，更是爱如潮涌，想方设法罗致而来。正如李谦所描述的那样，忽必烈"始居潜邸，招集天下英俊，访问治道，一时贤士大夫，云合辐凑，争进所闻。迨中统至元之间，布列台阁，分任岳牧，蔚为一代名臣者不可胜纪"。

忽必烈即位以后，求贤若渴的精神仍然没有改变，他"举遗逸以求隐迹之士，擢茂异以待非常之人"，多次下诏征求人才，比如，至元十八年（1281年），"诏求前代圣贤之后，儒医卜筮，通晓天文历数，并山林隐逸之士"。至元二十八年（1291年）"复诏求隐晦之士。俾有司具以名闻"，等等。

忽必烈听说杨恭懿是位人才，不厌其烦，派人三次诚心邀请，才请至京师，颇有刘备三顾茅庐的味道。忽必烈还派遣程钜夫等专门赴江南求贤。在忽必烈的倡导和真心真意求贤的感召下，当时，荐才、用才、惜才之风颇为盛行。儒学和术数兼通的太子赞善王恂、颇有大器的御史中丞程思廉、久著忠勤的户部尚书马亨、守正不阿的刑部尚书尚文、大理学家郭守敬、书画泰斗赵孟頫等人，都相继被推荐入朝，分别受到重用。

以往，人们在评论忽必烈用人时，往往认为忽必烈把人分为四等，实行民族歧视政策，用人极其不公。实际上，忽必烈用人并非完全区分民族和地域，只要有才和愿意为他服务者，他都加以利用。比如，在他所任的著名人物之中，有蒙古族的伯颜、安童、完泽、哈喇哈孙、玉昔帖木儿等；有汉人刘秉忠、张文谦、董文炳、董文忠、董文用、史天泽、王文统、赵璧、张启元、商挺、杨果、李庭、郑制宜、汪惟和、贺惟一、范文虎、刘整、卢世荣等；有南人程钜夫、赵孟頫、叶李、留梦炎、王龙泽、余恁、万一鹗、张伯淳、孔洙、凌时中等；有色目人不忽木、廉希宪、赛典赤赡思丁、阿鲁浑萨理、阿合马、桑哥等；还有西夏世族高智耀、契丹宗室耶律铸、拂林人爱薛、西域造炮专家亦思马因和阿老瓦丁、尼泊尔建筑艺术家阿尼哥、意大利旅行家马可·波罗、西藏宗教领袖八思巴等。"世祖初得江南，尽求宋之遗士而用之，尤重进士"。在忽必烈任用南人程钜夫时，曾有人说："钜夫南人，且年少"，反对任用程钜夫。忽必烈一听，大怒，说："汝未用南人，何以知南人不可用！自今省部台院，必参用南人"。在任用赵孟頫时，也有人说赵孟頫是被元朝灭亡的南宋宗室，恐非与元人一心，不宜留在皇帝左右，忽必烈不听，照常任用。忽必烈广泛任用五湖四海的各族人，说明忽必烈用人并非严格划分民族界限，而是看其是否有才及其对自己的忠心如何，只要符合这两条标准，他都大胆起用。当然，也勿庸讳言，

忽必烈把蒙古人放在首位，而把汉人和南人放在低于蒙古人的位置上，那是他害怕汉人和南人不能倾心辅佐他所致，事实上，忽必烈这种担心和畏惧也是必要的，完全可以理解。

忽必烈用人，除了求贤若渴以外，还能注意量才用人。刘秉忠曾经向他建议说："明君用人，如大臣用材，随其巨细长短，以施规矩绳墨"。忽必烈深以为然。因此，特别注重利用人才的长处，以便分别发挥其作用。比如，许衡等人深通儒家经典和历史上的治乱兴衰之理，但他们又有些流于空谈，不务实际，特别是对国家急需的理财问题一无所知，这样的人才就不是宰相之才，所以，当有人提出让许衡做宰相时，忽必烈不屑一顾。而让他去管理教育及备顾问，才是真正地发挥了许衡的长处。忽必烈认为，宰相之才，需"明天道，察地理，尽人事，兼此三者，乃为称职。"他认为阿合马等人才任宰相。阿合马等人善于理财，忽必烈就任用他们理财，以发挥其特长，这是正确的。但阿合马等人又有贪污受贿和大肆搜敛的短处，忽必烈未能及时加以限制，致使其理财失败。以往，人们都认为忽必烈任用阿合马、卢世荣和桑哥是其失误，实际上，忽必烈也是量才使用。平心而论，阿合马、卢世荣和桑哥也确实是理财人才，忽必烈任用他们并没有错误，只是在使用过程中没有对其商人贪婪的一面加以限制而已，终于在历史上留下了深深的遗憾。

忽必烈用人还能做到不搞绝对化，不因一时一事而废弃人才。阿合马理财时任用了大批人，其中有不少人是当世之才。阿合马被王著锤杀以后，其奸贪之事暴露，忽必烈对阿合马之党进行了惩处。接着，卢世荣受任出来理财，卢世荣有意任用一些阿合马任用的人才，但害怕人们说他与阿合马同流合污，特上奏忽必烈说："天下能规运钱谷者，向日皆在阿合马之门，今籍录以为污滥，此岂可尽废。臣欲择其通才可用者，然惧有言臣用罪人。"忽必烈非常赞同阿合马所用之人"岂可尽废"的观点，同意任用阿合马时期的才能之士，特回答说："何必言此，可用者用之"。卢世荣理财失败以后，卢世荣所用之人，也没有尽废。桑哥理财失败以后，有人上书建议，斥退那些在桑哥得势时"为诗誉桑哥者"。忽必烈很不高兴，说："词臣何罪！使以誉桑哥为罪，则在廷诸臣，谁不誉之！朕亦尝誉之矣"。坚持任用桑哥之党首恶分子以外的才能之士。这种将阿合马、卢世荣、桑哥之党首分开，不因一时一事而废弃人才的做法，是正确的。难怪封建史家说忽必烈"度量弘广，知人善任"，忽必烈确实是一位具有政治家风度和雅量的伟大人物。

忽必烈正是靠着对人才的渴求之心，不断地求人才、用人才，最终成就了自己的一代伟业。

得人才者得天下，失人才者失天下。一个国家都是如此，何况一个企业？无数企业兴于人才，也败于人才。而这一点就给了所有领导者一个明确的启示——欲兴业，先聚才。从美国福特汽车公司的兴衰史中，可以非常明显地看出人才对企业生死攸关的重要性。

亨利·福特一世曾提出"要使汽车大众化"的目标，但在当时他就清楚地知道，单凭他一个人的力量是不可能实现这样的宏愿的。于是，在第三次创办汽车公司的时侯，他聘请的经理是管理专家詹姆斯·库兹恩斯，他通过对市场深入细致的调查，提出了福特汽车要走大众化的道路，福特公司的第一条汽车装配流水线就是他设计的，这种情况让劳动生产率提高了80倍，也正是因为如此让他成了"汽车大王"。但是，福特在获得了"汽车大王"的称号后，却因胜利而丧失了理性，他开始变

第四章 忽必烈对你说用人

得自以为是，独断专行。他开始对不同的意见有了排斥心理，并妄言"要清扫掉挡道的老鼠"。就在这种情况下，一大批为公司做出过重要贡献的关键人物都被他清理出局，这些人物包括了被称为"世界推销冠军"的霍金斯，有"技术三魔"美称的詹姆，"机床专家"摩尔根，传送带组装的创始人克郎和艾夫利，"生产专家"努森，"法律智囊"拉索，以及公司的司库兼副总裁克林根、史密斯等。

经过福特这一系列的行动，福特公司内最优秀的生产、技术管理等方面的专家全部被赶走了，这使得福特公司立即失去了昔日的活力，也导致公司慢慢走向了衰落。当福特二世接手时，公司每月的亏损已经达到了900多万美元。这就是不肯接纳人才的恶果。

在公司被福特二世接手后，他吸取了福特一世的经验教训，开出重金聘请了号称"神童"、"蓝血十杰"的"桑顿小组"——二战时期美国空军的后勤管理小组；而负责福特公司工作的则是聘请的原通用汽车公司的副总裁欧内斯特·布里奇。布里奇对成本分析方面十分精通，他在来福特公司的时候也带来了通用汽车公司的几名优秀人才，而且他们都是高级管理人员，如威廉·戈塞特、路易斯·克鲁索、D·S·哈德和哈罗德·扬格伦等。福特公司在这些人才的努力下，进行了一系列改革，这次改革让公司重获生机，利润也连年上升，并推出了一种外形美观、价格合理、操作方便、适用广泛的"野马"轿车，创下了福特新车首年销售量的最高纪录，把"福特王国"的事业又一次推向了高峰。

但是这种良好的风气并没有持续多长时间，福特二世在这次事业的高峰之后重复了父亲的老路，开始变得专断拒谏，甚至忌贤妒能，很快，就有很多优秀的人才被迫离开，如布里奇、麦克纳马拉等，福特二世又以突然袭击的手段解雇了艾柯卡等3位经理，而这一系列的行为使福特公司又一次陷入了困境。最终他只能辞掉了公司董事长的职务，结束了福特家族对福特公司长达77年的统治。

福特公司的两次兴盛，证实了这个"欲兴业，先聚才"的道理，没有大批人才的辅助，福特公司是根本无法取得如今的成绩。福特公司的成功，源自启用优秀的人才，而它的失败亦是因为不肯接纳人才。

领导者应该清楚，无论兴衰，人才都是不可缺少的。拥有了人才，团队的发展才有保证，竞争才能取得优势，否则，只有失败一条路可走。因此，领导者要常备求贤若渴之心，不断地寻找人才，吸纳人才，充实自己团队的竞争力，使自己团队在竞争中处于有力地位。

要能够爱惜人才

人才是一种稀缺资源，在竞争中又有着举足轻重的作用，这就使得用人者对于人才的争夺，形成一种严峻的形势。用人者想要获得人才，就不能够仅仅停留在口号上，想要获得人才就要懂得爱惜人才、珍惜人才。观古知今，只有懂得爱惜人才的惜才之主，才能够使身边人才济济，成就一番大业。

忽必烈在夺得汗位之后，一统天下的决心越来越强，而且形式也越来越好，他派出的大将伯颜一路兵进神速，直逼临安城下。大宋君臣一片恐慌，宋恭帝终于在无奈之中选择了出城投降。

就在伯颜进围临安、宋恭帝准备投降之际，宋度宗之子益王赵昰、卫王赵昺等从临安出走，经婺州抵达温州，张世杰和陆秀夫等人，后来

也越城逃走，听说二王在温州，赶来相会，并辗转来到福州。

这时文天祥和宋京奉命出使元军，和元军进行谈判。谈判期间，文天祥辞色慷慨地说："我大宋继承历代帝王的正统，乃衣冠礼乐之所在，非辽、金等所能比拟。现在北朝是想将我朝作为盟邦呢，还是想毁其社稷？"刘秉忠回答说："疆土必不动，百姓必不杀。"

文天祥说："北朝若以宋为盟邦，请退兵平江或嘉兴，然后议岁币与金帛犒师，北朝全军以还，此为上策。若欲毁我宗社，则淮、浙、闽、广尚多处未下，成败利钝尚未可知，兵连祸结，必从此开始！"

伯颜说："你是在威胁我么？"文天祥说："我只是想提醒元帅，双方和好，即可休兵息民；不然，南北兵祸未已，对你们也没有任何好处。"

伯颜说："战祸是你们南朝的丞相挑起的！兵祸未已，对你们更没有好处。"董文忠说："文天祥，我听说你是个耿介忠臣。可是你也要考虑你忠的是什么君？忽必烈大皇帝乃一代明主，你何必为一个昏庸无能的将亡之君苦苦力争呢？"

文天祥说："我乃大宋的状元宰相，缺的只是一死报效朝廷了！宋存与存，宋亡与亡。刀锯鼎镬，赴汤蹈火，非所惧也！"

伯颜怒视宋京道："宋京，你是不是同上次贾似道议和一样，出尔反尔呀？前几天你们的太皇太后还说对投降一事要考虑考虑，怎么文天祥这次来，好像是递战表啊？"宋京早就手足无措了，赶忙说："不不不，因为文丞相刚刚接任，对以前的谈判不甚了解，太皇太后的意思是愿意接受贵帮皇帝的招降诏书。

道尔达进来，在伯颜耳边低声说了句什么。伯颜很快站起来说："不谈了！三天之后我要攻打临安城！"他首先站起来往外走，走到门口对亲兵们说："把文天祥扣下，别的人都赶走！"

刘秉忠等人也都跟了出去。刘秉忠追上伯颜说："伯颜将军，这样做不好吧？""什么？""两国交兵不斩来使，你把文天祥扣起来，这不合适吧？"

伯颜机密地说："这是皇上的意思。"忽必烈闪出来："是朕的意思！"

众人施礼："皇上！"

忽必烈说："文天祥临危不惧，大义凛然，是一个难得的人才。如今又是宋室的丞相，若将其放回临安，必然影响宋室投降的决心。"

刘秉忠问："皇上什么时候到了前线？""今日凌晨。"

"皇上的意思是要杀了文天祥？""不不不，南宋如今也就这么一个好人、杰出的人才！这是朕喜欢和尊敬的人，怎么会舍得杀掉？你们要想方设法、千方百计地劝他为我所用。"

刘秉忠摇头说："恐怕很难，他是不会投降的。"

伯颜笑笑说："等宋朝皇帝都投降了，他不就投降了？"

忽必烈说："对！等他的君没了，国亡了，我用他为丞相！"

刘秉忠说："皇上，我看文天祥是个刚烈之人，别有什么不测呀！"

忽必烈身旁的一个近侍说："皇上，让臣下去陪着他，保让他死不成！"

忽必烈说："好！你要好好地把他给朕看住了！"

文天祥一时陷入元军之手。文天祥被扣留一段时间之后，元人押解北上，行至镇江，义天祥与随从人员设法逃出，历尽艰险，也来到福州，与张世杰、陆秀夫等人共同拥立年仅九岁的赵昰即位，是为宋端

宗。然后传檄远近，号召恢复，在江南西路、福建路和广南东路一带继续坚持抗元斗争。

至元十三年（1276年）十月，忽必烈命塔出、吕师夔等以江西行都元帅府兵自江西进入广东，阿剌罕、董文炳、唆都以行省兵出浙东进入福建，分道追击张世杰等。十一月，张世杰等人奉帝昰逃走泉州，结果，提举泉州市舶司官员蒲寿庚也投降了元朝，张世杰、陆秀夫只好护卫帝昰逃往潮州。

这时，西北诸王海都等人的叛乱不但没有解决，相反，忽必烈派遣平叛的宗王蒙哥之子昔里吉等人又发动了叛乱，劫持皇子那木罕和丞相孛罗，分送至术赤后王忙哥帖木儿和海都处，并回师攻掠和林。形势顿时紧张起来。忽必烈统观全局，明确认识到当时的主要危险来自北方，遂将平南大军陆续抽调北上，江南心腹之地，守备顿呈空虚。

文天祥抓住这一有利时机，积极进行恢复活动。

文天祥从镇江逃脱，来到福州以后，"使吕武招豪杰于江淮，杜浒募兵于温州"，很快又组织了一支抗元武装，转战于赣南、闽西、粤东一带，乘元朝大军北调之机，联络各路豪杰，相继收复梅州、广州、湖州、邵武、兴化等地，曾取得"雩都大捷"，攻克兴国，赣州所属各县全部恢复，元军只守住了赣州一城。吉州所属八县地也恢复了四县。各地闻讯，纷纷起兵响应，赣南、粤东的形势出现了转机。

从伯颜攻宋以来，元军到处如入无人之境，少数地方和少数军队虽曾进行过抵抗，给元军以严重打击。但范围多限于一城一地，性质也仅限于消极防守，从来没有进行过积极地反攻。文天祥这次大规模的军事恢复活动，在抗元斗争史上是少见的，不但鼓舞了各地抗元斗争的士气，也震动了元朝统治者。

消息传到上都，忽必烈十分震惊。他本以为宋都失陷，其余各地可随手而拾，哪知又杀出来个文天祥，一时把元军打得落花流水。对于文天祥的胆识和勇气，忽必烈既佩服又愤怒。佩服的是，在首都陷落、皇帝被掳、大小官员纷纷投降的形势下，文天祥还能组织一支不小的军队，"驱群羊而搏猛虎"，坚持抗元斗争，这在腐朽的宋王朝当中，简直是个奇迹。愤怒的是，忽必烈这时正忙于平定西北诸王的叛乱，弄得焦头烂额，偏偏在这个时候，文天祥把他的江南部署搞乱了。

然而，忽必烈毕竟是一位杰出的政治家和军事家，他在形势极度复杂的情况下，仍然镇定自若，统观全局，进行新的部署。他仍然将主力放在北方，令伯颜、阿术等率军北征海都、昔里吉等人的叛乱，同时，加强了南方的军事部署，特设江西行省，以塔出、麦术丁、彻里帖木儿、张荣实、李恒、也的迷失、失里门、程鹏飞、蒲寿庚等人行江西行中书省事，分水陆两路进攻闽广。后来，又命张弘范、李恒为蒙古汉军都元帅，水陆并进，扫荡残宋势力。又命塔出、吕师夔、贾居贞行中书省事于赣州，兼辖江西、福建、广州诸道，既要保证当地的稳定，又要保证前线的后勤供应。

忽必烈部署已定，各支大军遵命而行。

这时，小皇帝赵昰在元军的追击下，东躲西藏，受尽了惊吓，一时得病死了。张世杰、陆秀夫等人又立八岁的赵昺为帝，然后逃到崖山（今广东新会海中），坚持抗元。

在元军的进击下，文天祥连连失败，就连自己的妻子欧阳夫人、女儿柳小娘等也落入元军手中。至元十五年（1278年）十二月，文天祥撤出潮阳，转移海丰，准备进入南岭山中，结营固守。行至海丰以北的五坡岭时，文天祥估计元军一时追不上来，便停下来埋锅做饭。哪知陈懿

投降了元军，为其担任向导，带领轻装骑兵，兼程追袭，很快就追到了五坡岭。

这时，文天祥和幕僚们正在岭上吃饭，毫无准备，仓促接战，很快就败下阵来，文天祥等人全都成了元军的俘虏。

当文天祥被押至张弘范面前时，张弘范劝他投降。文天祥严辞拒绝。张弘范没有办法，只好把文天祥押在军中，与李恒合兵进攻南宋的最后据点崖山。当文天祥随军经过珠江口外的零丁洋（今广东中山南）时，想起当年在赣水皇恐滩应诏起兵勤王的情景，感慨万千，面对零丁洋，抱定必死的决心，写下了悲壮的千古绝唱《过零丁洋》诗：

辛苦遭逢起一经，干戈寥落四周星。

山河破碎风飘絮，身世浮沉雨打萍。

惶恐滩头说惶恐，零丁洋里叹零丁。

人生自古谁无死，留取丹心照汗青。

至元十六年（1279年）二月，张弘范率军到达崖山，要求文天祥写信劝张世杰投降，文天祥说："吾不能扞父母，乃教人叛父母，可乎？"坚决不答应。后来，张弘范强迫文天祥写信劝降，文天祥大义凛然，写出他的《过零丁洋》诗作为回答。

张弘范看看没有办法，只好下令军中，向崖山猛攻。

张世杰把一千条大船结成一字阵，阵中的船与外面的船用绳索联结起来，四周加筑楼栅战栅，看上去像城墙一般。

张弘范见宋军把大船联在一起，便用轻舟满载茅草。浇上油，乘着风势，点上火，向宋军的船队漂去，希望收到赤壁火烧战船的功效。哪知张世杰早有准备，在战船上涂了厚厚的一层泥，使火不容易烧着。船上又备有长杆，一见火船逼近，便伸出长杆，顶住来船。张弘范的火船到了宋军船队面前，近不得前，只好停在那里，白白地烧掉了。

张弘范见火攻失败，遂调来大炮，利用炮石、火箭作掩护，南北夹击，突破宋朝水军阵角，跳上宋船。与宋军短兵相接。宋军虽然顽强抵抗，怎奈寡不敌众，哪里招架得住，眼看全军就要覆灭，陆秀夫抱起年仅九岁的小皇帝赵昺投海而死。张世杰力战突围而出，后遇风涛覆舟而死。南宋最后灭亡。

张弘范攻破崖山，非常高兴，于军中置酒大会，大肆庆祝。席间，张弘范对文天祥说："国亡，丞相忠孝尽矣，能改心以事宋者事皇上，将不失为宰相也。"文天祥丝毫不为所动，回答道："国亡不能救，为人臣者死有余罪，况敢逃其死而二其心乎"，请求以死报国。张弘范又说，先生意欲留取丹心照汗青，今"国亡矣，即死，谁复书之。"文天祥回答说："商亡，而夷齐不食周粟，亦自尽其心耳，岂论书与不书。"张弘范见文天祥死不投降，没有办法，只好遣使请示忽必烈如何处理。

元军攻占临安，宋人纷纷投降，忽必烈曾经召见宋朝降将，问道："汝等降何容易？"那些降将回答道："贾似道专国，每优礼文士而轻武臣。臣等久积不平，故望风送款。"忽必烈听了这话，觉得这些降将没有骨气，心里一阵恶心，轻蔑地说："似道实轻尔曹，特似道一人之过，汝主何负焉。正如尔言，则似道轻尔也固宜。"忽必烈本想在南人中选拔一些才能之士，帮助他治理国家，结果在他所见到的降人当中，尽是些无耻之徒，他以为南宋不会有像样的人才了，大失所望。

就在忽必烈为南宋人才匮乏而愁叹、惋惜之际，张弘范所遣使者来

第四章 忽必烈对你说用人

到大都，向他报告了文天祥誓死不投降的情况，忽必烈听说南宋还有这样的人才，惊讶不己，"既壮其节，又惜其才"，令张弘范将文天祥护送京师，不准随意杀死。忽必烈决心劝降文天祥，以为其用。

至元十六年（1279年）十月，文天祥被押到大都，忽必烈吩咐大臣，想方设法劝降。于是，劝降使者一个个接踵而至。降元的留梦炎、王积翁先后来劝，文天祥痛骂叛徒，严辞拒绝。忽必烈又派宋恭帝赵㬎来劝降，文天祥见宋朝皇帝亲来，立即跪到地上，痛哭流涕，连连说："圣驾请回"，别的什么也不讲。伯颜手下的大将唆都也来劝降说："丞相在大宋为状元宰相，今为大元宰相无疑。丞相常说国存与存，国亡与亡，这是男子心。天子一统，做大元宰相，是甚次第。国亡与亡四个字休道"，仍然想用高官厚禄来劝诱文天祥投降，文天祥丝毫不为所动。

多次劝降不成，丞相孛罗亲自出马，文天祥说："自古有兴有废，帝王将相灭亡诛戮，何代无之，尽忠于宋，所以至此。今日不过死耳，有何言。"孛罗问："自古常有宰相以宗庙城郭与人，又遁逃去者否？"文天祥回答说："为宰相而奉国以与人者。卖国之臣也。卖国者必不去，去者必非卖国之臣。"孛罗又问："汝立二王，竟成何事？"文天祥回答说："立君以存宗社，臣子之责，若夫成功，则天也。"孛罗又说："既知其不可，何必为？"文天祥说："父母有疾，虽不可为，无不用医药之理，不用医药者，非人子也。天祥今日至此，惟有死，不在多言。"孛罗气得发疯，只好禀告忽必烈。忽必烈更加重视其气节，下令将文天祥关押起来，想用时间消磨他的意志。

后来，元军把文天祥的妻子欧阳夫人和两个女儿都押到大都，表示，只要文天祥一屈膝，家人立可团聚。文天祥确实想念妻子儿女，但他更重气节，宁可不见亲人，也不屈膝。

忽必烈听说文天祥誓死不屈，更加重视其骨气和为人，更想引为己用，遂亲自召见文天祥说："汝以事宋者事我，即以汝为中书宰相。"文天祥回答说："天祥为宋状元宰相，宋亡，惟可死，不可生。"忽必烈又说："汝不为宰相，则为枢密。"文天祥说："一死之外，无可为者。"

忽必烈亲自劝降不成，仍然不想杀害，有意释放，可谓爱才切切，这在古代帝王之中，实在少有。

就在这时，有位僧人说："土星犯帝坐，疑有变。"中山地区又有人自称"宋主"，有兵千人，扬言"欲取文丞相"。大都亦有匿名书，"言某日烧蔡城苇，率两翼兵为乱，丞相可无忧者"。元人怀疑丞相即指文天祥，他们害怕释放文天祥以后，文天祥"复号召江南"，因此，建议处死文天祥。忽必烈虽然觉得有些可惜，但考虑元朝江山的稳固，还是含泪下达了杀死文天祥的命令。

至元十九年十二月九日（1283年1月9日）文天祥在大都柴市（今北京东四大街府学胡同；一说在宣武门外菜市口）从容就义，当时他只有47岁。

忽必烈虽然最终无奈选择了杀死文天祥，但是忽必烈那种爱惜人才的心态却是一直都没有改变的。从一开始，忽必烈就有意图将文天祥吸纳进自己的队伍。虽然后来一直未能如愿，却一直在不断地努力，其惜才，爱才之情让人感动。

爱惜人才是古今用人者都具备的一种品质。爱惜人才并不是每个人都能做到的，说到爱惜人才，首先要不拘一格地吸纳人才，好像古时候的孟尝君一样，招纳人才从不计较人才的本领，无论本领高低，能力

各异，只要有一技之长，就能够被孟尝君接纳，孟尝君也正是靠着这不拘一格的爱惜人才的态度，在混乱的时局中站稳了脚跟，在危机时刻，也正是靠着不起眼的人才——鸡鸣狗盗之徒而化险为夷，躲过了危机。

话说回来，如果一个用人者，带着有色眼镜看人，在人才的选取中，不能够容人，不能够爱惜人才，甚至赶走人才，就无异于自断才路，这样的人一定不会得到人才的真心辅助。一个真正爱惜人才的人，就会对自己手下的各色人才，不论智慧高低，技能分类，三教九流，都会一一接纳，扬其长而避其短，发挥他的才能，让其为自己做出贡献。所以爱惜人才要做到的海纳百川。

爱惜人才还要做到礼贤下士，只有对人才始终怀有敬重之心，才能够真正地打动人才，让人才为自己所用。曹操就是礼贤下士的典型代表，在曹操的功业之路上，丰厚的人才储备为曹操的成功奠定了坚实的基础。曹操被后人认为是一代奸雄，一直是多疑和狂傲的代表，但是正是曹操这样的一位领导，真心对待自己的下属，尊重人才，爱惜人才，使得自己身边人才济济，并且都拼死效力，许多人都为了曹操的大业奋斗了一生，甚至在此过程中付出了生命。像武将典韦，万夫不当之勇，在曹操危机的时刻，挺身而出，以命相搏，舍身救主。再如曹操身边的第一谋士郭奉孝，鞠躬尽瘁，死在漫漫征途之上。这些人都是因为为了感怀曹操的爱惜之情才奋不顾身的。曹操爱惜人才，最浓重的笔墨都体现在了对关羽的爱惜之上，这一点和忽必烈甚至有几分相同之处。曹操爱惜关羽之才，为了将关羽留住，可谓费尽心机，在各种问题上都考虑周详。虽然最终也没有得到关羽的效力，但是毕竟赢得了关羽的心仪，历史不容假设，但是如果没有刘关张结拜在先，可以肯定，关羽一定会被曹操所得，也一定会成为魏军中的虎将。这就是爱惜人才之道，珍重人才，尊敬人才，用自己的真心打动人才。

爱惜人才还要做到与人才相知相守，做到心意相通，能够彼此了解对方的志向和抱负。历史上能做到此境界的要数刘备和诸葛亮二人，两个人都心系苍生，为天下的安定，百姓的安宁而共同努力，于是二人能够共同奋斗。刘备的三顾茅庐达到了爱惜人才最高境界。

忽必烈对于文天祥的态度，充分地体现了对人才的爱惜。作为反抗元朝的先锋，忽必烈有太多的理由杀死文天祥，可是忽必烈一直期待着文天祥的归顺，并且为此做出了很多的努力。对于国破家亡的文天祥，忽必烈虽然最终没有获得他的效忠，但是忽必烈的爱惜人才的精神是值得后人借鉴的。

凡是成就大事的人，无不以人才为本，甚至可以说是"视才如命"。他们深知，只有拥有了人才，才算拥有了强大竞争力。那些胸怀大志的人无不具有爱才之心、求才若渴，所以我们想要获得成功，也一定要以人为本，爱惜人才。

警惕下属的私欲

对于人才的任用中，一定要注意下属的私欲。人都是有欲望的，有欲望也并不是坏事，因为只有有了欲望才能有前进的动力，但是如果下属的私欲过盛，就值得用人者警惕了，因为下属的私欲过盛肯定会导致为了满足私欲而损公肥私的现象，甚至会造成权力的失控，进而影响团队的发展。

在中国的史书里，每个朝代、每个帝国必有奸臣，这些奸臣都损公肥私之一。奸臣似乎没有国界、民族之分，蒙古大汗、大元皇帝忽必烈身边的第一位奸臣是中亚花剌子模费纳喀忒人阿合马。

将阿合马列入《奸臣传》本不需要争论，但假如忽必烈的在天之灵拜读了宋濂的《元史·奸臣传》，他会觉得有欠公允。如果让忽必烈去写阿合马传，他一定会从汉法派和"富国"理财派的长期斗争角度以索解阿合马一生的功劳。忽必烈站在自己的立场上去俯瞰不同族属的矛盾，可以肯定，他要比宋濂理解得透彻。

阿合马势力的崛起与骤衰，基本上反映了忽必烈时代1282年前的政局走向。20年间以1271年左右为分水岭，又可分为前后两个时期。前期阿合马悄然崛起，后期阿合马独揽朝政。

阿合马不是靠显赫的家族和卓著的战功进防的。在中统二年他还是个默默无闻的小人物。据中外史籍的零星记载，阿合马很可能原是中亚费纳喀忒（今乌兹别克塔什干西南锡尔河右岸）的商胡。在蒙古西征时被弘吉剌部按陈掳为家奴。十分机灵的阿合马在察必还是个姑娘时就获得了她的欢心，所以察必在出嫁忽必烈时作为陪嫁的媵人而进入忽必烈的生活，供职于察必的斡耳朵。

也许就是因为察必的缘故，忽必烈才觉得阿合马是可倚重的心腹。中统元年，阿合马被忽必烈任命为上都开平同知兼太仓使。次年五月派他到燕京去检点万亿库的货物。阿合马以忽必烈的财政管家身份，到达燕京后，提议立和籴（dí，买进米，与粜相对）所，充填仓廪，颇具成绩，显示出超群的理财才能从而被忽必烈赏识。阿合马被忽必烈任命为理财官之后，其一系列充盈国库的措施无疑使急需大量军用物资、粮饷的忽必烈极为高兴，比起汉儒的满嘴仁义道德，阿合马的实政自然使忽必烈更为欢心。

阿合马在忽必烈的支持下，在中央迅速达到炙手可热的地步，至阿合马领尚书省事，其权势被推向高峰。

阿合马的理财能力在帝国群臣中的确是超群拔萃的，连汉法派对阿合马的个人才能也没有提出过异议。蒙古人有一个特殊的爱好，他们非常重视口才的培养，每次聚会每人都要说一段箴言妙语。忽必烈也十分推崇能言善辩的人，阿合马便具有口才天赋，而且他还足智多谋。"急于富国"的忽必烈大惊其圩，"授以政柄，言无不从"。将进攻南宋的一切军需调度大权全部委拜给阿合马。

借军事行动几乎全揽了帝国中枢权力的阿合马，骄横刚愎，决策行事从不咨文中书省。尚书省设置后，阿合马根本不依铨选旧例，擅将亲信党徒、子侄亲戚充委其间，致成中书省形同虚设。从而激起了中书省长官安童及顾问许衡等汉法派的强烈反对，但是在于阿合马进行的斗争中，却从来没有动摇阿合马的地位，相反，阿合马的地位日益巩固。

以阿合马为首的回回人势力异军突起，其前10年阿合马先掌财赋大权，进而控制了朝廷中枢政权。在阿合马的幕后，实际上的操纵者是忽必烈，阿合马势力的消长，基本上反映了忽必烈对待汉法的态度。1270年以前，忽必烈之所以没有令阿合马嚣张到为所欲为的程度，是因为他还需要建立适应汉地的封建专制官僚系统。而修补"文治多缺"又不是阿合马集团所能力任的，因此，对历代典章制度烂熟于心的许衡之流虽一再辞呈还乡，或一再被罢相，但过一段时间忽必烈仍不得不再安车召回。但帝国的政权建设一旦大体草就，许衡之流实质上已陷入飞鸟尽、良弓藏的危地了。故而，在下一个阶段的两派斗争中，汉法派迅速败下阵来。

第四章 忽必烈对你说用人

1271年忽必烈改国号为大元后，阿合马的擅权进入新的历史阶段，直至1282年阿合马被杀。

从1272年阿合马以平章政事入主中书省，直到1282年，阿合马除了向忽必烈的国库输满天下财货、博得忽必烈的赏心悦目外，天下良田、美女和银钞也源源不断地流向他本人的府库。这也许是忽必烈不愿听到的。

气焰薰天的阿合马在忽必烈的卵翼里，其不可一世的表演主要集中在：援引奸党，将郝祯、耿仁举荐到中书省，阴谋交通，专事蒙蔽主子忽必烈；在帝国权力各要津处，安插寻佞，他的二十几个儿子遍布帝国权要之处，甚至连他的家奴也长期掌握着大都的兵权；广占良田，"民有附郭美田，辄取为己有"；渔猎各式美女，只要是他看上的漂亮女人，不管是少女还是少妇，绝逃不出他的魔掌，他最文明的伎俩是许封美女父亲显爵，而最缺乏人道的是将部臣的母亲、妻子、女儿全部凌辱、蹂躏和奸污；倾陷忠良，党同伐异，只要对他稍不恭敬，那么，此人最起码会身陷囹圄；大量收纳贿赂，甚至截留献给忽必烈的贡品。

阿合马横行霸道的结果是帝国的臣民怨声载道，对他深恶痛绝，愤恨至极；忽必烈也觉得其权力的无边无际，有失自己的面子。

忽必烈觉察到阿合马不仅能给自己带来财富，但也可能招致巨祸。于是决定裁剪阿合马的专擅，将皇太子真金推到阿合马的面前。真金的思想是地地道道的儒术的翻版，他对阿合马的横征暴敛、骄恣枉法早怀厌恶，只是碍于父面、未敢发作。当接到父汗令他参决朝政的诏命后，他做的第一件事就是用弓敲打阿合马，当阿合马满脸伤痕跑到忽必烈跟前时，忽必烈问："你的脸怎么了？"阿合马嗫嚅而改口道："被马踢了。"真金当场揭穿他："你说得真无耻，这是真金打的。"真金感觉到父汗没有发火的意思，接着干第二件事：当着忽必烈的面，狠狠将阿合马殴打多时。从此之后，阿合马见了真金像猫一般温顺，或者像老鼠一般溜掉。

被逼退到绝崖边上的汉臣终于越出两位勇士。一位是具有古士侠风、疾恶如仇的益都千户王著，一位是王著的朋友僧人高和尚。王著冒着杀头危险偷铸了一个大铜锤，发誓要为民除害，为国摘奸；高和尚则诈称身怀绝技，能役鬼助战、遥控敌人，取得枢密副使张易的信任。两个人经过密谋，暗中刺杀了阿合马。

正驻帐察罕儿的忽必烈，听到因自己宠幸而与阿合马一道暖孵的帝国炸雷后，惊愕了半天，但他随即便从震怒中清醒。立即回銮大都，同时派李罗、和礼霍孙等箭驰大都镇压乱党。二十二日，王著、高和尚被诛于市、张易也被处以极刑。王著临刑，凛然自若，大呼："王著为天下除害，今死矣，异日必有为我书其事者！"

大都暴动在忽必烈内心掀起了狂澜巨浪，汹涌的大潮拍打着他的一个个问号。阿合马为什么被杀？王著等人不惜抛颅洒血意味着什么？张易的神秘表演为什么没被戳穿真相？张易的幕后是否还有他人？层层叠嶂疑谜使忽必烈如坠五里云雾。

忽必烈冷静之后，收拾一下众多的疑点，再次施展他超人的政治天才。他开始不断地思考这次暴乱之后的利害关系及根源，试图解决这次暴乱，并妥善地解决了暴乱之后混乱局面。

而在这时候，大都的市民甚至典衣酤酒，欢颜形之于色，以致市面上三天都买不到酒喝。退休的高级官员王恽还写了一篇《义侠行》，王磐则写了一篇《铁椎铭》，汉人中弥漫着大奸被除之后的欢快感情。在之后的过程中，忽必烈逐渐发现了阿合马的罪证，也慢慢意识到了

第四章

忽必烈对你说用人

173

自己的冲动。于是开始着手对于阿合马有关官吏进行清查，清除其党羽。在此次事件中，忽必烈开始意识到，对自己下属的私欲，不能够不加以提防。

一个下属，没有私欲是不太可能的，因为没有欲望，就等于没有动力。领导在满足下属欲望以激发他们工作动力的时候，也要提防不要让下属私欲过度膨胀，否则就会害了所有人。就像一个气球，没有充气，就飞不起来，可是一旦气充得太足，则有爆炸的危险。

我们都知道，一个人如果没有了欲望，则很可能也就没有了动力。从这个角度来说，很多人之所以努力工作，无非就是为了满足自己的欲望。对于这一点，领导应该明确。但是我们也知道，欲望这种东西，没有不行，太多也不行。对于下属来说，它是一种努力的动力，也是一个发展的坎儿。动力不足不行，但是过不了这个坎儿同样不行。

当自己的事业取得一定成绩的时候，许多下属在这时所想的并不是怎样借助成功的气势，一鼓作气，让企业的发展迈上一个更高的台阶，而是产生了一种自满的情绪，认为企业有实力了，自己为了这个企业辛苦了那么长时间，也应该放松放松，从而一改以往勤俭节约的生活作风，注重享乐，不再把心思和精力花在如何去做好自己的工作、为公司谋求发展，以至于最终拖累了企业，也弄得自己身败名裂。

有这样一个事例，赵立为大学毕业后，进入了一家从事以电脑维修和装配为主要业务的公司，因为他的才能和创新意识，很快就被刚刚成立的技术部部长王伟收在了麾下。

刚刚开始的时候，赵立为全身心地投入到工作中，他的生活中除了工作之外便是工作，生活也非常节俭。在赵立为和几名同事的共同努力下，企业迅速发展壮大，资金像滚雪球一样快速增加。公司已经不再是以电脑维修和装配为主要业务的小公司，已经变成了一家研究软件技术开发的高科技公司。而赵立为的技术部也从原来一个三个人的小部门成长为几十个人的大部门。

赵立为看到公司发展到这种规模后，觉得自己应该享受享受了。于是，他一改往昔的生活作风，穿名牌服装，开名牌汽车，整天出入各种高档娱乐场所，一掷千金而面不改色。面对赵立为的变化，同事劝诫他，他却不理不睬。甚至对于自己的部长王伟的劝告，他也是左耳朵进右耳朵出，根本不予以理睬。

一天，两天，随着时间的推移，赵立为的心思全都放在怎样去享受生活了，共同打拼的几位好友因为看不惯他的作为而相继离开了他。后来，更由于他为了追一个女孩子，更是挪用了研究款，被公司领导通报批评，最后因为表现不佳，被予以辞退。大好前景就这样断送在自己的手里，悲哉叹哉！

像赵立为这样私欲旺盛的下属，在现实中为数不少。他们大多都有和赵立为一样的心理，认为自己奋斗了那么长时间，也该轻松轻松了。殊不知，一旦产生了这种心理，就等于为公司、团队埋下了阻碍发展的种子，更是为自己的成功，挖了一道深沟。

我们之所以说下属"私欲太盛"有碍整体的发展，原因有很多，其中最为关键的两点：

首先是当下属一心贪图自己的私欲和享受时，在工作上的斗志自然会被消磨，便不会像以前那样投入，致使工作无法做到最好。而且，如果下属过于注重享受，会给其他人，特别是领导留下一个不佳的印象，从而使得原来树立的正面形象减弱，让他们感到失望，从而失去更多成功机会。

第四章　烈火烈对你说用人

其次是当团体面临危机时，由于在平时享受去了，对工作敷衍了事，碰到困难便不能了解问题产生的具体原因，而且还会因为平时生活过于安逸而缺乏面对困难的勇气。由此可见，过分贪图享乐是领导的致命硬伤，尤其是对已经取得一定成绩的领导而言。

古代先贤说得好："业精于勤而荒于嬉。"所以，要成为一个受领导看重、受同事看重的下属，必须时刻保持旺盛的斗志，让自己不断朝更高的目标攀登。

为了团队的发展和管理工作的进行，领导可以适当满足下属的欲望以激发他们的工作动力，但是这种满足应该有原则、有限度地满足。否则，下属的私欲膨胀起来，不仅会损害下属自己的前途，而且也会损害团队整体的前途。

第五章

忽必烈对你说 谋 略

　　谋略之说起源于战争的攻守和政治的争斗。从古至今，一刻也没有脱离过人们的生活，千百年来，谋略之术不仅没有褪色，相反，随着人类智慧的不断提升，谋略之术变得更加的博大精深。在我们人生道路上，适当地运用谋略往往能够取得事半功倍的效果。

小不忍则乱大谋

一个人想要有一番成就，就必须从大局着想，以大局为重，大义行事，光明磊落，才能取得事业的成功。我们要有一颗宽容的心，不要太想置对方于死地。俗话说：忍一时风平浪静，退一步海阔天空。

前文我们已经讲过，在成吉思汗死后，大汗的权力移交到了窝阔台家族中，窝阔台死后留下遗言，让自己的孙子继承自己的汗位，但是窝阔台的儿子贵由却忍不住想要越权夺得汗位。这时托雷家族在忽必烈的劝说下，为了自己将来的利益，同意支持贵由接替汗位。

贵由如愿继承了汗位。他继位后，对蒙古进行了一系列军队改编。先是任命野里知吉带为征西军统帅，继而又从诸王的部队中抽出了1/5交给野里知吉带统管，并特别委派野里知吉带统辖全蒙古军及各征服国，任何人都不得违命。

这些举措出台了，贵由汗的理由是更好地管理军队，光大父亲的事业，但将如此重的权力交给一个宗亲以外的人，自然会引起诸王的反感及恼怒，尤其是速不台这些老将帅的怨忿。

贵由汗安排部署好蒙古国外围的军事力量后，便于1248年率军西行。行前，特地下诏感谢唆鲁禾帖妮在忽里台的帮忙，而且说自己身体不适合住在本地，准备西行。

忽必烈从母亲手中接过诏书，心中疑团顿生。

唆鲁禾帖妮看着儿子，问道："你是否也感到有些不对？"

忽必烈皱皱眉："他为何偏向西呢？拔都的钦察汗国正在西方，而且恰好最近有拔都患病的消息传来。母亲，我从杜轿那里听到过一个汉人谚语，叫鹬蚌相争，渔翁得利。"

唆鲁禾帖妮明白忽必烈的意思："好，选几匹快马，赶紧通知拔都就是了。"

使者回复传信任务完成后，还带来了一个出乎人们意料但又在忽必烈预料当中的消息：贵由汗死了！

使者遵从女宗主唆鲁禾帖妮及忽必烈的吩咐回忆道：

"我把信传给拔都王以后，拔都考虑了半天，才开始部署军队，他率领了一支精锐将士向东出迎。在遇到贵由汗的人马后，拔都首先尊称大汗，并述说自己是因身体不佳才没能出席忽里台，并坚决表示以后听从大汗调遣，并说自己是宗族中这一辈中年龄最长的，今后一定遵从汗命，给其他兄弟做表率，还说自己年纪大了，身体不好，请大汗考虑派人管理钦察汗国的事务。贵由大汗听后大笑不已，乃安营扎寨，与拔都喝酒。可是贵由大汗却在饮酒不久，倒在帐内死了。"

"那贵由大汗的随侍呢？"忽必烈问道。

"外边的统领根本不知道帐内发生了什么，天亮以后，拔都的大部队已经控制了局势。"

忽必烈听到此，沉吟半晌，便叫道："吹儿哗！"

吹儿哗是忽必烈的心腹，此时正在帐外候命，听到传唤，马上进来。

"你送使者回去吧。你回去好好休息几天。"忽必烈先是对吹儿哗嘱咐几句，而后又安抚着使者。

使者告辞出去，忽必烈又叫住吹儿哗道："把事情办完后，马上复

命。"言罢，右手用力向下一挥。

"明白。"吹见哗冲忽必烈眨眨眼，走了出去。

唆鲁禾帖妮没有阻止忽必烈灭掉使者活口的行为，她知道事关重大，不容点滴闪失。

"又将是一阵暴风雨啊！"忽必烈长叹一声。

果如忽必烈所言，贵由汗的死在大蒙古国又搅起了一场权力的争夺大战。

察合台家族首先蠢蠢欲动。贵由死因诡秘，而且突然，并没有留下由谁继承汗位的话，他们开始策划由他们一系来接汗位。

忽必烈得到这一消息后，心里很乱，他左思右想不得要领，索性起身，来到了子聪的帐内。

子聪帐内书几上平放着几本书，一本半开，子聪正在读书。"我知道您会来的，坐吧。"

忽必烈坐下后，轻叹一声："我的心里有些乱，找先生来理顺一下。"

子聪哑然一笑，"你不是心乱，是有些心不甘。"

"此话怎讲？"

"你其实很明白，目前的局势下，你们托雷家族一直没有动静，不参与察合台家族的举动，说明你心中早有计策，但又不甘于此。"

忽必烈叹道："是啊，现在出手是最好的机会，但出手又是为了谁呢？"

"当然是为了托雷家族，而后才能说是为了蒙哥，并且，最后，则是为了你自己。"

"是啊，"忽必烈见子聪坦言，便也直说道："蒙哥比我从军时间长，战功也立得比我多，但我的能力并不比他低，尤其是常从先生这里听讲兵书，知识也长了不少。但托雷家族出面的人只能有一个，我考虑再三，决定推蒙哥。其中原因有三：一是他的声望目前暂比我高；二是母亲在家族中有影响力，母亲会首选他的；三是他与拔都的交情很深。”

“所以说你不要做时机尚不成熟的事，你如果秉力推蒙哥，宗亲会对你的气度胸襟有一个较高的认识，你也会得到蒙哥的信赖和感激。世事多变，你在以后的日子里掌了重兵，可以有更多历练的机会和——”子聪语出一半，便不再下言。

“与先生一席话，我心窗洞开了。”

“是你自己已经洞开了，不过只是我听见了开窗的声音。”子聪言罢，二人哈哈大笑。

接下来的事情便按部就班地开始行动了。忽必烈先是主动跟母亲和蒙哥表明了自己推蒙哥为汗的心迹，继而马上派密使到钦察汗国拔都处去传递消息，又与速不台在酒宴上达成了共识。于是一个拔都召集的忽里台就要开始了。

拔都很感激托雷家族冒死给他传信的举动，又念及与蒙哥的友情，便以长兄的身份邀请诸王到钦察汗国开忽里台，推举蒙哥为新汗。

窝阔台家族和察合台家族诸王反对蒙哥当汗，以钦察汗国不在蒙古本土为由，不予参加，只派了八剌作为代表，目的是看看动静及选举结果。

术赤家族和托雷家族的人参加了忽里台。会前，忽必烈做了很周详地安排：他让旭烈兀和阿里不哥分别站在八剌面前，伺机行事，又让母亲在会上一定抢先发言，并事先与主持会议的别哥商量好，适时阻止有

可能提反对意见的诸王发言，同时，忽必烈派选了百名身体强壮的兵士分站帐外，以造成威慑之势。

拔都召集的忽里台在钦察汗国通过了推选蒙哥为汗的提议，为了让这个提议得到其他家族的认同，拔都又令自己的军队开回蒙古，在蒙古国土上又一次召开了忽里台。窝阔台家族及察合台家族诸王迫于蒙哥拥有强大的部队及拔都大兵压境，也颇勉强地认同了蒙哥为新汗的提议。

世事难测，在托雷失去了继承汗位的机会后，终于又在忽必烈及母亲的精心策划以及拔都的鼎力帮助下，汗位转到了托雷家族。蒙哥成为了大蒙古国的汗王。这一年是元宪宗元年（1251年）。

随着蒙哥汗的继位，忽必烈也开始了他展露文武全才的生涯。

但也是随着蒙哥汗的继位，黄金家族的权力角逐已经揭开序幕。

在蒙哥即位的过程中，忽必烈可以说起到了至关重要的作用，在他和子聪的对话中我们可以了解到，做出辅佐蒙哥即位的忽必烈经过了一番内心深处的挣扎，毕竟权力的诱惑力是那么大，任谁也不愿意在能够夺得权力的时候甘心地将权力拱手让人，即使是自己的亲生兄弟也是如此，但是忽必烈最后还是忍住了内心的蠢蠢欲动，选择了以大局为重。

无论我们做任何决策，办任何事都要以大局为重。古人常牺牲小我来顾全大局，时至今日，凡事以大局为重仍然是为人处事的重要品质，是应该大力弘扬的传统美德。宽宏大量是一种难得的风度。有这种风度的人，胸怀宽广，不计小嫌，不挟私怨，能赢得人们的尊敬和拥护，往往能干出一番大事业。而心胸狭窄、鼠腹鸡肠、睚眦必报的人，必定不会受人欢迎，甚至为人不齿，也就很难有所作为。有句古话说，"将军额上能走马，宰相肚里能行船。"越是身居高位的人，他的言行举止产生的影响就越大，因而越需要恢弘的气度。

一个人如果想要获得成功，就必须要有宽广的胸怀，凡事要从大局出发，不能被眼前的小事限制了目光，要以大局观来作为判断标准，要放弃个人的意见和利益，这才是成功者应有的气度。

在很多时候，只有在小的方面"忍"过了之后，才能取得事情的成功。这就意味着，只有做到能"忍"，你才能够保证事情的圆满成功。小不忍则乱大谋，这句话说得很好。只有做到能忍过这次小的委屈，才能够让自己的大事业得以顺利地办成功，而很多成功者也是以此为秘诀的。

三国时候蜀国之所以灭亡，有很大一部分原因就是因为"小不忍"。在三国时期，魏、蜀、吴三国鼎立，相互争逐。在诸葛亮的尽心辅佐之下，刘备宏图大展，以至到最后有了西蜀政权的建立，开始与曹魏和东吴进行抗衡。可是，最先丧失掉政权的也是刘备，这其中虽然涉及到了许多方面的原因，但有一个重要因素是不容忽视的，那就是在所谓的蜀国当中，有着个人感情超越于集团与国家利益之上的问题存在。

蜀在发展极其强盛的时期，镇守荆州的关羽藐视东吴，从来就不把孙权放在眼里，口口声声还骂东吴是"鼠辈"。最后关羽被东吴用计杀死。这时候，刘备为首，张飞为辅，一同高呼要征讨东吴，最终不顾现实形势的大局，和东吴破裂，最终落得个白帝城托孤的下场。

从这个故事中，我们可以看出在西蜀中的核心人物，他们在事业与感情的矛盾当中，总是为了小义而不顾全大局、为了自己的感情而无视政策，最终导致了国家走向灭亡。这些事情从表面上看并不算什么大的过失，但对于领导来说，这种行为无疑会将自己推上绝路。而正是因为

第五章 忽必烈对你说谋路

这些不起眼的小过失，在某些情况下往往会导致事业的失败。因此，我们必须要引以为鉴。诸如刘、关、张的悲剧与血的教训。

在民间，"小不忍则乱大谋"这句话广为流传，甚至有很多人都用这句话作为自己人生的座右铭。如果你是一个有志向、有理想的人，就千万不要对于个人的得失而斤斤计较，更不要在小事上面不停纠纷，你应该敞开胸襟去完成自己远大的理想。只有掌控全局，才能够做成一番大事，从而实现自己的梦想。

在日常生活中，我们经常会遇到需要忍耐的时候，而我们要做的就是泰然处之，要谨记"小不忍则乱大谋"，必须要有开阔的胸怀，将目光放得长远一些。要分析这些事情对自己的未来发展是否有利，然后再去决定做还是不做，绝对不能计较个人所得而因小失大。

换个思路，绕路而行

在我们前进的过程中，总有一些障碍是我们无法逾越的，或者为了逾越这样的障碍付出太多的努力是不值得的，这时候，不妨换个思路，绕路而行。绕路而行绝不是面对困难时的退缩和怯懦，而是一种走向成功的捷径和智慧。

忽必烈登上蒙古大汗的宝座之后，自己当年的梦想开始不断地膨胀，"思大有为于天下"的豪情再次充盈在胸腔之间。为了实现自己的理想，首先，他要将偏安江南的宋朝先消灭，建立一个统一而稳定的大一统的国家。于是他派出自己的大将阿术，还有宋军降将刘整率领着大军浩浩荡荡开赴前线。

但是战事并不像忽必烈预计的那么顺利，阿术和刘整的大军到达襄阳之后，被襄阳和樊城两座城池给挡住了，并且这一挡，还就挡了五年。阿术、刘整围襄樊五年没破，气坏了忽必烈，他亲到前线视察。对领兵的将帅痛斥一番，然后，来到襄樊城下，他看出襄、樊两城互为犄角，互相支援，元军几乎不能在两城之间立足。守将又顽强无比，他们在两城水间，用大块原木排列成一大型浮桥，用铁缰连接，五年来，两城靠着这座浮桥，从未中断过来往。

忽必烈十分生气地问阿术："你们为什么不想法把那浮桥去掉？"

阿术当然不是无能之辈，他不是没有看到那座浮桥，也不是没去争夺那浮桥。可是都没有得逞，而有无数军士死在了那里，他把这一情况回报了忽必烈。

忽必烈说："糊涂！你们这样旷日持久地打下去，死人就少了吗？"

于是，在他的亲自指挥下，组织了几百人的死士，腰插利斧泅到浮桥两边，用大斧砍断铁绳。在这同时，阿术、刘整带兵从襄樊之间攻城，使襄樊守军无暇顾及浮桥，以求一逞。可是襄樊守将明白浮桥是他们的生命线，便拼死与元军争夺，双方苦战了一夜，死伤无数，至天亮，浮桥终于被元军毁掉，原木扯着铁绳顺江流走，从此襄樊两城虽近在咫尺，却断了联系！

第二天，忽必烈把阿术和刘整叫到面前，说："以后，你们要给我想着，看事情要从整体上看，要算总账，不要叫一点小事蒙住眼睛！"

"是，皇上英明！"阿术说。

刘整也赶紧跪下认错："皇上教导得很是，我们今后就照陛下说的去做！"

在这之后，面对两座孤城，阿术、刘整打算先攻兵力薄弱的樊城。

他们挑选精锐部队三万，不顾一切地轮番猛攻，襄阳守军曾出兵增援，都被元军打了回去，只能在城上向元军射箭，可是箭矢都落入水中……

攻击战没用了三天时间，樊城就被攻破了，元军蜂拥而入。

樊城被夺，襄阳更加孤立无援。但襄阳城的宋军守将吕文焕日夕登城，防守不懈。元军日夜攻城，襄阳仍屹立不动。

在元军攻城间隙，他的副将曾问他："将军，我们能等到援军吗？"

吕文焕摇摇头。

副将又问："我们能守住襄阳吗？"

吕文焕又摇摇头。

副将不解地望着他。

"当今情势，知不可为而为之才是英雄，"吕文焕笑笑说，"咱们多拖些时日，多消耗些元军的力量，就是对大宋的贡献，咱们就想法多给国家赚一点吧！"

战事拖延到1272年冬，襄阳仍未下。忽必烈又到了襄阳城下，他亲眼看了元兵攻城，明白他的兵丁不是畏死怠惰，而是襄阳城的誓死抵抗。

面对着众多的伤亡，忽必烈不能无动于衷，他不能让自己的子民白白牺牲在一座孤城上，面对襄阳这块前进路上的硬骨头，忽必烈决定换个思路，劝降。

一天，元将阿里海牙来到襄阳城下呼叫吕文焕。吕文焕出来了。阿里海牙说："将军，您的胆识忠义，我是很钦佩的。您踞守危城，已经

元朝古墓

有五年，对主对己可说是无愧于心了。现在您已经势穷援绝，您的意志仍坚不可摧，可是您替城中的百姓和军士想了没有？他们是无辜的，何必让他们再去牺牲呢？我们做将领的，也应当有一颗仁爱之心呀！"

阿里海牙继续说："我来这儿不是我自己的主张，而是秉承大帅之命来的。他说：只要您归顺大元，城内军民一概不究，对您还要以功臣论奖，加以升擢……"说着他折箭为誓道："我绝不用假话骗您，要是那样，有如此箭！"

呆了一会儿，吕文焕点了点头。

阿里海牙不再逼他，说："我就是说这些，将军您好好考虑一下吧！"说罢，阿里海牙拨马回营。

吕文焕想，阿里海牙说的话很对，我坚守襄阳五年，也算对得起大宋王朝了。可是他们对我怎样呢？皇上不理不睬，大将拥兵自重。看来宋朝的气数已尽，我何必不顺天应命呢！

第二天，他就应允投降，交出管钥，献出城邑，阿里海牙先入城和吕文焕一起迎接阿术进城。至此，襄樊俱陷，临安门户大开。

忽必烈是一位英明的军事家和战略家，在忽必烈历次的征战中，无

第五章 忽必烈对你说谋路

不体现着他对军事谋略的运用。在攻打襄樊二城时，他将转换思路的谋略发挥的淋漓尽致。对于阿术、刘整两个人顾忌伤亡而不敢死命攻打浮桥，他转换思路对二人进行教育，最后砍断铁绳，攻陷樊城。面对固守孤城的吕文焕，他选择转换思路，进行劝降，这样一来，不仅减少了自己部队的伤亡，而且也加快了自己的进军速度。可见在关键时刻，我们要学会转换思路，绕道而行。

我们一直赞美执着的人，他们抱着百折不回的精神，一直在自己的的道路上前进着，即使碰壁，即使头破血流，也在所不惜。就好像逐日的夸父，虽然最终干渴渴死路旁，但是他执着的精神却被人们传扬着，赞美着。但是回过头来想一下，这种明知南墙很硬，却还是不停地和南墙较劲的精神真的可取么？

如果把一只蜻蜓放飞在一个房间里，它会拼命地飞向玻璃窗，但每次都碰到玻璃上，在上面挣扎好久，恢复神志后它会在房间里绕上一圈，然后仍然朝玻璃窗上飞去，当然，它还是"碰壁而回"。

其实，旁边的门是开着的，只因那边看起来没有这边亮，所以蜻蜓根本就不会朝门那儿飞。追求光明是多数生物的天性，它们不管遭受怎样的失败或挫折，总还是坚决地寻求光明的方向。而当我们看见碰壁而回的蜻蜓的时候，应该从中悟出这样一个道理：有时，我们为了达到目的，选择一个看来较为遥远、较为无望的方向反而会更快地如愿以偿；相反，则会永远在尝试与失败之间兜圈子。

百折不回的精神虽然可嘉，但如果望见目标，而面前却是一片陡峭的山壁，没有可以攀援的路径时，我们最好是换一个方向，绕道而行。为了达到目标，暂时走一走与理想相背驰的路，有时正是智慧的表现。

鲁迅先生曾说过："其实地上本没有路，走的人多了，也便成了路。"而世间之路又有千千万万，综而观之，不外乎两类：直路和弯路。

人们都喜欢走直路，因为这会让他们觉得在人生的旅途上是一帆风顺的。相反，没有人愿意去走弯路，通常情况下，人们都会自主认为在弯路上会充满曲折艰险，而且又浪费时间。然而，在人生的旅途中不可能总是一帆风顺的，在行进的途中难免遇到弯路。山路有弯的，水路有弯的，而人生之路亦是如此，所以在无法走直路的时候，我们要学会绕道而行。

在面对人生旅途中的困难时，绕道而行并不意味着退却，也不代表着放弃，它只是变换了一种行事的方式。绕道而行是一种在生活中处事的方法，是一种乐观积极的生活态度。在无法走直路的时候，要敢于和善于绕道而行，这样你就会是一个开拓创新者，离成功的距离就会越来越近。

按照正确规划，步步为营

古人云："凡事预则立，不预则废。"说的就是计划的重要性，想要获得成功，就要首先制定自己的行动规划，在发展中按照指定的规划，稳扎稳打，步步为营，才能获得最终的成功。

在忽必烈的鹰眼里，南宋无疑是一只狡猾的野兔。他本应该很早就攫食了它，但因他的旁骛而耽误了十数年。

也许，忽必烈本人的比喻最精彩，早在1259年围攻鄂州时，他对汉

第五章 忽必烈对你说谋略

189

将张柔说："吾犹猎者，不能擒圈中豕，野猎以供汝食，汝可破圈而取之。"整个南宋帝国何尝不是躲在高墙屏障内的贪乐家猪！但如何"破圈"却使忽必烈绞尽脑汁。请时时记住忽必烈这句妙语。

的确如忽必烈所言，他自己是一位猎手，他将蒙古人打猎的天才发挥得淋漓尽致。如果将亚细亚大陆譬为猎场的话，忽必烈则早已着手清扫南宋东南一隅周围的猎场了。一个带有忽必烈性格的大包抄、大合围的战略计划渐次载入人类的战争史册中，气势之雄伟令人叹为观止。

具体地说，在世界地图上，忽必烈是这样遣调他的猎手的：从北、西、南三个方向游弋于南宋边墙。

首先选看北部一线。忽必烈在河南、山东、陕西的根据地稳定之后，开辟了两个战场，一个是江淮战场，包括淮西、淮东和胶东；一个是荆襄战场，在宋军重点借汉水以襄阳、江陵、鄂州为中心防御的情况下，忽必烈沿其外围屯驻。在南之北忽必烈摆下河南江北行省和江淮行枢密院、荆襄行枢密院。

南宋西部，忽必烈早在1253年就征服了吐蕃东部，对巴蜀则借蒙哥南征巩固了蒙古在东川、西川的占领地。

南部，大理纳入忽必烈版图之后，他继续向南宋帝国以南扩大战果，由兀良合台征服了大理东部诸蛮，并侵入安南京城升龙（今河内），迫使安南国臣服。

在忽必烈大举攻伐南宋之前，他已完成这举世罕见的合围，只有东部汪洋大海可谓网开一面，但毫无疑问那是鲨鱼之腹。实际上，南宋已陷入四周包围的境地，它以后的所作所为只不过是困兽之斗而已。

我们不知道人类战争史上是否还有如此惊人伟略，毫无疑问的是，忽必烈实现了他的梦想。

虎视眈眈的忽必烈，他并吞八荒方欲望随赵宋的腐败日愈膨胀。我们依然引用马可·波罗的话，他说：忽必烈的性格和习惯与宋皇帝迥然不同，"他的全部爱好集中在军事、争城掠地和扩大自己的声誉上面"。

中统年间，忽必烈基本上是围绕内战建设自己的政权。改元至元后的头五年以致到改国号的1271年，尽管对汉人的猜忌纠缠着忽必烈，但在确保蒙古贵族特权的前提下，推行汉法，尤其是官僚系统的创设，忽必烈依然十分热心。中央及地方诸政权机构已基本具备。其间，忽必烈不遗余力地恢复凋蔽的农业，已颇见成效，一个生机盎然、蓬勃向上的新帝国已屹立于南宋小朝廷的北方。

内乱已经结束，并有效地阻御了海都势力向东伸延的忽必烈，并吞南宋的条件早已大备，剩下的只是琢磨如何"破圈"了。

马可·波罗对我们说："忽必烈大汗不但英勇果敢，而且在指挥作战和战略战术上也是出类拔萃的。大家公认他是鞑靼人中领兵作战最具雄才大略和战功卓著的统帅。"在战术上忽必烈是否出类拔萃，我们不敢武断，但在战略的谋划运筹上，忽必烈的确是一流的政治军事家。

围猎性的大包围圈我们已经熟悉，尽管明清的文人对忽必烈率师亲历险障攻取大理颇不可解与摸不着端倪，并声称未取实效，但我们要清醒些，不要忘记兀良合台的北上，对广西、湖南、湖北以致四川等地的纵兵，南宋的有识之士已颇感危殆，即使是昏睡的朝廷也感到了压力。

巩固战区，尤其是不再夏去秋来，而是在得地筑城屯田据守，我们也已有些感性认识。忽必烈在大力鼓励民垦的同时，也大力推行军屯。针对四川地势复杂，南宋军民凭藉险要削崖修筑坚城固守的战法，忽必烈一改蒙哥的拼命政策，下令筑堡营寨，坐机歼敌，采取长期围困的看

第五章 忽必烈对你说谋路

似消极但实可收惠的方略，以待战争态势的转变。

展开政治攻势。忽必烈念念不忘贾似道代表南宋称臣、割江为界，发俸银两绢匹各20万的密约，一派郝经出使签约，再派郝经通报自己已做蒙古大汗的喜讯。但贾似道为掩盖"再造（南宋）之功"的真相，甘冒蒙古军队的暴跳如雷，将郝经长期拘禁于真州（今江苏仪征）。忽必烈对郝经犹如泥牛入海，杳无消息显出非同寻常的关切，这成为他随时都可以掂来，用作出师的正义借口。1261年秋，忽必烈就以南宋霸留信使、妄启边衅为名发布措辞激烈的讨伐令。他口口声称自己的好生与对和平的爱好，厉声责问南宋小朝廷："彼尝以衣冠礼乐之国自居，理当如是乎？曲直之分，灼然可见。"与其说这是个动员讨伐令，毋宁说这是为兴师问罪的铺路石，或外交策略。

回忆过去最令人头痛的是，历史总让人逮不住谁是正义的。大至国家间战争，小至市井游民的斗殴，更可以包括古人或你自己曾经的感情历程。现在我们已分不清挨打的南宋偷偷摸摸使出些小动作，是还手反击，还是真正的失礼。就像巨人和侏儒间的理，说不清。但有一点可以肯定，人们并不总是对弱者一掬同情热泪。对战争尤为如此，当强者一再大声喧哗其被凌辱挨打时，弱者的反应往往被淹没掉，而强者的一拳就令弱者不再声息。而治史的人反而十分痛快地说："打得好！"

忽必烈追求的效果正在于此。他屡屡采摘南宋的卑鄙之举而去实现中国兵法中兴仁义之师吊民伐罪的谋略。事实上，忽必烈成功了。数不胜数的史学论著，都极认真地宣称，宋元战争的性质已发生变化，已成为中国历史上封建王朝的更迭战争，忽必烈统一中国值得永远讴歌。

忽必烈对于南宋的战争过程，体现了忽必烈作为一个战略家的宏观思想，依据正确的计划，步步为营，获得自己的成功。

古人云"凡事预则立，不预则废"。其中"预"的意思就是计划。

因为计划是成功的保障。对自己所要做的事，只有事先做好了安排，有了准备，有了计划，才能把事情办好。举一个大家耳熟能详的例子：话说刘备有称雄之心，但一直一筹莫展，东奔西跑，无处安身。在隆中初遇诸葛亮时，他先表明自己的志向："汉室倾颓，奸臣窃命，主上蒙尘。孤不度德量力，欲信大义于天下，而智术浅短，遂用猖獗，至于今日。然志犹未已，君谓计将安出？"对这个问题，诸葛亮做了很简单的回答。他首先计划出立国的根本措施，然后根据当前的形势分析各方势力，此时他给刘备提出的意见是，曹操在官渡击败袁绍，兵多将勇，更挟天子而令诸侯，不可与之争锋。而孙权盘踞江东，有长江之天险，贤臣之附，可以引为援手。诸葛亮建议刘备先取荆州后取川，立国于天府之地。跟着"跨有荆、益，保其严阻，西和诸戎，南抚夷越，外结孙权，内修政理，天下有变，则命一上将将荆州之军以向宛、洛，将军身率益州之众出于秦州，百姓孰敢不箪食壶浆以迎将军者乎？"这个时候的刘备有了立国的方向和资本，他便按照这个计划，一步步地将蜀汉皇朝给建立起来。

虽然这只是一个历史故事，但我们可以从中学习到无论在做什么事情之前，都要给自己定制一个良好的计划。在古代的时候，诸葛亮就被人们誉为"智者的化身"。他料事如神，一直备受古今人们的称颂。其实，经过仔细分析后你就会发现，他之所以能料事如神，就是因为不论在做什么事之前，他都有一个很周密详细的计划。例如：刘备与孙夫人结为连理前，诸葛亮事先给了赵云三个锦囊，里面全是解救刘备的妙计。再例如：草船借箭。事先计划好一切，专等周瑜来下令……。

与之相反，没有良好的计划行事，往往结果会十分惨烈。清朝的洋

务派，由于没有对中国未来科学的预见，只是盲目地坚持维护清朝的统治，最终在甲午战争中惨败，使中国无法实现自强；在现实生活中，一些企业的老板，只图眼前利益，而不顾长远利益污染周围环境，最终结果只会使企业倒闭。

对于一个企业而言，有了具体的计划就像拥有一张寻求成功的地图。有了这张地图，很快就可以找到通向成功的路。有了良好的计划就意味着具体的工作、活动程序都有了监督检查的依据，这样不仅可以增强员工们的自觉性，减少盲目性，而且也可以合理安排人力、物力、财力、时间，使工作、活动有条不紊地进行。

如果一个人想要取得成功，那么他就要从策划人生开始。当一个人选择了对自己的人生进行策划，那么这个时候就代表了他选择了走向成功的路。事实上，只有很少的人能够勇敢地选择成功，而绝大部分人都很难取得人生的辉煌。而对于人生的策划与经营的能力就是这其中的重要标准。无论是在生活中还是工作上，成功的人都能够把这种积极的成功精神持之以恒，仿佛成了他生命的一部分，如同呼吸一样。

成功是以良好的计划为基础的。世界上有很多道路，通往目标的道路也很多，但并不是每一条都可以走的。在秦朝末期的时候，刘邦和项羽虽然都率军进入秦境，但因为他们各自条件的不同而选择了不同的道路。所以我们也应该向他们学习，要根据自己所处的环境、自己的专长、体能来选择和设计一条最适合自己的，通往成功或能够靠近目标的道路。

一个好的计划必须要详细和周密，事先要想到每一个步骤可能会出现的问题以及应变措施等。

一般而言，你的第一个计划也许会没有丝毫作用，也许是没有想象中的那么好。如果遇到这种情况，也许你就会不知所措了。所以，你应该在一开始就做出几种不同的计划方案，这在做具体计划中是非常重要的一点。就比如说我们现在准备去北京，而你已经有了一套去北京的计划一样，它可以帮助你记录具体的行程安排，这就掌握了为确保计划万无一失的方法。如果我们在做每一件事的时候，都能精心地策划每一项活动，那么在我们生活中的每一件事情，都会被我们做得非常完美。

所以在我们的现实生活中，想要获得成功，一定要首先确定自己的发展计划，按照计划一步一步地实施，步步为营，最终获得成功。

危急时刻，置之死地而后生

古今中外成大事者，无不经历过动荡起伏，有时候甚至是遭到惨痛的失败。在关系到生死存亡的时刻，他们并没有放弃自己，而是勇敢坚持了下去，最终获得了成功。在这些实际中，甚至一些人在危难时刻，主动地将自己放到了必死之地，并在死地崛起，这就是置之死地而后生的智慧。

"思大有为于天下"的忽必烈，在汉族谋士的帮助下，意识到汉地雄厚富庶的政治经济力量，在整个蒙古国中占有举足轻重的地位。因此，他及时改革蒙古旧俗，学习汉法，把自己的统治中心移到汉地，用汉法治理汉地，不但保证了自己的经济实力，也赢得了汉人的广泛支持，声望越来越高。

随着忽必烈势力和声望的提高，特别是忽必烈采用汉法，使那些习

惯于随意勒索的蒙古、包目贵族难遂其愿，堵塞了他们的财路，引起了他们的极大仇恨。

据史书记载，1256年，有人在蒙哥汗面前告发忽必烈及其幕府人员。

有人对蒙哥汗说："忽必烈的'王府得中土心'，他们抛弃了蒙古祖宗之法，采用汉法，深得中原汉地知识分子的拥护。汉地人们把忽必烈称为'贤王'，把他看成是'中国之主'，并愿意为他效力。"这些人带有煽动性地挑拨说："他们把忽必烈看成是中国之主，那么，大汗您应该往哪儿摆呢？不是根本没把您放在眼里吗！"

蒙哥汗对于忽必烈势力的发展及其得到汉地人们的拥护，早有耳闻，但没有想到自己的亲弟弟会威胁自己的汗位。今天听了这些人添油加醋的谗言，心里为之一动，随着谗言的恶毒和深化，他的心灵有些震颤了，有点儿不敢往下想了。

就在蒙哥思绪不定的时候，又听有人说："忽必烈'王府诸臣多擅权为奸利事'，总是同大汗争夺财权，他们收买了您手下服务的侍臣塞咥旃，偷偷把大汗国库里钱财供应忽必烈。他们在掌管陕西、河南、邢州等地期间，也把应该归属大汗的一些税收擅自送往忽必烈幕府。"

这些告发忽必烈及其幕府人员的人，据史书记载，一类是蒙哥的"宗亲"，一类是掌握天下财赋的"奸臣"。他们忌妒忽必烈的声望，也痛恨忽必烈堵住了他们乱收赋税的财路，喋喋不休地向蒙哥告状。最初，蒙哥没太在意，后来听到这些人说忽必烈声望日高会夺去他的汗位时，心已被震动，又听说忽必烈及其幕府人员随便截留他的税赋，愤怒之情再也按捺不住，立即叫来亲信大臣阿兰答儿、刘太平、囊加台、脱因等人，让他们前往陕西、河南等处忽必烈治地理算（检查核算）钱谷。蒙哥特任阿兰答儿为行省丞相、刘太平为参加政事，授予生杀大权，要对忽必烈幕府人员严厉打击。

阿兰答儿等人到达河南、陕西以后，搜罗酷吏组成钩考局，大行钩考（检查考核）。受审查的主要是忽必烈所创设的陕西宣抚司、河南经略司等机构的大小官员。阿兰答儿等人把这些官吏召集起来，宣布142条条例，然后对他们逐一进行审查。同时，大开告讦之风，对忽必烈任用的官员，罗织罪名，必欲置之死地而后快。他们宣称，除了处罚史天泽、刘黑马需要上奏大汗以外，其他官员都可以不经请示大汗，立即处死。

阿兰答儿是这样说的，也是这样做的。他们"恣为威酷，盛署械人炽日中，顷刻即死"，随意罗织罪名，严刑拷打，当时，陕西宣抚司官吏死于酷刑者就达20余人。

阿兰答儿等人秉承蒙哥旨意设钩考局的主要目的是夺回忽必烈控制的河南、陕西地区的民政和财赋大权，迫害幕府人员，打击忽必烈的势力。当时，幕府人员都看到了这一点，心知凶多吉少，人心惶惶。

忽必烈见蒙哥设置钩考局，以检查财赋为名，打击幕府人员，知道矛头指向自己。但在当时的情况下，忽必烈身为藩王，权力有限，调动军马及粮饷的大权都在蒙哥汗手里，因此，断难和蒙哥进行直接较量。忽必烈清楚地知道这一点，忧惧非常，一时不知如何是好。

谋士姚枢见阿兰答儿拷打忽必烈派出去的幕府官员并分别予以治罪，知道蒙哥对忽必烈不放心，害怕忽必烈夺去他的帝位，遂向忽必烈建议说："大王长期居住漠南，远离蒙古本土，与蒙古本土的亲人见面时间少，难免疏远，有人离间，会引起大汗疑忌。大汗是君、是兄，大王是弟、是臣，我们不可能同他计较是非。况且，我们远离在外，时间长了必将受祸。为今之计，莫如将家口送往汗廷，做在那里久居的打

算，实质是留为人质。然后，您再亲自去朝觐蒙哥汗，向大汗请安。这样，就可以稍稍密切您和大汗的关系，消释大汗对您的猜疑。"

忽必烈正愁无计可施，听了姚枢的话，恍然大悟，立即依计带着妻子女儿亲自去朝觐蒙哥。这时，蒙哥正准备亲自伐宋，已经渡漠而南，来到河西之地。忽必烈先派使臣请示蒙哥，表明朝觐之意。据说，蒙哥听到这一消息，极为紧张，以为忽必烈居心叵测，此来必有阴谋，未敢应允。忽必烈见兄长猜忌颇深，再次派遣使臣前往致意。蒙哥汗还是有些不放心，命他将家属辎重留下来，单身入觐。于是，忽必烈派人先行把妻子女儿送到蒙哥处，然后，于当年十一月亲自去朝觐蒙哥。

兄弟二人相见，一时相当尴尬。蒙哥见忽必烈诚心诚意。并无异图，终于动了手足之情，眼泪刷刷地流了下来。

忽必烈见蒙哥哭了，也止不住流下了眼泪，并哽咽着想表明自己没有他心的心迹，蒙哥"竟不令有所白而止"。

兄弟见面之后，蒙哥的疑心稍释，决定对忽必烈不进行追究，下令停止对河南和陕西地区的钩考，对忽必烈表示宽大。忽必烈则表示让步，交出了河南、陕西、邢州等地的全部权力，调回自己派出的藩府人员，撤消了邢州安抚司、河南经略司、京兆宣抚司及其所属机构。

这时，又有一位"宗亲"建议说忽必烈刚刚完成平定大理的任务，又得了脚病，应该让忽必烈回家休息。蒙哥虽然和忽必烈见面，表示谅解，消除疑心，但疑心的阴影仍然存在。他听了这位"宗亲"的话，顺水推舟，对忽必烈表示关心爱护，让他居家休息。实际上是解除了他的兵权。

对于兄长的关心和爱护，忽必烈还能说什么呢？只好以疗养足疾为由，回到家中闲居。

忽必烈身在藩邸，心思天下，与大汗的权威发生抵触和矛盾，最后，忽必烈以其谦恭忍让保全了自己，避免了一场不测之祸。表面上看，忽必烈在这场斗争中是输了，但是，忽必烈经营汉地多年，势力雄厚，他并没有放弃控制中原汉地的远大志向，正像他对郝经所说的那样，"时未可也"，"可行之时，尔自知之"。忽必烈正是以退为进，等待时机，以求东山再起。很快，这个机会就来到了。

忽必烈这次面临的问题可谓是空前绝后了，这直接影响到他的生死问题。处理稍有不当，就很容易造成全面的失败。这时候，忽必烈选择了一种置之死地而后生的策略，最终获得了喘息的机会，并在后来等到了自己的成功。

一个人无论是博弈天下，还是博弈商海，总免不了会遇到不利的局面。此时，如果博弈者已无路可退，或者说已别无选择，那么不妨将自己"置于死地"，以唤起"求生"的本能。这一招虽然有点冒险，但如果运用得当，往往能让自己获得意想不到的收获。

有这样一则事例，9年前，下岗女工王琼用全部积蓄买了一项专利，开始在商海中博弈。9年后的2005年，她创办的杨凌博迪森生物科技发展股份有限公司成功登陆全美交易所，公司市值达到1.9亿美元。王琼成为了在全美证券交易所上市的公司董事长。

王琼购买专利创业后，身兼供应、销售、会计等职务，"想尽千方百计，走进千家万户，说尽千言万语，吃尽千辛万苦"，终于打开了市场。趁此机会，她与其他投资人共同组建了杨凌博迪森生物科技发展股份有限公司。

"民营企业发展到一定时候，就到了融资的瓶颈阶段了。这些问题不是一朝一夕就能解决的。不用说上市融资，就是银行贷款都要经过非

常艰难而曲折的过程，但不想办法融资就没法生存。"当上市融资成了别无选择的一步时，王琼只能背水一战。

她动了海外融资的念头后，有几家从事企业海外融资的顾问公司主动与她接洽，声称可以帮助她的企业成为海外上市的公司。王琼很有冒险精神，想干就干，便开始与对方商谈海外融资的问题。

她第一个签约的中介机构是一家美国财务公司。在付了一笔不菲的费用后，她被告知，合作终止。原来，这一次她被骗了。

但是，王琼并没有灰心，她知道她别无选择，必须想办法走通这一条路。不久，她找到了美国纽约国际集团的中国代表魏天怡，向她咨询了上市公司的情况。为了慎重起见，王琼还通过各种方式，从侧面了解了美国纽约国际集团的情况。有了一定的了解之后，双方开始了实质性接触。

随后，美国纽约国际集团派出相关人员来到王琼的工厂，对工厂进行初审。这些人员和工人一起吃住，平均每天工作16小时，甚至拒绝杨凌博迪森的宴请。这些工作人员的表现赢得了王琼的信任。于是，王琼下决心签下了一个改变企业未来的合约。

2004年3月1日，杨凌博迪森成为纳斯达克场外交易市场（OTCBB）市场中的一员。同年7月5日，在美国纽约国际集团的帮助下，杨凌博迪森公司又在法兰克福股票交易所挂牌上市，打开了通往欧洲的大门。

2005年9月29日，杨凌博迪森又从场外交易市场申请到主板，成为全亚洲第一家在美国主板市场上市的农化企业。

2005年12月，在美国纽约国际集团的帮助下，杨凌博迪森公司实现了第二期融资，解决了杨凌博迪森公司2006年购买原材料的资金缺口。

在资金面临瓶颈时，王琼背水一战，大胆向国外融资，结果出人意料地找到了融资合作公司，不仅为企业的发展壮大融到了大量资金，还为企业打开了通向国际市场的通道，使得一个不知名的小企业迅速发展成为具有一定知名度的国际化企业。这一切都是她当初想办法融资时没有想到的。真可谓是置之死地而后生啊！

在秦朝末期的时候，天下形势混乱不堪，各路人马都在为了自己的利益而相互混战，而巨鹿大战也是发生在这一段时期内，项羽破釜沉舟的故事至今还被人们所传诵。

当时，秦军将赵王歇围困在巨鹿，赵王歇向楚怀王求救。而那时的秦军十分强大，整个楚国几乎没有一个人敢前去迎战。而项羽在这个时候主动提出要去迎战秦军，楚怀王封项羽为上将军。

项羽先派两万士兵做先锋，由都将英有、蒲将军率领，渡过湾水，切断秦军运粮通道。然后，项羽率领主力渡河。渡河以后，项羽下了一道令人难以相信的命令：每人只允许带3天的干粮，然后把军队里做饭的锅全砸烂了，而且过河以后，他还把渡河的船只全部凿沉，把营帐也全部烧掉了，然后对将士们说："这次打仗，咱们只能前进，不能后退，3天之内，一定要把秦兵打退。"

因为项羽破釜沉舟的决心和勇气，士兵们受到了极大的鼓舞。在对敌的时候，每个楚军都精神振奋，越战越勇。一个楚军几乎抵得上十个秦兵了。经过9次激烈战斗后，楚军终于活捉了秦军的首领王离，而其他的秦军将士死的死，逃的逃，围困巨鹿的秦军就这样被瓦解了。

如果在做事情的时候，前怕狼，后怕虎，畏首畏尾，那么终将一事无成；成大事者，往往却是置之死地而后生的人！

做事要分轻重缓急

我们在日常的生活中，做事不能眉毛胡子一把抓，要善于抓住重点，将事情分出轻重缓急，首先做最重要的事。我们的精力有限，所有的事不可能一下子都做完，并且有些事情，一旦错过，就无法弥补。这时，将事情分出轻重缓急就就显得更加重要了。

忽必烈受命接替东道诸王的领导权，率领大军在东路进攻南宋，大汗蒙哥亲率西路大军在四川前线进攻南宋。忽必烈在东路军的进攻中取得了一定的进展，终于打开了之前东道诸王的僵持局面。

忽必烈鄂州行辕大帐。

他和幕宾、将军们分析前线军情、谋划下一步的作战方案。

因为鄂州是临安大门，宋朝廷已调集几路大军驰援。在之前的作战中，大将霸都鲁因为顾虑到大军的整体，而一时犹豫，耽误了战机，此时忽必烈埋怨霸都鲁，不一鼓作气地把鄂州拿下，导致了目前不尴不尬的局面。

大王要发脾气，帐内的空气紧张起来。霸都鲁在大王面前跪下。

正在这时，探马来报，说是兀良合台已经攻陷潭州。忽必烈立刻喜不自禁，他说："这一来全盘棋又下活了。"大家都欢欣鼓舞起来。他叫道："刘秉忠，快修书给兀良合台，和他约定夹击宋军的时间……"

又一个小校进帐来，他抖着两手把一封书信交给忽必烈。忽必烈把书信拿在手里端详着。这是四川前线来的，看它皱皱巴巴的样子，想是走了许多日子。他摆手让霸都鲁站起来，他不像别的诸王一样，对部下动辄打骂，他对部下总是宽厚的。他把书信给了张文谦："你看一下，好像是四川那边来的……"

张文谦接了，打开火漆封印，把"八行书"掏出一看，立刻满面悲容，如丧考妣般地哭道："大汗驾崩了！"

这消息有如雷霆万钧，把满帐的人都轰傻了。

过了许久，忽必烈才带头号哭起来。他们哭，就像所有的帝王死了以后，皇亲国戚大臣小宦的号哭一样，也不纯是由于悲痛，而是觉得这时应该号哭，不哭不行。他们想的往往是帝王死后留下的麻烦甚至灾难，以及个人的出路和可能的境遇。

他们哭了些时候，有人觉得差不多了，就止住哭声，围着忽必烈劝他节哀。忽必烈又坚持了一会儿，才抹泪洗面。张文谦这才把书信的内容说了一遍。

信是末哥写的，他说大汗是得"时症"弃世的。现在他们已经护送大汗的灵柩往北走了。在四川前线只留下了少数部队，由钮磷带领……

张文谦说完了，大家望着他，他们虽不懂汉字，可是也疑惑：写了这么几张纸怎么一会儿就念完了？

末哥的信的确没有完。等蒙古大员走了以后，张文谦把其余的内容才对忽必烈说了。末哥说：我的二哥，蒙哥死后，觊觎汗位的人多了，你学识渊博，雄才大略，待人宽厚，远见卓识。有我祖成吉思汗之风，为了使蒙古人称霸天下，为了不使刚到手的汗位再落入别的族系，希望你尽快回到漠北，以你的威望及早地安定天下人之心！……

忽必烈抬头看着他的汉人幕宾们。

"末哥小王爷说的极是。"张文谦说，"他的意思是很明显的，那就是请您回去继承汗位。"

忽必烈大概被这突如其来的大果实吓得有些发懵，他怕一口吞不下。

在一旁的郝经忙说："大王还犹豫什么呢？您应该立刻回去呀！"别的幕宾们也极力地劝他马上行动。

忽必烈说："我率领几十万的大军来到这里，不能无功而返呀！"

他还没认识到事情的紧迫性，比研究透了历代皇权更替奥秘的汉儒们的认识差得远矣！看他还懵懵懂懂，刘秉忠着急地说："大王，还用我给您举出这方面的例子吗？那机遇可是转瞬即逝呀！"

大王正在游移不定，他在和林的妻子察必来信了。

那时蒙古女人传递信息有个习惯，信文多用隐语和韵语，言简而意深。察必的信是这样写的：

大鱼的头被斩掉了，

池里的小鱼也不多了。

你向周围看看，小鱼中，

除了阿里不哥和你，还有谁呢？

你要是还不回来，

那，这个鱼塘就是别人的了！

幕僚的劝谏，察必的来信，终于使他恍然大悟。但他仍考虑这里的战局怎样暂作了结才好。

"报！"外面喊了一声。

进来的中军向忽必烈躬身说："南宋朝廷派人来和大王商谈议和！"

郝经把两手一拍，叫道："好机遇又找上门来了！"

原来当时南宋朝庭奸臣当道，来前线迎敌的贾似道顾虑个人安危，于是想出了私下议和的主意，两方各有利益，于是一拍即合。

谈判地点定在黄州。蒙古一方是忽必烈的幕府使郝经，这一边当然是贾似道亲自去了。他打仗不行，摆架子可是有本领。那天他身穿右丞相的大红官服，坐豪华的官车，仪仗前呼后拥，迤迤逦逦，十分气派……

郝经没有仪仗，他带的只有几十个蒙古大汉，个个手执大刀，咧嘴眦目，威风凛凛，凶神恶煞，吓得贾似道战栗不已。

他提出：只要蒙古不再进兵，并退至长江北岸，大宋朝廷就把长江以北的广大地区悉数划归蒙古，并向蒙古称臣，每年供奉银二十万两，绢二十万匹……

让贾似道没想到的是，郝经立刻就答应了，当下，双方签订了和议文书。

回到忽必烈的行辕大帐后，郝经向大王做了禀报，对谈判结果，忽必烈有些不太满意。当夜郝经写了他的第二篇永垂史册的文章：《班师议》。文章雄辩地论述了当前形势和这时班师的重要，条分缕析地阐明了宋、阿里不哥和诸王的实力和动向，说明抓住时机夺取汗位是天下头等大事！至于对宋廷的和谈，可不必苛求，因为，南宋小朝廷决不是蒙古的敌手，江南山水早晚是大王囊中之物！

忽必烈看了郝经的文章之后，极为信服，连称"妙文，妙文！"他立刻命令停止对宋的攻击，把军队撤回江北，安排大将霸都鲁总揽全军，自领一支部队和他的幕僚匆匆回漠北去了。

忽必烈对于蒙哥去世的消息，在一开始的反应是很不恰当的，他还在为自己辛苦打开的恭送局面而惋惜，但是在众人的劝说下，终于意识

到了事情的重要性，而决定回到蒙古争夺汗位。

在我们的工作和学习中，也要注意这一点，做事的时候不能盲目，而是应该确定自己要进行的事情中，什么事情是最重要的，是需要尽快进行解决的，着手进行解决，只有这样，才能将自己有限的精力和时间运用在最有价值的事情之上。

效率专家艾维·利一次与伯利恒钢铁公司总裁查理斯·舒瓦普会见时，说自己可以给舒瓦普个礼物，能在很短的时间内让其公司的效益有所好转。舒瓦普说他清楚自己应该做什么，也懂得如何把公司管理得更好，自己需要的不是更多的知识，而是更多的行动。他说："如果你能告诉我们怎样更好地执行计划，我听你的，在合理范围内价钱由你定。"

艾维·利递上一张白纸，说："在这张纸上写下你明天要做的几件事。"看到舒瓦普写完了，他又说，"现在请删除可做可不做或根本不用做的事情。"等到舒瓦普停下时，他接着说，"现在按照每件事情重要性用数字标明次序。"做完这几项事情之后，艾维·利说："现在你把这张纸收好，明天早上第一件事情就是把这张纸条拿出来，努力去做你所标出的最重要的那件事，不要管其他的，直到完成为止。然后用同样方法依次去做第二件事、第三件事……哪怕你一天只做完一件事情，那不要紧，因为你总是在做着最重要的事情。坚持每一天都这样做，等你相信这种方法的价值后，让你公司的人都这样做。这个实验你愿意做多久就做多久，然后给我寄支票来，你认为值多少就给我多少。"

整个会见历时不到一个小时。一个多月之后，艾维·利收到舒瓦普寄来的一张30万美元的支票，并附言说："从钱的观点看，这是我一生中最有价值的一课。"5年之后，这个当年不为人知的小钢铁厂一跃成为世界上最大的独立钢铁厂。

更多时候，你并没有足够的时间、精力去完成所有的事，那就去做最重要的事吧，既然注定事情是做不完的，就让那些不重要的事停下来，才会达到最佳效果。

正确地做事，更要做正确的事，这不仅仅是一个重要的方法，更是一种宝贵的生活态度。任何时候，对于任何人而言，在生活中做正确的事远比正确地做事重要。

正确地做事其实就是强调做事要有效率，而目的就是让我们能更快地实现自己的目标；而做正确的事则是讲究效能，其目的是为了让我们的生活质量会越来越好。换句话说，重视效率是一种正确的生活方法，而重视效能则是对时间的最佳利用。

"正确地做事"与"做正确的事"在本质上有着很大的区别。以做正确的事为前提然后正确地做事，如果失去这个前提，正确地做事将变得毫无意义。首先要做正确的事，然后才能正确地做事。

保证高效能，这样才可以提高自己的生活质量。我们可以从以下方面进行尝试

首先，在我们的工作中找出"正确的事"。做事情的过程就是解决一个个问题的过程。有时候，一个问题会摆在你的面前让你去解决，问题本身已经相当清楚，解决问题的办法也很清楚，但是，不管你要冲向哪个方向，想先从哪个地方下手，正确的方法只能是：确保自己正在解决的是需要解决的问题，很有可能，它并不是先前交给你的那个问题。

其次，编排行事优先次序。在生活中，人们总会遇到各种琐事、杂事。由于很多人没有掌握提高效能的方法，最终会被这些事弄得筋疲力

尽、心烦意乱，总是无法安静下来做自己最该做的事，或者是被那些看似急迫的事所蒙蔽，根本就不知道哪些是最应该做的事，结果白白浪费了大好时光，致使效率不高、效能不显著。

最后，我们要精心确定主次。做要事而不是做急事的观念非常重要，但常常为我们所遗忘。必须让这个重要的观念成为我们的生活习惯，在做每一件事情的时候，都必须首先让自己明白什么是最重要的事，什么是我们最应该花精力去重点做的事。

我们每个人每天面对的事情，按照轻重缓急的程度，可以分为以下四个层次：

（1）重要而且紧迫的事情。

（2）重要但不紧迫的事情。

（3）紧迫但不重要的事情。

（4）既不紧迫又不重要的事情。

做事情是要有章法的，不能眉毛胡子一把抓，要分轻重缓急，这样才能一步一步地把事情做得有节奏、有条理，取得良好的效果。我们应该将重要但不紧迫的事情放在紧迫但不重要的事情之前做。要提高效能，就要先做最重要的事情。

善于用谋略取胜

在我们的竞争中，不一定每一次都一定要进行正面的冲突，即使获得了竞争的胜利，也会付出相当大的代价，甚至有时候还会使得竞争双方两败俱伤。孙子兵法中说道："不战而屈人之兵，善之善者也。故上兵伐谋，其次伐交，其次伐兵，其下攻城。"可见竞争之中，以谋略取胜是最明智的选择。

高丽是918年由王建建立的政权，都城开京（今朝鲜开城）。高丽政权建立以后，先后灭掉新罗和百济，统一了朝鲜半岛。当蒙古军队进入中原灭金取宋时，高丽处于高宗王皞统治时期。

元太祖十年（1215年），成吉思汗攻占了金朝首都中都（今北京），十一年，一部分反蒙契丹武装逃至高丽，攻取江东城而据之。元太祖十三年（1218年），成吉思汗为了消灭这支反蒙武装，派遣哈只吉、札剌等率领军队进入高丽，哈只吉请求高丽出粮出兵援助，于是，蒙古和高丽联合镇压了这支反契丹武装。事后，哈只吉曾表示，愿意和高丽结为兄弟之邦。

但成吉思汗不愿意高丽与他们平起平坐，令高丽为臣下之国，并派遣使者催督高丽向蒙古缴纳岁贡，因此，引起蒙古和高丽的连年战争。

当时的高丽哪里是蒙古的对手，高丽国王王燕只好将世子（即王储，相当于汉人的太子）王典派到蒙古作人质，以换取暂时和平。

中统元年（1260年），忽必烈即位，陕西宣抚使廉希宪向忽必烈建议说，高丽国王曾遣其世子王典入觐以为人质，如今已经三年了。现在高丽国王已死，如果乘机礼送王典归国，帮助他继承王位，王典"必怀德丁我，是不烦兵而得一国也"。忽必烈听了，觉得很有道理，遂决定改变以前对高丽的征讨政策，实行挟植驯顺国王的招抚政策。于是，忽必烈盛礼款待王典，派兵护送归国，帮助王典继承了高丽国王之位，是为高丽元宗。

忽必烈扶植王典（后改名王禃）即位以后，发布诏书，表示"解仇

释憾，布德施恩"，答应王典可以恢复高丽往日疆土，保证王氏家族安全等，但高丽必须"永为东藩"。王典都高兴地答应了。从此，蒙古和高丽结束了几十年的战争，两国进入宗主和藩邦的和平相处时期。

王典当上高丽国王以后，除自己亲自向忽必烈朝觐以外，还遣世子王愖（又名王赌，后改名王昛）等人入元朝觐。中统元年（1260年）六月，王典遣世子王愖以自己更名王禃之事奉表告知忽必烈，这是王愖第一次使元。至元六年（1269年）四月，王愖又一次入元朝觐。六月，高丽权臣林衍由于不满意王典附元，起兵逼迫王典退位，改立王典弟弟安庆公王淐为国王。林衍害怕元朝不满意，谎称王典病危，不得不传位给王淐，并上书元朝，企图骗取忽必烈批准。这时，王愖已离开元朝首都（今北京）返国，当王愖走到婆娑府（今辽宁丹东一带）时，听说国内发生政变，并了解到实情，立即返回元朝首都向忽必烈报告。忽必烈听后，大怒，立即派遣斡朵思不花、李谓等赴高丽了解情况，接着，敕令王愖率兵三千，与大将蒙哥都等人往征高丽，解决高丽政变问题。同时，忽必烈又派遣中宪大夫、兵部侍郎黑的等人持诏前往高丽，令王禃、王淐、林衍同时入朝"面陈情实，听其是非"，又遣头辇哥国王等率领大兵压境，如果三人不按时来朝，即用武力解决。林衍心虚，不敢来朝，不得不废弃王淐，重新拥立王典复位。林衍不久病死，其子侄和同党不是被处死，就是被流放，政变者受到了应有的惩罚。接着，忽必烈令忻都、史枢为凤州（黄海凤山道）等处经略使，领军五千屯田于金州；又令洪茶丘领民二千屯田，而以阿剌帖木儿为副经略司，总辖之，从政治、军事方面加强对高丽的控制。

忽必烈帮助王典恢复了王位，王典感激涕零，至元七年（1270年）初，亲赴大都（今北京）拜见世祖皇帝忽必烈，表示感谢，同时上书中书省为世子王愖请婚，恳请世祖皂帝把公主嫁给自己的儿子。忽必烈见高丽王请求和亲，也有意通过这种政治联姻将高丽对元朝的依附关系进一步巩固下来，因此，他没有拒绝，只是说通婚是件大事，不能因为来京办其他事而顺便求婚，显得很不郑重，如果确实想联姻的话，就请国王回国后再派使者专程前来求婚。

至元八年（1271年）正月，王典再次遣使向元朝上表请婚。七月，王典又派王愖等28人入侍元朝。由于高丽一再请婚，忽必烈终于答应了这桩婚事。这样，入侍元朝的高丽世子王愖就成了元王朝的未来驸马。王愖为了讨取忽必烈的欢心，主动改服蒙古服装，学习蒙古族的一些风俗习惯等等。王愖在元朝居住接近一年，至元九年（1272年）初返回高丽。十二月，王愖再次入元。到至元十一年（1274年）五月，忽必烈把自己的女儿忽都鲁揭里迷失（为阿速真妃子所生）嫁给王愖。两国通过和亲，关系更加密切了。

至元十一年（1274年）六月，王愖在大都完婚不到一个月，王愖的父亲王典就病死了。王典在遗嘱中明确指出由王愖继位，在给元朝上奏的遗表中也说王愖"孝谨，可付后事"，请求元朝尽快批准王愖为高丽国王。七月，忽必烈下诏，正式册封王愖为高丽国王。八月，王愖回到高丽，举行盛大典礼，正式即位，成为高丽史上的忠烈王。

忽必烈从以兵卫送王典回国即位到将驸马王愖扶上高丽王的宝座，把元朝和高丽的关系推向一个新的阶段，可以说，忽必烈时期，是元朝和高丽两国最为友好时期。

然而，忽必烈时期的两国友好却是不平等的，一个是宗主国，一个是臣下的藩国，忽必烈决不允许一个藩国的国王与他平起平坐，因此，在政治制度以及风俗习惯等方面都做了不同规定。高丽国王过去模

仿中国帝王，自称曰"朕"，对下面的指示命令曰"宣旨"，国王宣布的减罪免罪令称"赦"，百官向国王的报告和建议也称"奏"。忽必烈认为高丽国王作为藩王不应该使用这些字眼，令其改正。高丽国王只好唯命是从，把自称的"朕"改为"孤"，把对下的命令"宣旨"改为"王旨"，把减免罪行的"赦"改为"宥"，把百官向国王报告和建议的"奏"改为"呈"。在政治制度方面，忽必烈虽然允许高丽的官僚机构保留原有的政权和制度，但"遣使谕旨，凡省、院、台、部官名爵号，与朝廷相类者改正之"，高丽遂将政府官称改为金议府、密直司、监察司等。元朝又在高丽首都及其重要地区派驻达鲁花赤，以监视高丽国王和各级官吏，干涉高丽军国大事。后来，忽必烈为了进行远征日本的准备和军事部署，特设征东行中书省，以高丽国王为丞相，高丽成为元朝的一个特殊行省。忽必烈还规定，高丽必须向元朝送纳质子，赞助军役，输送粮饷，定期向元朝朝贡等等，为此，忽必烈将驿站制度推广到高丽，大大方便了交通。忽必烈还规定，高丽必须使用元朝历法，每年都向高丽颁赐国历。由于高丽为臣下之国，所以，高丽国王在接见元朝诏使或达鲁花赤时，都是东西相对而坐，也就是通常所说的"分庭抗礼"。高丽国王与元朝大臣分庭抗礼，说明高丽国王已经降到与元朝大臣相等的地位。后来，由于忠烈王王愖成了天子忽必烈的驸马，身价倍增，接见元朝诏使和达鲁花赤时，王愖坐北向南，元朝诏使和达鲁花赤则分列东西相向而坐，虽然改变了以前高丽国王的屈辱地位，但仍然不能和元朝皇帝等同。

忽必烈时期，元朝和高丽两国地位虽然不平等，但双方建立了十分亲密和友好的关系，双方人员往来十分频繁，不少高丽人到元朝学习并在元朝做官，元朝也有不少人到高丽做官。高丽使节频繁入元朝觐，特别是尚公主的忠烈王王愖，先后十一次入元朝觐，并且引经据典地说，"朝觐，诸侯享上之仪；归宁，女子事亲之礼"，要求与公主一起入元。这些使节入元朝觐，规模都相当大，比如，至元二十一年（1284年），王愖和公主一起入元，扈从臣僚竟达一千三百多人，一般使节朝觐每次也不少于数百人。这些使节入元时都带去大批礼物，凡是高丽有特点的产品以及金银财宝等，都应有尽有。元朝更是以天朝大国自居，不占小国便宜，每次都给予来使大量回赐。实际上，每次使节往来都是一次重要的经济文化往来。这样，元朝与高丽的经济文化交流便呈现出空前繁荣的景象。

由于双方往来密切，思想文化日益接近。两国虽然语言不通，但汉字在高丽普遍通行，政府设有各级各类学校，以《资治通鉴》为课本，学习唐宋经验，实行科举，以儒学取士。元朝至元十七年（1280年），高丽国王曾下令，"今之儒士，唯习科举之文，未有精通经史者。其令通一经一史以上者，教育国子"。在全国全面推行儒学教育。在高丽王王愖的倡导下，蒙古族的一些风俗习惯也在高丽渐渐流行。同时，元人从高丽人身上也学到了不少东西，如高丽的音乐舞蹈，对元人影响很大。火熊皮、香樟木、金漆、蜃楼脂（鲸鱼油）等物品的输入，也丰富了元人的物质文化生活。

忽必烈改变了原来对高丽的征伐政策，开始在高丽寻求忠实的代理人，并与之和亲，无疑是一种明智之举。这种和平友好政策比起原来的杀伐政策来，应该是进步的。特别是忽必烈与高丽和亲；对后世影响很大。忽必烈以后。元朝皇帝多次把公主下嫁给高丽国王为妃，而蒙古亲王乃至元朝皇帝，也有多人娶高丽女子为妃，到了元朝后期，甚至有二位高丽女子成了元朝皇帝的皇后。忽必烈以后的两国关系，就是按照这

种"甥舅之好"或"表兄弟之好"的姻亲关系向前发展着，成为元朝与高丽友好发展史上的一个奇迹。

忽必烈对于高丽的政策，充分体现了谋略的重要性。配合着军事战争，更多的是以谋略取胜，忽必烈将"伐谋"之道，运用得炉火纯青。

孙子所提出的"上兵伐谋"的思想，在我国几千年历史上，无论是在政治领域还是在军事领域中，都有着极其深远的影响，更重要的是，在我们当今社会日益激烈的竞争中，也有着重要的指导意义。

当今社会竞争日益激烈，有些竞争已经到了白热化的程度，在这种情况之下，是选择直面竞争，在竞争中经历"血与火"的考验？还是选择另辟蹊径，避开热点，以伐谋的策略获得"智胜"？不用多说，智慧的人一定会选择后者。

在如今的社会，竞争已经不再像古代的战争一样血肉横飞，但是其实质的内涵却同样的激烈，因此"不战而屈人之兵"仍然具有现实的意义和价值。和战争一样，正面的竞争固然能够在一些情况之下取得胜利，但是不能避免的就是要付出巨大的成本代价，因此，以一种"不争"的态度，以谋略获得胜利，就显得更加睿智。

以企业竞争为例，一家企业想要在竞争中尽可能少地付出代价，获得最大的利益，可以通过强化自己的实力，加大对竞争对手的威慑，使得竞争对手不能和自己进行正面的冲突，不敢向自己发动进攻，甚至让竞争对手屈服于自己，这是企业竞争中最佳的手段。

在竞争中，上兵伐谋不仅适用于实力雄厚的竞争者，于一些处于劣势的竞争者，更要注意对于竞争伐谋的运用。

曾经，有一家小公司开发出一种专用的洗涤用品，得到了消费者的认可，取得了很好的市场效果，在市场销售中占据了很大的份额，取得了令人瞩目的成绩。但是在激烈的市场竞争中，没有所谓的专业限制，行业巨头宝洁公司很快就瞄准了这一市场，并很快地推出了自己研制的该种洗涤用品，并利用自己雄厚的实力，进行了声势浩大的媒体宣传，面对着宝洁的竞争压力，这家小公司一时陷入了困境。这家公司的领导者并没有急于投身和宝洁的正面争夺，相反，很快该公司向所有的经销商发出了缺货的通知并减少了供货量。并且，暗地里该公司加大了自己的产量，终于，在宝洁公司的产品宣传到位并大量上市的时候，该公司突然大量发货，并且做出宣传，"为了回馈顾客，产品降价销售"。顾客找到了自己信赖的品牌，又是半价，各地的该产品无不被抢购一空。面对着自己上架的产品，和多数消费者囤积了足够一年所需的商品，宝洁公司只能选择终止该种产品的生产，并撤出了该种商品的竞争。这家小公司最终抱住了自己在该种商品上的优势，并在此之后，常年保持着半数以上的市场份额。

在这次商战中，小公司的伐谋之策运用得相当成功。正面竞争，该公司无论如何也无法和行业巨头一较高下，正是在谋略的运用中，该公司保住了自己的市场，获得了成功。

上兵伐谋说白了就是一种心战，在竞争中，心战是比力战更有效的竞争手段。进行实力的比拼，即便取胜，可能双方均有损耗；而进行心智的比拼，找准竞争对手的软肋，就能一举突破竞争对手的防线，让竞争对手防不胜防。所以，在我们的竞争中，一定要注重谋略的运用，不要只是关注于正面的竞争冲突，要多用心经营，不战而屈人之兵，取得竞争的胜利。

第五章　忽必烈对你说谋略

第六章

忽必烈对你说 修身齐家之道

我国儒家思想中，提倡修身齐家之道，并以此为治国平天下的基础，正所谓："身修而家齐，家齐而国治，国治而天下平。"儒家思想历经千年，但是历久弥新，修身齐家之道在我们当今社会中，并不过时，其仍然是我们走向成功不可或缺的基础。忽必烈作为历史上少有的独具开创性精神的皇帝，其修身齐家之道，值得我们学习。

忍耐也是一种修养

从古至今，评价一个人的唯一标准，就是看他的涵养与做事的风格，看他是否可以成为可塑之才，是否有大将之风。因此，要成为人上人，除了常识与能力之外，还视其能否将情绪操控得当。一个人的涵养来源于他的修养，有修养之人都懂得控制情绪。遇事不能冷静，并且以极端手段处之的人，绝对不能称之为有修养的人。

成吉思汗死后，托雷监国五年之后，窝阔台终于登上了汗位，在此之后不久，托雷就去世了，托雷的死和窝阔台有着千丝万缕的联系。关于托雷的死因，无论如何，窝阔台都脱不了干系。

托雷死后，为了削弱托雷家族，窝阔台下令将忽必烈的兵马交给自己的儿子阔端。

贵由向蒙哥兄弟们展读窝阔台大汗的旨意："鉴于托雷王爷殡天，为继承成吉思汗的三条遗训，完成灭宋和统一四海的大业，着将托雷原部属中的三万户军士赐给大汗次子西凉王阔端，四万户军士赐给大汗幼子哈失。"

忽必烈兄弟一言不发地跪在地上，贵由以威胁的口气问道："怎么，你们不想接旨么？"蒙哥只得接过圣旨。

忽必烈说："贵由王爷，这么重大的事情，得容许我们商议商议吧。"贵由道："可以。不过，我和西凉王就在这里等候你们的回话！"说着转身走开了。同来的西凉王看了一眼忽必烈，没有说什么，也低着头追随贵由而去。

蒙哥兄弟们在帖妮王妃的蒙古包里商议着。旭烈兀首先嚷了起来："他们这是要削弱我们的实力！大哥，我们就是不奉旨，看他们能把我们怎么样？"

木哥也亢奋地说："父王现在的领地和部众，是祖父成吉思汗赐给的，他窝阔台大汗也无权改变！今天划走七万户军士，明天再分走十万部众，这还有我们的活路吗？"

阿里不哥怒气冲天地说："大汗不是说要照顾父王留下的家眷、子女吗？他就是这样照顾我们的吗？"

蒙哥也不能忍受了，用力一指桌案说："我要立即派出特使，向大汗据理力争！"

忽必烈一直没有说话，在一旁听他们议论的帖妮王妃问道："忽必烈，你是怎么想的？"众人把目光投向忽必烈。

阿里不哥说："他？在想他的新媳妇，没有心思顾及别的事了吧？""阿里不哥！"帖妮王妃生气地制止阿里不哥，又面对忽必烈问道："忽必烈，我想听听你的想法。"

忽必烈思索着说："我以为这是汗大妃和贵由设下的圈套。他们挑唆大汗这么做，就是想看看我们的态度。如果我们反抗大汗的旨意，那就正中了他们的下怀，他们就可以借机除掉我们。"

老五旭烈兀冷笑道："他借机除掉我们？以我们的兵力，他们想除掉我们？"

老七阿里不哥嘲笑道："忽必烈，你是不是有了两个老婆就变得胆子小了呀？"然后转身对蒙哥说："大哥，你不要听他的，如果我们把几万兵士都交给了贵由他们，他们的兵力就会超过我们。那是把自己身上的肉割下来喂狼崽子，把狼喂大了再来吃我们！"

蒙哥紧锁住眉头对帖妮王妃说："母亲，父王是为大汗祈病消灾

才英年早逝的，如今尸骨未寒，大汗就对我们开刀！一道命令就划走我们几万军队，这不明摆着是拆别人的帐篷，扩大自己的领地吗？汗大妃和贵由也太狠毒了，我的意思是以兵相抗！"忽必烈反对说："以兵相抗，那就是反叛。我们绝对不能这样做！"

蒙哥质问道："为什么不能？"阿里不哥也诘问道："对，为什么不能？"

"蒙哥，你让忽必烈说完。"帖妮王妃对忽必烈说，"忽必烈，你接着说！"

忽必烈解释道："这虽然是汗大妃和贵由的阴谋，可是他们利用的是大汗的旨意，有着冠冕堂皇的理由。因为汗廷上下都会认为，大汗有权调动全蒙古的军队。圣祖成吉思汗可以将军队分给诸王或诸将统率，大汗当然也有权对军队重新部署。我们不服从调动，那无异于把军队当成了自家的羊群，肯定会遭到各方的非议。如果我们再举兵反抗，那岂不成了分裂蒙古的千古罪人？"

蒙哥虽然很气愤，却不得不承认忽必烈的话是对的。旭烈兀和木哥也不再坚持了，只有老七阿里不哥还在强词夺理："父王刚刚去世，你就同意将几万军队拱手相让；将来有人要全部夺走我们的军权和领地，也只好听之任之吗？"

忽必烈不愿意和这个幼弟理论，他对蒙哥说："大哥，'小不忍则乱大谋。'眼下大汗不是仅仅要求我们交出部分军队吗？如若我们抗旨不遵，反倒真有可能丢掉三十万大军呢！"

帖妮王妃叹息地说："孩子们，我知道关于你们父王的死，你们心里在想些什么。可你们知道，你们的父王为什么在病发之后却要向你们隐瞒病情吗？他怕你们会由于一时的冲动干出傻事来。我们现在不过是刚刚灭了金王朝，距离成吉思汗一统中华的遗愿还差得相当遥远，我们是一点儿也不能掉以轻心啊，绝不能因为内乱而毁了成吉思汗的大业！"

阿里不哥说："可是害我们的不是大汗，是汗大妃和贵由那伙恶人！"

帖妮王妃的语气仍是那么平和地说："可是，只要你们兴兵，必然危及大汗。我们就会成为万夫所指的乱臣贼子！就按忽必烈的意思，暂且忍耐了吧，忍耐是磨刀石！"

老五旭烈兀灵机一动："哎，大哥，我们就把老弱病残和不能打仗的兵给他们拿走。"不等蒙哥表态，忽必烈反对道："不，我的意思是把我们最得力、最信任的，跟随我们东征西杀的老部下送给哈失和西凉王。"

阿里不哥马上反对："忽必烈，你是拿了贵由什么好处了吧？"蒙哥瞪着眼睛看着忽必烈质问道："忽必烈，你是什么意思？"

忽必烈分析道："因为这些人都是父王和我们的亲信，他们同我们的感情是任何人也离间不了的。虽然我们出于无奈把他们送给了贵由兄弟，可他们的心还会向着我们的……"

老五旭烈兀道："对！表面看来我们的兵丁比贵由兄弟少了一些，其实等于让贵由替我们的兵将们喂马。"

帖妮王妃问："蒙哥，你看呢？"蒙哥被说服了："这是个好主意，就照忽必烈说的办吧！"随后面对大家，又像是自言自语地说："忍吧！不过，总有一天，我们忍无可忍的时候，长生天的惩罚就会降临到他们的头上！"

在忽必烈的大帐里，大将道尔达听说要把自己送给西凉王阔端，激动地问忽必烈："四王爷，我道尔达跟随老王爷和你这么多年，哪一次不是打头阵？哪一次给你们丢过脸？让我率三万兵马归西凉王指挥？不成！我生为王爷的人，死为王爷的鬼！"

忽必烈拍拍道尔达的肩膀说："你是我的部下里边最得力的将军！别的不说，就说在攻打金都南京的时候，我受了箭伤，如若不是你拼死

掩护我，我就活不到今天。"

道尔达说："亏你还记得我救过你的命！我做错了什么？你现在不要我了！"

忽必烈动情地叫了一声："道尔达叔叔！"道尔达跪下："不不，我是比你年长十几岁，可不敢让四王子称叔叔。"

忽必烈双手扶起道尔达，说："你起来！从父王死后，我们的处境你也知道，大汗听信汗大妃等人的挑唆，要削减我们弟兄的兵力给他的儿子们，我们只有听命。"

道尔达也想到了问题的严重："我知道，他们早晚有一天会除掉托雷王爷这一系人。"

忽必烈道："我也正是担心这一天啊！"道尔达深情地说："那你为什么不留下我，真的有那么一天，我的这三万人马就会以一当十！"

"真的到了那一天，贵由让你的马刀砍向我，你的刀能举得起来吗？""我要是那样，就是死了扔给狗，狗都不吃的一块臭肉！"

忽必烈以信任的语气说道："我信！正是因为我相信你永远不会跟我两条心，我才把你交给西凉王阔端。"道尔达退后，施礼："四王爷，我明白了，我去！"

忽必烈心头一热，挥挥手示意他退下。道尔达往外走，走到门口又返回身来，说："四王爷，我这一走，就不能常在您的身边了。我……我会想你的！"忽必烈赶上去抓住道尔达的手，眼泪在眼圈里转着，脸上却笑着说："山不转水转，我们总会有重聚的那一天的。走，我送送你！"

西凉王阔端醉醺醺地站在忽必烈的帐外，忽必烈和道尔达走了出来，西凉王上前两步，舌头发硬地说："忽必烈，我……我也是奉了父汗旨意，没有，没有办法的事。"忽必烈爽朗地笑着说："哎，你是西凉王，你掌管兵马也是为蒙古汗国效力嘛。"

西凉王抬手，不让忽必烈再说下去："父汗的旨意，我……我不能不遵。我看，这样……兄弟，你把你手下那些瞎子、瘸子、驼子，老的、病的、残的兵将，全都召集过来，凑够三万……差点儿也成，没有人一个一个地数。"

忽必烈说："不！你镇守的是蒙古西部边陲，需要精兵强将，我把道尔达的三万人马拨给你！"西凉王瞪圆了眼睛："啊？这……这怎么好意思！"

忽必烈道："道尔达，今后你在西凉王帐下，就跟在我的帐下一样。冲锋在前，退却在后。保护西凉王就像保护我一样。"道尔达道："是！"

忽必烈说："西凉王，我的脚伤又犯了，就不送你了。"西凉王摆了摆手说："你，你，你这是羞臊我！"边说边摇摇晃晃地走了。

道尔达朝忽必烈施一礼，率领自己的人马跟随西凉王离去。

在窝阔台对托雷家族的不断的排挤和打压时，托雷家族的子女只能选择忍耐，并且这种忍耐也是最佳的选择。忽必烈在这种时候表现出了宽阔的胸怀和长远的目光。忽必烈的容忍的气度不仅体现在这一件事上，在忽必烈成就大业前期，很多事件，都能够看到忽必烈忍耐的气度。

忍耐是一种难得的品质，它需要健康的心理。忍耐不是谁都能做到的，也不是谁都能学会的。做到了，万物皆备于我；学会了，人格就得到提升。娄师德教诲他的弟弟"唾面自干"，这种忍耐实在是毅力的展开和性情的张扬。

只有忍受住成功前的寂寞、枯燥、难熬日子的人，才有资格获得成功的青睐。普通人无法忍受做学问的寂寞与枯燥，所以不能成为科学家、学术研究者；无法忍受创业的艰辛和压力，于是不能成为企业家、成功商人；忍受不了物质的诱惑和自身的弱点，于是做不成大事。

第六章 忽必烈对你说修身齐家之道

忍耐，大多数时候是痛苦的，因为忍耐压抑了人性。生活在人世间，要成就一番事业，谁都难免经受一段忍辱负重的曲折历程。因此，忍辱几乎是我们有所作为的必然代价，能不能忍受则是伟人与凡人之间的区别。韩信受辱胯下，张良纳履桥端，皆英雄人物忍辱轶事。屈辱能令人发愤，催人奋进，是一种无形而巨大的向上的动力。当发生什么事情时，千万要稳健，不要逞一时之快，而坏了大计。"小不忍则乱大谋"，不要因小失大。

成功往往就是在你忍耐了常人所无法承受的痛苦之后，才出现在你面前。千万不要在将要成功的时候就放弃。要知道最后成功来临的时候，之前付出的的一切都是值得的，这就是我们生存价值的体现，这就是人生的意义。

成大事者，都有一种忍的精神。因为只有忍受诱惑，忍受寂寞，忍受屈辱，忍受常人所不能忍，才能开启成功之门，才能建功立业。

在现实生活中，我们有时会混淆"忍耐与懦弱"的真正含义，把两者视同。其实两者有本质的区别，懦弱是不自信、胆怯、丧志，甚至于逃避；而忍耐则是暂时的，为得是能找到更好的"突破方向"。用形象的话来解释：忍耐是暂时将带刺的武器紧紧握在手中，等待绝佳时机抛出。忍耐不是屈从，而是为实现目标争取时机。忍耐的等待是积极的等待，而不是消极的什么事都不做。特别是在现在的社会里，我们遇事要学会忍耐，要学会运用"中庸"之道，正确地、合理地解决问题。这样，忍耐将会为我们实现人生价值，走好人生之路，铺平道路。"中庸"之道是我们走好人生、为人生点缀、实现价值的重要的"法宝"之一，忍耐也是"中庸"的一种诠释。

忍耐并不是代表着懦弱，而是在从容之中静观或蔑视对方。唐代高僧寒山问拾得和尚："今有人侮我，冷笑我，藐视我，毁我伤我，嫌恶恨我，诡谲欺我，则奈何？"拾得答曰："子但忍受之，依他让他，敬他避他，苦苦耐他，装聋作哑，漠然置之，冷眼观之，看他如何结局？"这种大智若愚的生活艺术，正对应了老子的"不争而善胜，不言而善应"这句话。

在当今这个社会上，每个人都显得特别忙碌，也十分浮躁。经常不停地跳槽、为一件小事发脾气、起争执等等。而这样是无法真正地去解决问题的，这只会导致更大的矛盾，远远背离成就人生的初衷。没有一个人不希望自己成功、不希望自己得到尊重、不希望自己的生活美好，正因为如此我们应该学会忍耐，学会用正确的行之有效的方法、途径来解决矛盾，从而修正自己的人生，我们走向成功。

世上无难事，就怕你用心、认真；处处留心皆学问。用心去体味、用心去践行，吸收有利于我们成长进步的"人生智慧"。当然，学会忍耐，是人生智慧必不可缺的部分，要有海纳百川的胸襟，用广阔的心胸谱导我们美好人生篇章。

秉承勤俭的美德

好的习惯会使你终生受益，勤俭节约是生活中的一笔无形的财富，一种好的品质与习惯。成功的人，大都是懂得勤俭节约的人。勤俭不能直接带来财富，但是勤俭能够完善我们的人格，能够让我们在通向成功的道路上能够更加顺利。

史家曾根据忽必烈先后任用阿合马、卢世荣和桑哥理财而批评他"嗜利"，其实，忽必烈注重理财是反对空谈、讲究功利之举，目的是让国家尽快富起来。忽必烈并未将国家钱财据为己有，随意挥霍，而是

第六章 忽必烈对你说修身齐家之道

事事处处从大局着眼，以节俭为上。

自元太祖成吉思汗以来，曾给予蒙古宗亲、大将、功臣以大量赏赐，忽必烈也未例外，时常赏赐功臣，被人们看成是一种浪费之举。其实，忽必烈同窝阔台等大汗不同，他从未乱行赏赐，并且有一定节制。泰定帝时期，张珪与宋文瓒曾说："世祖临御三十五年，左右之臣，虽甚爱幸，未闻无功而给一赏者"。说明忽必烈并未滥加赏赐，所赏所赐者均为应该受赏受赐之人，起到了调动大臣将领积极性的作用。忽必烈赏有劳而赐有功，但为了节约国家钱财，每次赏赐的数目都有一定限度，而不是无止境的随意乱赏。顺帝时乱行赏赐，崔敬曾上书劝谏说："臣闻世皇时，大臣有功，所赐不过槃革，重惜天物。为后世虑至远也"。这说明忽必烈治国能从节约的角度着眼，赏赐有一定节度，这对于节约国家钱财具有重要意义。

忽必烈在位期间也曾兴建土木工程，但也没有过分兴建，主要是修建了两都。忽必烈修建两都务求豪华壮丽，在当时的情况下，对于宣扬国威、促进蒙古族的汉化都是必要的，并不是一种奢华之举，也不是一种随意花钱的浪费。忽必烈在修建两都之时，曾经考虑到老百姓的承受能力，尽量不影响农业生产。在农闲时建造。比如，至元元年（1264年）四月，忽必烈修建上都之时，上都御苑官南家带曾请求修造驻跸凉楼，忽必烈考虑到当时正值农忙季节，没有同意，下令待农闲时再行建造。由于忽必烈注意到了老百姓的承受能力，尽量不误农时，所以，两都虽然修建的豪华壮丽，人们并未感到负担过重，也未引起社会动荡。

特别应该指出的是，忽必烈把两都修建的富丽堂皇，并非是为了自己享受，而是作为国家的象征，从一开始就警惕自己贪图享受。他在大都即将修成之时，从漠北旧居移来青草一株，栽种于王宫丹墀之前，起名为"誓俭草"（或作"思俭草"），目的是让自己不忘"太祖创业艰难"，让"后世子孙知勤俭之节"。

忽必烈就是这样，以不忘祖先创业艰难之精神激励自己，始终保持艰苦奋斗的作风。至于忽必烈节俭到什么程度，由于史家没有给我们留下过多的关于他个人生活的具体材料而无从得知，但根据时人及后人的部分记述，也可以看出一些蛛丝马迹。时人王恽曾在奏书中说，忽必烈"临御以来，躬先俭素，思复淳风，如轻纻衣而贵绸缯，去金饰而朴鞍履。至衣服等物，销织镀呀之类，一切禁止"。据说，忽必烈从不穿戴贵重华丽衣帽，衣服常常是补了又补。后来，忽必烈曾将自己穿过的衣服储于箱中，以教育子孙保持勤俭之节。史载，武宗曾与皇太后等设宴于大安阁，大安阁中有一"故箧"，不知何故，特问宦官李邦宁说："此何箧也？"李邦宁回答说："此世祖贮裘带者。臣闻有圣训曰：'藏此以遗子孙，使见吾朴俭，可为华侈之戒。'"武宗听了，颇受感动，下令打开箱子观看，武宗见了世祖所用裘带，十分感叹地说："非卿言，朕安知之。"当时，有位宗王在旁边，接着武宗的话茬说："世祖虽神圣，然啬于财。"李邦宁听了，不同意那位宗王所说的话，说道，"不然，世祖一言，无不为后世法；一予夺，无不当功罪。且天下所入虽富，苟用不节，必致匮乏。自先朝以来，岁赋已不足用，又数会宗藩，资费无算，旦暮不给，必将横敛掊怨，岂美事耶。"武宗及皇太后听了，深表赞同。

英宗也曾"御大安阁，见太祖、世祖遗衣皆以缣素木绵为之，重加补缀，嗟叹良久，谓侍臣曰：'祖宗创业艰难，服用节俭乃如此，朕焉敢顷刻忘之！'"据此，我们可以知道，忽必烈的个人生活十分节俭，甚至达到了刻薄的程度。

忽必烈不仅自己生活俭朴，对家人要求也十分严格。据史书记载，有一次，皇后察必曾于太府监支取缯帛表里各一，忽必烈知道以后，立即批评她说："此军国所需，非私家物，后何可得支？"察必皇后诚心接受批评，从此严格要求自己，勤俭自持。她率领宫中女工。执弓操

弦，纺织丝绸，亲自裁制衣服。她还把宣徽院扔弃的羊臑皮捡回来，亲自动手缝成地毯。她见忽必烈戴着没有前檐的帽子，被太阳光刺激得眼花缭乱，便动手做了一顶有前檐的帽子，忽必烈戴上甚觉舒服。特下令推行全国。察必皇后还亲自设计成一件前短后长，没有领袖的衣服，以方便骑马射箭。当时人见了，纷纷效仿，察必皇后所设计的衣服迅速风行全国。天子之重，后妃之荣，一缯之微，都不私用，实属罕见。皇后为天下之母，亲执女工，勤俭持家。历史上也很少见。忽必烈不仅对后妃要求严格，对子孙们的生活要求也很严格。有一次，太子真金有病，忽必烈前往探视，看到床上铺有织金卧褥，认为真金生活奢侈，十分生气地对真金妻子阔阔真说：我总以为你最贤淑。为什么奢华如此呢？阔阔真听后，十分惶恐，急忙跪下解释说："常时不曾敢用，今为太子病，恐有湿气，因用之"。说罢，立即撤去。忽必烈对家人要求如此严格，生活如此俭仆，实属难能可贵。

　　忽必烈不仅对个人的小家要求严格，朴素如初，就是对整个国家的大家也是处处精打细算，从不浪费。史载，英宗即位以后的第一个元夕，英宗有意庆贺一番。"欲于内庭张灯为鳌山"。参议中书省事张养浩听说其事以后，即上疏左丞相拜住进行劝谏，疏中说："世祖临御三十余年，每值元夕，间阁之间。灯火亦禁；况阙庭之严，宫掖之邃，尤当戒慎。今灯山之构，臣以为所玩者小，所系者大；所乐者浅，所患者深。伏愿以崇俭虑远为法，以喜奢乐近为戒"。拜住接到张养浩的上疏以后，立即袖其疏入谏英宗，英宗看了张养浩的上疏，最初大怒，即而转怒为喜，按照张养浩的建议，撤掉了张灯之令。从张养浩的上疏中可以知道，世祖忽必烈为了节约，禁止搞张灯结彩等娱乐活动。《元史》中还记载，忽必烈"敕宫烛毋彩绘"，又敕"鞍、靴、箭镞等物，自今不得以黄金为饰"。至元二十九年（1292年），"回回人忽不木思售大珠，帝以无用却之"。由此可见，忽必烈对各种不必要的浪费都是反对的。

以上可以看出，忽必烈的俭朴，为终元一代的皇帝和大臣奉为楷模，皇帝以忽必烈为榜样，大臣劝谏也举忽必烈的例子，均以忽必烈为法。其实，忽必烈的俭朴在历代帝王中也是突出的，如果做为历朝历代皇帝的楷模，恐怕也不算太过。

古人说："历览前贤国与家，成由勤俭败由奢。"勤俭是我们中华民族的传统美德，更是成就伟大事业的基础条件。方志敏也曾经说过这样的话："清贫，洁白朴素的生活，正是我们革命者能够战胜许多困难的地方！"对于现代人来说，勤俭节约更是我们应该发扬的优良传统，培养文明健康的生活方式，提倡勤俭节约，反对铺张浪费。

随着我们国家经济的日新月异，人们的消费越"攀"越高。人们的攀比之风日渐浓厚，很多人都变得以奢为美，奢侈浪费现象比比皆是。

我们革命老一辈的传统美德哪里去了？"一粥一饭常思来之不易，一丝一缕恒念物力维艰"，节俭是一种美德，节约更是一种操守。挥霍不是富裕的象征，只是粗俗的外化。这些不好的风气，贪图享受、奢侈浪费只会使人变得虚荣懒散，精神空虚，最终将一事无成。

"由俭入奢易，由奢入俭难"这句古训已经流传了千年。作为现代社会的学生，我们应该在日常生活和学习中努力培养自己勤俭的习惯，这个习惯的益处将会伴随你一生。不积细流，无以成江河。要养成勤俭的习惯，首先要从身边的每一件小事做起，随手关掉不需要的电器和用水开关，让自己养成节约的好习惯；改掉自己好吃懒做的习惯，让自己变得勤快起来，因为勤劳的人都能取得成功，而守株待兔，只会害了自己；穿衣服不要讲究名牌，穿得整洁就行了。物质享受的比较只能让自己在攀比中迷失自我，浑浑地度过每一天，没有目标，没有理想，我们应该做的是戒奢淫逸，发扬中华民族的传统美德——勤俭节约。

勤俭节约是一种立身、立家、立业的美德。做到一时、一事的

勤俭不是难事，难的是时时处处注意勤俭，使勤俭成为自己的一种习惯。这样的话，才能真正从中受益一生，才能造福一方。

所以，我们说，无论什么时候我们都要保持勤俭的习惯，"涓涓溪流，汇成江海"，做到习惯于勤俭，小到对自己的人生，大到对国家都大有裨益。节俭与勤劳互为表里，克勤克俭，就能不断地积累和创造财富。以《国富论》著称于世的亚当·斯密就社会资本积累的角度论述过节俭的经济意义。他写道："诚然，未有节俭之前，须先勤劳，节俭所积累之物，都是由勤劳得来。但是若只有勤劳而无节俭，有所得而无所贮，资本不能加大。"

勤俭只会对我们自己有益处，那些对人不利、对己无益的习惯和行为，经过长久的积累就会影响我们对待生活的态度。所以，我们应该努力培养勤俭的习惯，一个勤俭的人，本身是快乐的人，因此他会给你带来支配精神的力量。要想做成功人士，就要从勤俭节约开始。培养勤俭节约习惯，克制奢侈浪费行为，让生活过得精彩。

常怀仁德之心

在成功的道路上，我们应该怀着一颗仁德之心前行，对我们生命中遇到的每一个人都要抱有真诚之心、尊重之心、有敬人之心，只有心怀仁德，才能不被人怨恨和抱怨，才能达到一种和谐的人际关系，才能追寻到属于自己的成功。

在儒家思想的熏陶下，忽必烈逐渐形成了宽仁厚重的性格，比起历史上那些性格暴躁、喜怒无常的皇帝来，忽必烈要温和得多，他没有因为喜悦和偏爱而赏赐一个无功者，也没有因为发怒乱杀一人。他对社会各个阶层的人物都具有一定的同情心，因此，特别慎于用刑。

忽必烈曾经对管如德说："朕治天下，重人命，凡有罪者必令面对再四，果实也而后罪之，非如宋权奸擅权，书片纸数字即杀人也。汝但一心奉职，毋惧忌嫉之口"。忽必烈是这样说的，也是这样做的。他在杀卢世荣和桑哥之前，都曾召集大臣和卢世荣、桑哥论辩，诸事落实之后，方才杀人。桑哥当权、最受忽必烈爱幸之时，程钜夫曾上书弹劾桑哥，桑哥怒不可遏，羁留程钜夫，"奏请杀之，凡六奏，帝皆不许"。忽必烈没有因为爱幸桑哥而按他的话去乱杀人。

忽必烈曾经对宰臣说过："朕或怒。有罪者使汝杀。汝勿杀，必迟回一二日乃复奏。"史家对此话十分感慨，谓"斯言也，虽古仁君，何以过之"。确实，忽必烈为了避免乱杀无辜，想尽了办法，其慎刑仁恕之心历历可见。

李璮叛乱，忽必烈追究其事时，发现一些汉人曾同李璮往来，也意识到一些汉人极力反对蒙古人的统治，但他控制住了自己的感情，仅杀了与李璮叛乱有关的王文统，其余，装作不知道一样，不做任何处理，没有把事情搞得扩大化。

阿合马事件发生以后，他看到了其中汉人反对包目人以至反对蒙古统治的迹象，但他也没有把事情扩大，仅杀了王著、高和尚、张易等人，其余不加追究。后来的卢世荣事件、桑哥事件，忽必烈处理得也很慎重，没有扩大化。就连南台御史上章请求忽必烈禅位于皇太子真金之事，忽必烈也未予深究。实际上，忽必烈要弄清南台御史上章之事，不是很困难的，他不加深究就是不想把其事扩大，比较宽松地处理了类似有发展成为政变的大事。

忽必烈不仅对一些大事处理谨慎，就连一些小事也体现出了慎刑的精神。比如，宋将刘整投降蒙元以后，宋朝荆湖制置使李庭芝为了离间

刘整与蒙元的关系，特以金印牙符，授给刘整汉军都元帅、卢龙军节度使、晋封为燕郡王等官职。其书被永宁令得到，立即传送于朝，忽必烈令张易、姚枢了解其事。刘整亲自辨明于朝，说自己实在不知。忽必烈听了刘整的话，未加深究，仅让刘整复书李庭芝就算完事。由于忽必烈处理慎重得体，没有激起刘整之变，一直死心蹋地为元朝卖命。

一次，有位牧人盗割驼峰，忽必烈非常生气，下令处死牧人。铁哥听说其事，谏阻道："生割驼峰，确实残忍，但因此处死牧人，恐非陛下仁恕之心。"忽必烈听了，觉得很有道理，用比较轻的刑罚处理了牧人。体现了忽必烈的轻刑和仁恕思想。

南宋灭亡以后，江南某些道观仍然藏有宋朝皇帝画像，有位僧人与道士有矛盾，便将其事报告了朝廷。忽必烈初听其事，以为江南人民仍有造反之心，想处以重刑，但又有些犹豫，特以其事征求石天麟的意见，石天麟说："辽国灭亡以后，辽国皇帝和皇后的铜像在西京一直保存，至今仍然有之，未听说还有这方面的禁令。"忽必烈听了，疑心顿释，对江南道观及人民保留宋朝皇帝画像等事一概不问。

忽必烈对朝廷中的大事和小事慎于用刑，主要基于儒家的仁恕思想，对人具有一定的同情心，就连对一般的老百姓也是这样，遇事处理得都比较宽容。比如，至元二年（1265年），张弘范驻守大名（今河北大名），正值大水，许多村庄房舍皆被淹没，受灾的老百姓无力交纳租税，张弘范遂自作主张，免除了老百姓的租税。有人将其事上奏朝廷，忽必烈欲治其专擅之罪。张弘范请求入见，对忽必烈说："臣以为朝廷储小仓，不若储之大仓。"忽必烈听了这话，不明其意，忙问，"为什么这么说？"张弘范回答道："今岁水潦不收，而必责民输，仓库虽实，而民死亡殆尽，明年租将安出？曷若活其民，使不致逃亡，则岁有恒收，非陛下大仓库乎！"忽必烈听了，觉得很有道理，说："知体，其勿问"。忽必烈赞同张弘范擅自免除民税的做法。既体现了他的轻刑思想，也说明忽必烈具有一些爱民、惜民之心。

以上可以看出，忽必烈具有宽厚仁恕思想，谨慎使用刑罚，这同历史上那些性格暴躁、随意杀人的暴君比较起来，无疑忽必烈还是一位具有仁德之心的好皇帝。

孔子认为，能够做到"恭、宽、信、敏、惠"的人就是仁者，其本意是说明，能够做到"恭"，就不会受人侮辱；能够做到"宽"，就能够得到众人的拥护；能够做到"信"，就能够得到别人的爱心和任用；能够做到"敏"，就会让自己出色，做出成就；能够做到"惠"，就能够让自己道德提升，而能够很好的任用他人。正所谓"仁者，爱人"，只有做到了仁德之心，才能够帮助自己走向成功。

实现中华统一的秦始皇建立的王朝为何短命？因为他犯了一个致命的错误，他提出了一个观点，叫"朕即天下"。秦始皇得了天下以后，认为自己就是整个天下了。我就是天下，我费了九牛二虎之力，才把天下统一了，这天下不就是我的吗？所以我要一世、二世、三世，直到传至万世。

如果天下人都不同意那就杀光天下人，扰乱思想的书全部都要烧毁，不听话的儒生全部活埋掉。在他的意识里，根本就没有"共有天下"的观念，更别提什么给予和付出了，所以，秦王朝的历史也不过短短十四年而已。而与之相反的是，以"共有天下"治理的周王朝历史长达八百年之久，这就是不同"天下观"所导致的差别。

历史上这样的事例并不少见，刘邦和项羽因为有着不同的天下观，其结局就有了天壤之别，刘邦清楚地知道天下是不能一个人独享的。当他最大的强敌项羽在垓下自杀后，汉天下逐渐开始有了自己的雏形，有一天，刘邦在洛阳南宫宴请群臣，得意之余问道："诸位王侯、诸位将军，今天你们实话实说，我为什么能得到天下？而项羽又为什么会失去天下？"

这时候马上就有人站起来回答："陛下在攻打城池夺得土地之后，将得来的土地都封给了在战场上有功的人，和大家有福同享；项羽却是对有功的人加以杀害，对有才能的人起疑心，不肯信任。这就是陛下得天下而项羽失天下的原因啊！"

由此可见，刘邦与下属有福同享的举动在与项羽的争战中占据了重要的因素。但是，刘邦得意地说："其实你们只说对了一半，运筹帷幄而决胜千里之外，子房（张良）比我强太多了；镇守国家，安抚百姓，供给粮饷，使前线用粮不断，萧何比我做得更出色；率领百万大军，每战必胜，每次进攻一定会夺得敌人土地，我如何比得上韩信？那么，各位，我做了什么呢？"

刘邦接着说，"因为我能够重用了这三个人，所以我才能得到天下。而项羽却连一个范增都不能用。这也就是他被我擒杀的根本原因。"

所以，领导者要想得到人心，拥有天下，就一定要有正确的"天下观"。

当年周文王被商纣王放行之后，途经渭水边时，遇见一老人正在茅草丛里面钓鱼。而老人手中的渔竿根本没有钩，就一根线直直地垂下去，见此异象，周文王忍不住好奇，问道："老人家，这线上无钩，如何钓鱼？"这个老人的回答就四个字："愿者上钩。"

周文王身边很多随从觉得这老头脑袋有问题，但周文王却觉得这个老人不是个普通人。

周文王继续问道："什么叫"愿者上钩"啊？你不钓它，它为什么会上来呢？"

老人看了他一眼，然后若无其事地说："钓鱼的方法其实和选人才一样，并不是说你拿个弯钩才能钓得着。用直钩一样可以把人才钓过来，甚至可以让人主动来找你，你不用钓人家就来了，这就叫愿者上钩。"

周文王听这老人语出不凡，就虚心地问："那具体怎么让人来呢？"

说到这里，大家也该都明白了，那位老人其实就是姜子牙。

姜子牙说："如果一个有远大志向的王者要想得到人才，其本身就应该具有创造性，能够掌握潜移默化地感动人心的方法和技巧。只要把人心感动了，学会和懂得利用这种悄无声息的、让人无法看到的恩惠，就可以征服人心，这样你才能获得更大的成功。天下其实并不属于哪一个人。你现在是个侯爵，将来要成为大王，你就认为天下是你自己的

元大都城墙遗址

了？这种想法是很可笑的。天下是天下人共同拥有的，如果你能够敞开自己的胸怀，让天下人共享天下的利益，那么你就能得到天下。如果你无法做到共享，而仅仅只是自己独占天下的利益，那么你早晚会失去天下的。"

"真正的王道是让天下人都能够得到利益。只有让全天下的人都得到利益，你才能够称王而拥有天下"。姜子牙这番话实际上是总结了商王朝的沦落的原因，同时也给了周文王敲了一记警钟：你不要认为你夺了江山就行了，那不是天下，人心才是天下。

听了姜子牙的这番话后，周文王一下子就明白了什么才是真正的江

山。还用钓竿、鱼钩干嘛呀？你的恩惠都是悄悄的，润物细无声，给了别人很多很多。然后这些人不就主动来了吗？那就不用钓了，所以就叫"愿者上钩"，因为你得人心，所以人们自己就愿意来。

管理也是如此，对待职员需要用方法笼络住他们的心。

对于一名领导者而言，手中的权力并不是用来命令下属干这干那的，这样的举动无疑是愚蠢的。而这样做的结果只会让你的下属服从你，但却不会喜欢你，你和你的下属一样，只能永远被动地工作着，也许在未来的工作中，你的下属就会不认真工作，而是采取某种手段和措施来敷衍了事。作为一个领导者，你应该给他们关怀，或者说用你的人格魅力吸引你的下属，让他们喜欢你，心甘情愿地为你工作，这种行为不失为一种投资少、见效丰的领导艺术。

在中国古代，唐太宗李世民对于人民大众的认识就有这样一段精辟的见解：水可载舟，亦可覆舟。他就是把众人比成了水，把自己比作船。在如此早的年代，他对人民群众的力量的认识就能达到如此境界，真是难得。

仁德之心可以获得拥护，只有心怀仁德的人，才能够真正得到人才的辅助。仁德之心能够获得信用，只有心怀仁德，才能够让别人信任。这就是所谓的敬人者，人恒敬之，爱人者，人恒爱之。所以我们在自己的人生道路上，一定要常怀仁德之心。

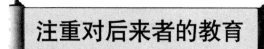

注重对后来者的教育

古人很注重对后人的教育，这也是古人修身齐家的重要部分之一，所谓齐家，就是要在修身正己的基础之上，通过对家庭的治理来达到自己精神境界的升华，为更高层次的治国平天下打下基础，教子之道，也就正好体现着齐家之术。

忽必烈曾经说过，"孔子言三纲五常。人能自治，而后能治人；能齐家，而后能治国"。因此，忽必烈治家一直很严格。

据《史集》记载，忽必烈有十二个儿子，其中，察必皇后生有四个儿子，即长子朵儿只，早死；次子真金以次为长，1261年被封为燕王，1273年被立为皇太子；三子忙哥剌，1272年被封为安西王，镇守长安，1273年进封为秦王，1280年死；四子那木罕，1265年受封为北平王，1282年改封为北安王，先镇阿力麻里，后改镇漠北。忽鲁黑臣哈敦（哈敦，意为后妃）生子一人，名忽里带。朵儿别真哈敦生子二人，长子忽哥赤，1268年封为云南王，镇守云南，1271年死亡；二子奥鲁赤，1269年封为西平王，镇守吐蕃等地。许慎真哈敦生子二人，长子爱牙赤，曾镇守兀剌海；次子阔阔出，1284年封为宁远王，1307年进封为宁王，曾镇守西北。不知何人所生的忽都鲁帖木儿，年仅20岁就死了。巴牙兀真哈敦生子一人，名脱欢，1284年封为镇南王，初镇湖广，后改镇扬州。南必哈敦生子一人，《史集》谓不知名字，据《元史·南必皇后传》可知其名字为铁蔑赤。

《元史》卷107《宗室世系表》说世祖忽必烈有十子，加上《南必皇后传》所记铁蔑赤，共为十一子，与《史集》所记相比较，少了忽鲁黑臣皇后所生忽里带一子。

《史集》与《元史》所记，均为忽必烈皇后所生，大约忽鲁黑臣皇后后来被废黜，所以《元史》未能计算在内。《多桑蒙古史》亦谓忽必烈十二子，《马可·波罗行纪》说忽必烈皇后生有"二十二"子，"二十二"当为"一十二"之误。此外，《马可·波罗行纪》说忽必烈还有"二十五子"，为妃嫔所出。至于忽必烈到底有多少儿子，已无从考证。

第六章 忽必烈对你说修身齐家之道

忽必烈对儿子们的教育和要求十分严格。早在身居藩邸时，忽必烈就挑选汉人儒士姚枢、窦默、李德辉、董文用、王恂、李谦等为诸子的教师，或充诸子伴读，让他们从小就接受儒家思想教育，逐步懂得做人的准则和治理国家的道理。真金等人学习十分刻苦，很快就成了儒学的忠实信徒。

忽必烈教育儿女们要有仁恕之心，不能随意勒索老百姓。据《史集》记载，忽必烈把哈喇章地区赐给六子忽哥赤作为营地。一次，忽哥赤从一个村庄额外多取了一些野禽，忽必烈知道其事以后，十分生气，下令"责打了他七十棍，把他的臀部打得皮肉模糊"。此后，忽必烈的儿子们再也不敢依仗皇帝的势力随意勒索了。

忽必烈经常教育儿孙们不要沾染上恶习，要养成良好的生活习惯。据《史集》记载，忽必烈的孙子（真金之子）铁穆耳从小就喜欢喝酒，逐渐成了一个酒鬼。忽必烈经常规劝和责备他，铁穆耳还是不改，以至忽必烈用棍子打过他三次，又派一些护卫盯着他，不给他酒喝。铁穆耳馋酒馋得要命，后来同一个自称擅长炼金术和魔法的不花剌人里咱混到一起，里咱是一个很不正派的人，经常和铁穆耳偷偷地饮酒。里咱为了躲过卫士和暗探的监视，让铁穆耳到澡堂去洗澡，又让澡堂的管理人员"偷偷地用酒代替水灌到水道中，通过管子放进浴池内，他们便喝到了酒"。后来，铁穆耳与里咱在澡堂揄偷喝酒的事被看守发现了，看守报告了忽必烈，忽必烈大怒。强行把铁穆耳和里咱分开，并派人暗中将里咱杀掉。在忽必烈的管教下，铁穆耳的嗜酒恶习逐步得到了控制。后来，铁穆耳当了皇帝，想到忽必烈的教诲，彻底地戒了酒。

忽必烈处处以国家大局为重，不让儿子们生活奢侈，也不把他们留在京师享清福，总是把他们派到国家最需要、最为艰苦的地方去，让他们为国效力。比如，他让儿子那木罕和阔阔出率军去平定海都叛乱，当时，与海都作战，不但最为艰苦，也最为危险，随时都可能丧失生命。忽必烈并没有考虑到儿子的安危，让他们长期防守边疆，连续同海都作战，后因昔里吉叛乱，被俘送钦察汗国的忙哥帖木儿处。后来，虽然被释放，但受尽了折磨和痛苦的煎熬。

第六个儿子忽哥赤也被派到云南。当时。云南刚刚平定，人心不稳，抚定工作十分艰苦且危险。忽哥赤到达云南，与张立道一起，积极工作，取得不少成绩。但云南三十七部都元帅宝合丁心怀异志，忌刻忽哥赤来云南称王，蓄谋加以杀害。一次，宝合丁诡称设宴招待忽哥赤，在酒中秘密下了毒药。贿赂上下，无使泄其事。后来，张立道知道了这件事，立即前往求见，当时，忽哥赤正和宝合丁等人宴饮，守门人坚决不让张立道入内，张立道与之大声抗争。忽哥赤听到张立道的声音，使人召入。张立道揭露了宝合丁的阴谋，并说酒中有毒。忽哥赤赶忙将手探入口中，欲使所饮酒食吐出来，然而，为时已晚，口腔中肌肉已经腐烂，当天晚上，忽哥赤就离开了人世。

忽必烈听说忽哥赤被害以后，虽然十分悲痛，但仍然没有改变让皇子到最艰苦的地方去磨炼的做法。忽必烈发动征南之役，又让儿子脱欢率军去承担这一既艰苦又危险的任务。脱欢虽然尽了力，但最终还是失败了。忽必烈大怒，责令其改镇扬州，终身不许入觐。

忽必烈又让七子奥鲁赤镇守吐蕃，也甚艰苦。此外，忽必烈又曾让真金"抚军称海"，让爱牙赤参加讨伐乃颜叛乱等。

据现有史料来看，忽必烈除了将真金大部分时间留在自己身边以外，其余儿子大多没有留在繁华的京师，而是派到国家最需要的、最为艰苦的地方去，可以说，忽必烈为了国家的前途和发展，贡献了自己的全部亲人。这种不让自己的子孙在繁华的都市享清福、不让他们奢侈腐化的做法，十分难能可贵。正如他自己所说的那样，"能齐家，而后能治国"，忽必烈把国家治理得较好，是与他的"齐家"分

不开的。

古今中外，对于子女的教育都是真正的成功人士很注重的事情。当然，我们不乏看到，一些人在取得一定程度的成功之后，并不注重对于子女的教育，最后形成一种"富不过三代"的局面，使得自己辛苦取得的成功，最终不能够保持，不能得到善终。因此，想要获得长久而稳定的成功，要注重对于子女的教育问题。

"昔孟母，择邻处，子不学，断机杼。"我国古代启蒙读物三字经中很早就有这样的论述，可见对子女教育的重要之处。而对于古代教子有方的成功人士也是大加赞扬。这也是古人齐家之道。

宋代著名政治家、文学家史学家司马光，在自己的人生中可谓获得了成功，在对于子女的教育上，司马光同样获得了很大的成功。其子司马康历任校书郎、著作郎兼任侍讲，也以博古通今，为人廉洁和生活俭朴而称誉于后世。司马光常教育儿子"平生衣取蔽寒，食取充腹"，并且"不敢服垢弊以矫俗于名"，为了教育儿子勤俭，他还以家书的体裁专门写了一篇论俭约的文章，明确指出："侈则多欲。君子多欲则贪慕富贵，枉道速祸；小人多欲则多求妄用，败家丧身。"

在成功人士中，对子女教育有道的，往往成就自己一世英名，在自己百年之后，能够让自己的精神得到延续和弘扬，而对子女教育不加重视的，却容易落得个身败名裂，丧家落魄的下场。

清代著名书法家董其昌，其书法艺术称雄一时，其书法得到康熙皇帝的喜爱，也正因此董其昌当时在官场中也颇有权势。董其昌有一子叫董权。董其昌很是喜欢这个儿子，平日里也就大加骄纵，董权借其父亲的权势，变得横行乡里，平日里欺男霸女，无事生非，成为当地的一霸。最终，不堪忍受的乡邻在激愤之下，百余名百姓联手冲进董家，放火焚宅，董其昌仓皇出逃，好似丧家之犬。

正所谓"十年树木，百年树人。"对子女的教育非常重要，当然，对子女的教育不能仅仅停留在传授上，更应该注重孩子的品德培养。父母是孩子的第一任教师，也是孩子一生中最重要的教育者。一个人的成就，在一定程度上体现在自己生命的延续——子女身上。因此，不管是对下一代的教育，还是一个人想要取得成功，都要注重修身齐家之道。

用知识改变命运

有一句话说得好：知识改变命运。我们获得知识的途径，就是学习，不断地学习，做到勤学不辍。我们现在生活的时代，是一个急剧变革的时代，社会生活日新月异，知识更新速度日益加快，这就要求我们更要保持学习的热情，不断地学习。

蒙古族文化发展较晚，成吉思汗时期虽然借用畏兀儿字母书写蒙古语言，创制了蒙古畏兀儿文字，但可以供人们学习的文献太少了，几乎是一片空白。身为藩王的忽必烈虽然努力学会了畏兀儿蒙文，但仍然满足不了自己渴求知识的强烈愿望。

于是，藩王忽必烈开始向蒙古人以外的世界去探求更加广泛的知识。最初，忽必烈曾想了解传说中带有神秘色彩的佛法，他曾向海云禅师询问"佛法中有安天下之法否？"海云禅师建议他寻求安天下之法不要到佛法中去寻求，而要"求大贤硕儒，问以古今治乱兴亡之事"。此后，忽必烈便开始到汉儒那儿寻求知识。他通过刘秉忠等人，招致了大量汉儒，每招致一位汉儒，都要让这位汉儒给自己讲授儒学文化知识。通过汉儒，忽必烈发现，汉文化高深莫测，博大精深，那里不仅有治国

之方、为君之道、御人之术，也有为人之道、处世之方以及如何处理家庭、邻里和社会关系的准则等等。可以说，举凡天上、地下和人文诸事，应有尽有。这种五彩缤纷的世界，忽必烈以前连听说都没有听说过。于是，他开始如饥似渴地学习。

忽必烈学习汉文化知识，主要学习儒家经典。儒家思想主要讲修身、齐家、治国、平天下的道理，这些道理，对忽必烈来说，实在是太重要了。于是，忽必烈便让汉儒为他讲解儒家经典及历代治乱兴衰的历史经验和教训等等，他心甘情愿地当一名小学生。后来，忽必烈即位当了皇帝，也挤出时间听讲，终生不辍。

通过儒士介绍，忽必烈对《论语》、《孟子》、《大学》、《中庸》、《孝经》、《尚书》、《周易》、《大学衍义》、《春秋》、《资治通鉴》等书都有所了解。汉文化书籍汗牛充栋，忽必烈一时难以学完，为了便于掌握，忽必烈曾命商挺、姚枢、窦默、王鹗、杨果等人为他重新撰写了《五经要语》凡二十八类，作为读本。中书左丞许衡，也曾"集唐虞以来嘉言善政，为书以进。"供忽必烈学习。为了吸取历史上治乱兴衰的经验和教训，忽必烈又令王磐、徐世隆、王鹗等人将金世宗时期的治国方略编成《大定治绩》一书，"以备乙夜之览"。徐世隆将尧、舜、禹、汤为君之道德撰成书，由安藏译写以进。不忽木也曾书写《贞观政要》数十事，献给忽必烈，等等。

忽必烈学习十分刻苦，他身为一国之君，日理万机，但一有闲暇就与身边大臣、儒士讨论历史上君主的为君之道和大臣们的为臣之道等，并令儒士为他讲解。他常常将儒士请到自己的帐殿，"陈说古先帝王政治"，总是听得津津有味，忘记疲倦。甚至吃饭时，也要听取儒士们"陈说古今治要"。忽必烈白天的时间十分有限，为了多学习一点儿知识，就利用晚间学习。忽必烈早在为藩王时，请王鹗等人"进讲《孝经》、《书》、《易》及齐家治国之道，古今事物之变，每夜分，乃罢"。即位以后，事务繁忙，更是学习到深夜，据《元史·巙巙传》记载："世祖尝暮召我先人（指不忽木）坐寝榻下，陈说《四书》及古史治乱，至丙夜不寐。"就是出征打仗，忽必烈也不因为军务繁忙而一时停止学习，比如，他率军征伐大理时，特命姚枢等人从行，行军之余或是晚间为他讲解经书及古今治乱得失，姚枢曾经为忽必烈讲述了北宋太祖赵匡胤派遣曹彬攻取南唐不杀一人的事迹，第二天，忽必烈坐在马鞍上对姚枢说："你昨天晚上讲的曹彬不杀之事，我也能做到。"结果，忽必烈攻取大理，也没有滥杀。忽必烈亲率大军平定阿里不哥叛乱时，也令贾居贞等人从行，一有闲暇，贾居贞等就为忽必烈讲说《资治通鉴》，"虽在军中，未尝废书"。赵璧用蒙古语译出《大学衍义》，经常在马背上为忽必烈讲解。这种废寝忘食的学习精神，在古代帝王当中是比较少见的。

由于忽必烈对学习历史上统治经验的重要意义有着充分的认识，学习十分努力，很快就掌握了历史上君主治理国家的事迹，其历史知识甚至超过一般汉人。比如，忽必烈招至赵孟頫以后，曾经问道："汝赵太祖孙耶？太宗孙耶？"赵孟頫回答道："臣太祖十一世孙。"忽必烈又问道："太祖行事，汝知之乎？"赵孟頫回答说不知。忽必烈接着说："太祖行事，多可取者，朕皆知之。"许衡曾将上自唐虞，下讫辽金的历代帝王名谥、统系、岁年等编为课本教授国子学生，忽必烈曾经按其课本内容口试当时还是国子学学生的不忽木等。这些都可以说明，忽必烈并非是一般知道历史知识，而是相当精通。

忽必烈在学习汉文化知识时。主张实用，反对盲目乱学，他曾经说过，"汉人惟务课赋吟诗，将何用焉？"主张"通经书，学孔孟"，有益于治国。他所学的经书及历代统治经验，都是为他治国服务的。因此，他在历代帝王之中，比较重视唐太宗、宋太祖和金世宗等人，在治国及为人行事等方面，有意仿效这几位名君。而对汉高祖刘邦，最初则

不太在意，在焦养直讲到汉高祖时，忽必烈曾"诵所旧闻"。以其"起自侧微"而予以轻视，后经焦养直反复论辩，才逐步转变了对汉高祖的看法。

忽必烈勤奋好学，不仅注重学习历史知识，也注重了解当时的社会实际，"欲见万里如在目睫，以决其几"。他曾经派遣贺胜等人"遍历吐蕃、云南、广海之地，往返观察。军旅所及，必得其情以归报"。马可·波罗出使各地以后，忽必烈也让他作以详细汇报，以便及时掌握全国各地情况。

由于忽必烈虚心好学，掌握了大量历史知识和现实情况，才能较好地将历史理论与现实实际结合起来，制定出比较切合实际的统治方针和政策，这对于促进社会的稳定和发展，起到了重要的作用。

王国维总结"活到老，学到老"时说过：古今之成大事业大学问者，必经过三种之境界："昨夜西风凋碧树，独上高楼，望尽天涯路。"此第一境也。"衣带渐宽终不悔，为伊消得人憔悴。"此第二境也。"众里寻她千百度，蓦然回首，那人却在灯火阑珊处。"此第三境也。

人要想在成长的过程中，不断地进步，就得活到老，学到老。在学习上不能有餍足之心。从古至今，有成就的人，哪一个不是从勇于学习，不断钻研中受益的呢？而不断地学习，就要有老师。孔子说："三人行必有我师。"不断地学习吸取别人的长处，自己才能进步。

处处留心皆学问。只有活到老学到老，才能不断进步。这就需要有善于发现别人长处的能力。如果一天到晚总是在挑别人的毛病，而不去看别人的优点，就很难说有什么可学了。到头来学不到本事的是自己。而只有善于发现别人的长处，才可能向别人学习。

古语说："书山有路勤为径，学海无崖苦作舟。"没有止境地学习，是每一个积极向上的人应该具备的精神。

晋平公身为一代国君，政绩非常好，而且还有不错的学问。在他年近古稀的时候，他依然希望自己能够多读点书，多学一点知识，他总觉得自己所掌握的知识实在是太少了。可是他已经到了这个年纪，再去学习将会面对很多困难，所以晋平公对自己的想法没有自信，于是他就向他的一位贤明的臣子师旷询问。

师旷是一位博学多智的老人，而且他双目失明了，虽然眼睛无法看见，但他心里却比任何人都清醒。晋平公问师旷说："你看，我已经70岁了，确实已经老了，但是我还是很希望能再多读一些书，长些学问，但我总是没有信心，觉得自己现在学习为时已晚。你觉得呢？"

师旷听了晋平公的话后，微微一笑说："您说太晚了，那为什么不把蜡烛点起来呢？"

晋平公没有听懂师旷的话，有点不满地道："我在跟你说正经话，你跟我瞎扯什么？哪有作臣子的随便戏弄国君的呢？"

师旷一听，乐了，连忙说："大王，您误会了，我这个双目失明的臣子，怎么敢随便戏弄大王呢？我也是在认真地跟您谈学习的事呢。"

晋平公不由得好奇地问："这跟学习有什么关系呢？赶紧讲来我听听看。"

师旷的语气显得很平静："人在少年时代，好学就好像是早晨温暖的阳光，那太阳越照越亮，时间也很长。在壮年的时候，好学就如同中午明亮的阳光，虽然中午的太阳已走了一半了，可它的力量依然很强、时间也还有许多。而到了老年的时候，好学就像是日暮，虽然没有了阳光，但是还可以燃起蜡烛啊。虽然蜡烛的光并不怎么明亮，可是只要获得了这点烛光，尽管有限，也总比在黑暗中摸索要好多了吧。"

晋平公顿时恍然大悟，高兴地说："你说得太好了，的确如此！我有信心了。"

没错，只有经常学习，不论年少年长，学问越多心里越踏实，这样

才不至于盲目处事、糊涂做人。

学习是我们生命中不可缺少的一部分。只有终生学习，不断学习，才能成为真正的强者，更好地实现自身的价值。学习只是我们人生中的一个驿站、一个加油站，只是我们生命中的一段里程，我们在这里汲取知识的甘甜，重新走上新的里程。我们披荆斩棘、惜时如金，我们要把这种不断学习的精神继续发扬光大，使我们的人生道路越走越宽，越走越充实。

在一个小村庄里，有个老人每天都会在河边钓鱼。有一天，一个小孩坐在老人的旁边看他钓鱼，老人技巧纯熟，很快就钓了满篓的鱼，老人见这个小孩很可爱，于是要把整篓的鱼送给他，小孩却摇摇头，老人觉得很惊异，于是就问他："为何不要？"

小孩回答："我想要你手中的钓竿。"

老人又接着问："你要钓竿做什么？"

小孩说："这篓鱼很快就会被吃完，要是我有钓竿，我就可以自己钓，这样的话，我一辈子都有吃不完的鱼。"

这个孩子无疑是非常聪明的。

可是，你有没有想过，如果他只要钓竿，那他会连一条鱼也吃不到。因为他没有钓鱼的技巧，光有鱼竿是没有用的，钓鱼重要的不在"钓竿"，而在"钓技"。其实在我们的生活中，有大部分人都认为自己拥有了人生道上的钓竿，不用担心以后会没鱼吃。所以，我们难免会在泥泞的地上跌倒。小孩看老人的目光就如同职员看老板，他们以为只要坐在办公室，就有财源滚滚的一天。

问渠哪得清如许？为有源头活水来。人也是一样，只有不断了解，不断学习，才能头脑清醒，只有用知识武装自己不断进取，才能取得成功！